新时代高职院校资助育人工作探索与实践

王丽丽　著

中国财富出版社有限公司

图书在版编目（CIP）数据

新时代高职院校资助育人工作探索与实践 / 王丽丽著．—北京：中国财富出版社有限公司，2020.5

ISBN 978-7-5047-7156-8

Ⅰ．①新…　Ⅱ．①王…　Ⅲ．①高等职业教育—思想政治教育—教育研究—中国　Ⅳ．①G711

中国版本图书馆CIP数据核字（2020）第089187号

策划编辑 谷秀莉　**责任编辑** 戴海林　栗　源　崔晨芳

责任印制 尚立业　**责任校对** 孙丽丽　**责任发行** 杨　江

出版发行	中国财富出版社有限公司		
社　址	北京市丰台区南四环西路188号5区20楼	**邮政编码**	100070
电　话	010-52227588转2098（发行部）		010-52227588转321（总编室）
	010-52227588转100（读者服务部）		010-52227588转305（质检部）
网　址	http://www.cfpress.com.cn	**排　版**	宝蕾元
经　销	新华书店	**印　刷**	北京九州迅驰传媒文化有限公司
书　号	ISBN 978-7-5047-7156-8/G·0732		
开　本	710mm×1000mm　1/16	**版　次**	2020年5月第1版
印　张	13.25	**印　次**	2020年5月第1次印刷
字　数	238千字	**定　价**	50.00元

前　言

什么是更好、更公平的教育？

如何构建中国特色、世界高水平的现代高等职业教育？

如何才能更好地提升高校家庭经济困难学生资助育人工作成效，培养他们成长成才？

…………

面对时代考题，中国教育改革发展事业不断站立在新的历史高度。

党的十八大以来，以习近平同志为核心的党中央着眼统筹推进“五位一体”总体布局、协调推进“四个全面”战略布局，对教育工作作出一系列重大决策部署。我国教育改革发展事业，贯彻习近平总书记系列重要讲话精神和治国理政新理念、新思想、新战略，坚持发展抓公平、改革抓体制、安全抓责任、整体抓质量、保证抓党建，加快推进教育现代化。习近平总书记指出，“要让贫困家庭的孩子都能接受公平的有质量的教育”。我们必须以习近平新时代中国特色社会主义思想为指导，坚持走新时代教育公平发展之路，推进教育改革和国家脱贫攻坚战略的新形势、新任务、新要求，以精准资助和资助育人为重点，以人才培养为核心，坚持全员育人、全过程育人、全方位育人，把立德树人融入思想道德教育、文化知识教育、社会实践教育各环节。

国家资助政策体系建设是一项庞杂的、长期的系统工程，随着国家对教育资本投入力度的加大和精准扶贫工作的全效推进，我国资助工作体系建设不断完善，高校资助工作正朝着科学、持续发展的道路不断前进。进入21世纪以来，北京市在全面落实党中央、国务院和教育部、财政部各项学生资助政策的前提下，逐步建立了面向各级各类学校家庭经济困难学生的多元化资助政策体系，尤其是在2007年《国务院关于建立健全普通本科高校高等职业学校和中等职业学校家庭经济困难学生资助政策体系的意见》（国发〔2007〕

13号）颁布之后，北京市积极贯彻文件精神，目前具有首都特色的全程助学体系已经完善。资助工作始终坚持“生活上济困，精神上扶志，实践中提升能力，效果上凸显育人”的工作理念，引导学生“受助思源，获奖思进，回报社会，传递爱心”，取得了积极的成效。

教育公平是资助育人的内在前提，资助育人是促进教育公平的应有之义。高校学生资助工作不单单是对学生物质的帮助，更重要的是对学生思想的引导。教育工作者应将资助与育人有机地融合起来，应把“帮困”与“扶智”“励志”结合起来，应注重资助育人精准施策，使资金使用效益最大化、资助效果最大化。全面推进资助育人工作，对家庭经济困难生实施“解困—育人—成才—回馈”的资助管理工作机制，构建物质上帮扶、品德上滋养、能力上拓展、精神上激励相结合的资助育人模式。

本人在北京政法职业学院党委学工部（学生处）工作，曾专职从事学生资助事务管理工作10余年。本书涵盖了院级科研课题“大学生资助育人与成长成才实践模式探析”和北京市级科研课题“资助育人视角下的大学生就业实践探析”“高校资助育人效果的研究——基于贫困大学生职业发展路径探析”等成果。

在深入贯彻落实习近平总书记在党的十九大、全国高校思想政治工作会议上重要讲话精神及教育重要论述等内容的基础上，本书结合国内外资助政策及资助育人理论实践，回顾学院近年来逐步建立健全多层次、全覆盖的资助政策体系的过程，总结资助育人的典型做法和经验，力求为今后资助育人工作的创新发展提供一定的理论借鉴和实践支持，使相关工作人员更好地践行新时代资助育人体系建设的新使命！

由于研究还不够深入，加之时间仓促，本书难免存在疏漏之处，敬请读者批评指正。

作者

2019年12月

目　录

第一章

新时代高校育人理念与资助育人工作思想

第一节　新时代我国高校育人理念

一、习近平立德树人教育思想观

习近平总书记关于教育的重要论述，是习近平新时代中国特色社会主义思想的重要组成部分，是治国理政的重要思想内容。习近平总书记在治国理政过程中，高度重视教育在社会主义现代化建设中的地位和作用。党的十八大以来，习近平总书记在各种会议上和考察学校时，对教育工作发表了一系列重要讲话，深刻论述了新时代我国教育改革和发展的重大理论问题和实践问题，形成了新时代中国特色社会主义教育理论体系。深入学习和研究习近平总书记关于教育的重要论述，对于建设中国特色的现代教育理论体系，指导我国教育事业的改革发展，具有重要的理论意义和实践意义。

习近平总书记始终坚持把教育放在社会主义现代化建设优先发展的战略地位，2013 年 9 月，在联合国“教育第一”全球倡议行动一周年纪念活动上，习近平总书记发表视频贺词时指出，中国坚定实施科教兴国战略，始终把教育摆在优先发展的战略位置。

习近平总书记继承和发展了科教兴国战略思想，强调教育在实现“两个一百年”奋斗目标和中华民族伟大复兴中国梦过程中的重要地位和作用。他在 2014 年教师节前夕与北京师范大学师生代表座谈时指出：“教育是提高人民综合素质、促进人的全面发展的重要途径，是民族振兴、社会进步的重要基石，是对中华民族伟大复兴具有决定性意义的事业。”他在党的十九大报告中指出，要“优先发展教育事业”。在全国教育大会上，他再次强调坚持优先发展教育事业。

（一）立德树人是教育的根本任务

党的十八大报告指出："全面贯彻党的教育方针，坚持教育为社会主义现代化建设服务、为人民服务，把立德树人作为教育的根本任务，培养德智体美全面发展的社会主义建设者和接班人。"习近平总书记多次强调立德树人是教育的根本任务。习近平总书记在党的十九大报告中指出："要全面贯彻党的教育方针，落实立德树人根本任务，发展素质教育，推进教育公平，培养德智体美全面发展的社会主义建设者和接班人。"习近平总书记在全国教育大会上强调，要坚持把立德树人作为根本任务，并语重心长地指出，要深化教育体制改革，健全立德树人落实机制。2016 年 12 月，在全国高校思想政治工作会议上，习近平总书记做了重要讲话，主要围绕高校培养什么样的人、如何培养人以及为谁培养人这个根本问题展开。立德树人根本任务的提出，反映了政府和社会对教育的重视，也为我国高校党建工作的开展提出了新要求。

教育是灵魂的唤起，是社会发展的决定性推动力。习近平总书记强调，高等教育承担着培养德智体美劳全面发展人才的重任，起着助推和守护我国社会主义事业顺利建设的作用，在高校育人体制下，党建工作必须坚持正确的舆论导向和政治方向，全面坚持贯彻党的教育方针，切实落实立德树人的根本任务，坚持发展素质教育，坚持推进教育公平，培养高素质人才，造就德智体美全面发展的社会主义建设者和接班人。习近平总书记从高等教育的本质与思想政治教育的最终目的上，重点解析了高校思想政治教育的价值，在把握大学教育规律和思想政治教育本质的同时，坚持党的教育方针，促使高校党建工作紧紧围绕思想政治教育，确保学生党建工作新发展。

（二）立德树人是传统美德

大学的立身之本是立德树人，这也是对高等教育人才培养的根本要求。"立德"就是要培养学生崇高的思想品德，"树人"即注重培养高素质的人才。在中华民族悠久的历史发展中，我们形成了一系列的道德价值评价体系，也沉淀了丰富的主流道德观念。马克思和恩格斯关于意识形态的理论，可以总结为社会存在决定社会意识，社会意识侧重体现在整个社会的主流价值观念上。在整个社会的主流意识形态里，高校党建工作强调的"德"，要符合我国当下社会生产力的发展水平，要符合人民群众接受的社会主流价值观，也是促进全面建成小康社会所需要的"德"。

（三）立德树人必须坚持党的领导

新时代，我国要办好高等教育，党的政治立场必须坚定不移，习近平总书记要求必须坚持党的领导，党对高校工作的领导权绝对不能放弃，在党的领导下，高校是思想政治教育的坚强阵地。各级高校党委始终要坚持社会主义办学的性质，牢牢掌握住高校思想政治工作的主导权，做培养社会主义事业建设者和接班人的强大后盾。

二、习近平新时代全面育人观

习近平总书记在全国高校思想政治工作会议上指出，要坚持把立德树人作为中心环节，把思想政治工作贯穿教育教学全过程，实现全员育人、全过程育人、全方位育人，努力开创我国高等教育事业发展新局面。党的十九大以来，聚焦实现全员育人、全过程育人、全方位育人，教育部启动“三全育人”综合改革试点工作，指导建设32家省级高校网络思想政治教育中心，培育建设20个思想政治工作创新发展中心、40个思想政治工作队伍培训研修中心，大力推动理论创新和实践探索。在各地各高校的共同努力下，“三全育人”呈现出生机勃勃的崭新局面。高校要将立德树人作为立身之本，着力构建“三全育人”工作体系，不断提升人才培养的针对性和实效性，切实肩负起培养德智体美劳全面发展的社会主义建设者和接班人的神圣使命。

“三全育人”理念既是一种教育理念，也是一个系统的、全面的教育体系和指导原则，2017年中共中央、国务院印发了《关于加强和改进新形势下高校思想政治工作的意见》，强调将“坚持全员全过程全方位育人”作为加强和改进高校思想政治工作的基本原则之一。“三全育人”理念以“育人”为核心点，根据教育规律、思想政治工作规律、学生成长规律，从育人主体、时间、空间三个维度，形成由党委统一领导，党政群团齐抓共管的育人体系，形成全员育人、全过程育人、全方位育人的工作格局，让思想政治教育贯穿教育教学全过程，从而形成“大思政”的育人格局，促进学生全面发展，培养德智体美劳全面发展的社会主义建设者和接班人。

（一）“三全育人”教育理念

“三全育人”应从广义和狭义两方面去理解，从广义上而言，“三全育人”是一种教育理念，并不仅仅局限于德育这个范畴，不能将它简单地等同

于德育指导思想。如果说我们常把它和德育联系起来，那是因为它的内容非常贴合德育的要求，应用于德育实践更能取得成效。从狭义上而言，“三全育人”主要是一种德育理念，它强调在德育这个体系内，从“全员”“全过程”“全方位”三个方面来调动德育各方面的力量，齐抓共管，共同协作，构筑一个德育立体结构，形成一股强大的德育合力，发挥德育实效性，具体包括：

（1）“全员育人”即人人育人，主要是从育人主体而言，强调每个人都要有育人意识，树立起育人责任感，在自己的本职工作上发挥育人的职能，并且相互配合，交叉合作，形成一股强大的育人合力，构建完整、全面、和谐的大学生思想政治教育工作体系和格局。这里的“人人”主要指高校里的全体教职员工。

（2）“全过程育人”主要是从时间上而言，它强调育人要贯穿大学生学习、成长的全过程，要认真研究大学生从入学到毕业每个阶段的特点及大学生的身心发展规律，以及大学生每个阶段所面临的实际问题，有针对性地规划从低年级到高年级不同阶段的思想政治教育的工作重点和方法，促进大学生思想政治教育的发展。

（3）“全方位育人”主要是从空间上而言的，它强调育人要体现在促进大学生全面发展的各个方面和环节，育人工作者要根据大学生的学习和生活实际，将显性德育与隐性德育相结合，通过有形的或者无形的手段把思想政治教育渗入他们学习和生活的各个环节，渗透到教学、管理和服务的各个方面，使大学生形成良好的思想品质和人格修养，促进大学生全面发展。

（二）“三全育人”的出发点是培养人

习近平总书记在全国教育大会上指出，“培养什么人，是教育的首要问题”，并强调“我国是中国共产党领导的社会主义国家，这就决定了我们的教育必须把培养社会主义建设者和接班人作为根本任务，培养一代又一代拥护中国共产党领导和我国社会主义制度、立志为中国特色社会主义奋斗终身的有用人才。这是教育工作的根本任务，也是教育现代化的方向目标”。

培养德智体美劳全面发展的社会主义建设者和接班人，要求学生要价值观端正、知识丰富、能力全面。价值观端正，强调学生要用好知识。高校要成为坚持党的领导的坚强阵地，有效开展大学生理想信念教育，培育和践行社会主义核心价值观，塑造学生健全的人格、向善的人性和高尚的人品，让他们用智慧和能力服务于国家、民族和人民，成为担当民族复兴大任的时代新人。知识丰富，强调学生要储备必要的知识。人总是用不同的方式把握世界，掌握的知识越多，越能把握世界的丰富性，因此，要不断提升知识传授的深度和广度，让学生用哲学的、科学的、艺术的、历史的等多种方式把握世界，不断提升他们对世界的认知水平。能力全面，强调学生要会运用知识。掌握知识的目的不是做“两脚书橱”，而是要激活知识，将知识内化为思想智慧、外化为行动能力，具备学习能力、思维能力、表达能力、实践能力、组织能力等综合素质。

（三）“三全育人”的中心在“育”

教育不是工业生产线，人才不是工业产品，不能走统一工艺、统一规格的批量生产道路。“育”是要树立培育“生长品”的生态思维。习近平总书记指出：“人才培养一定是育人和育才相统一的过程，而育人是本。”陶行知先生认为：“培养教育人和种花木一样，首先要认识花木的特点，区别不同情况给以施肥、浇水和培养教育，这叫‘因材施教’。”高校要成为育人的沃土，为人才成长提供充足的养分。

高校要从“教”走向“育”，构建育人新模式，营造育人新生态，全面提升人才培养水平。一方面，要聚焦学生，科学把握大学生的特点，遵循教书育人规律、学生成长规律，因材施教、深耕细作，摒弃“千人一面”的教育模式，实现“千姿百态”的教育效果。要将最优质的资源配置给学生，为每一位学生提供适合的教育、可选择的教育，让学生享有更强的获得感和幸福感，实现“一棵树摇动另一棵树，一朵云推动另一朵云，一个灵魂唤醒另一个灵魂”的教育功效。另一方面，要聚焦教师，大力加强教师队伍建设，进一步优化教师素质结构，坚持专业素养、职业素养、政治素养、人格素养一体化发展，让广大教师做到教学与科研兼顾、教书与育人兼顾、信道与传道兼顾、立己德与树人德兼顾，引导广大教师以德立身、以德立学、以德施教，做党和人民满意的好老师。

（四）“三全育人”的重心在“全”

全员育人，要求全体教职员工都要成为“育人者”，其一言一行、一举一动都要履行育人之责、产生育人之效，实现育人无不尽责。全过程育人，要求将立德树人贯穿高等教育教学全过程和学生成长成才全过程，实现育人无时不有。全方位育人，要求将立德树人覆盖到课上课下、网上网下、校内校

外，实现育人无处不在。

建立健全人才培养体制机制，构建“三全育人”大格局，一是在教育主体上从“单”转向“全”。育人工作是高校全体教职工与生俱来的“天职”“本职”，充分挖掘专业课教师、思想政治理论课教师、哲学社会科学课教师、辅导员、管理干部等多个岗位的育人要素，将育人职能贯穿其工作始终，实现“教”与“育”、“管”与“育”、“服”与“育”的融合贯通。二是在育人过程上从“分”转向“合”。育人工作具有整体性，要从“条块分割”转向“协同配合”，将育人工作贯穿到学生从入学到毕业的各阶段，覆盖到全校各班级，融入学生学习、生活各方面。以“六个下功夫”为着力点，即在坚定理想信念上下功夫、在厚植爱国主义情怀上下功夫、在加强品德修养上下功夫、在增长知识见识上下功夫、在培养奋斗精神上下功夫、在增强综合素质上下功夫，构建德智体美劳全面培养的教育体系；推进教学、管理、服务等部门协同联动，挖掘育人元素，建立责任清单，强化工作举措，共唱育人“合奏曲”；推进马克思主义学科与各学科特别是哲学社会科学各学科的融合、交叉，推进思想政治工作与党建工作充分结合，汇聚协同育人的智慧和力量。三是在育人空间上从“点”转向“体”。育人工作要实现由“点”到“线”、聚“面”成“体”，实现“面”“面”俱到、多“体”联动，推进知识体系教育与思想政治教育有机结合、思想政治教育向各学科有机渗透，让思想政治课程和各类课程同向同行；建立网上网下正向互动的工作格局，促进网上网下两个教育场的衔接整合；大力推进学校、社会、家庭一体化育人，提升、丰富家庭教育资源，充分利用社会教育资源，达到多方位合力育人的效果。

三、新时代中国特色社会主义思想铸魂育人

用习近平新时代中国特色社会主义思想铸魂育人，就是用习近平新时代中国特色社会主义思想武装人的头脑，铸造和形塑人的政治信仰、精神世界和价值观念，推动习近平新时代中国特色社会主义思想内化为人们的行动指南和思维方式，并转化为人们的行为准则，指导人们的实践，体现为人们在思想和行为上的转化。从根本上来说，用习近平新时代中国特色社会主义思想铸魂育人，就是“培养一代又一代拥护中国共产党领导和我国社会主义制度、立志为中国特色社会主义事业奋斗终身的有用人才”。用习近平新时代中国特色社会主义思想铸魂育人，其内在逻辑在于科学理论与人的互动，铸魂

育人的过程就是人们对习近平新时代中国特色社会主义思想的体验、接受、内化、实践的过程，体现了科学理论与人的思维、利益、思想、行为的内在统一。

（一）新时代中国特色社会主义思想的主要内容

1. 以党史国情为根基的理想信念教育

学习党史国情，就是要学会运用马克思主义的立场、观点和方法，即运用辩证唯物主义和历史唯物主义的基本原理，保持全面、历史、辩证的态度，客观评价历史人物，正确看待党和国家历史发展中的曲折。一方面，要从中国共产党团结带领全国各族人民不断取得革命、建设、改革的伟大胜利的历史中，坚定对马克思主义的信仰和中国共产党的领导，增强民族认同感，自觉肩负起实现中国梦的历史使命和时代责任。另一方面，要胸怀共产主义远大理想和中国特色社会主义共同理想，以社会理想为导航，将个人理想融入社会理想，不断提高思想道德和专业知识水平，努力完成工作中的各项任务，以百折不挠的意志铸就精神底色，在奋斗进取中书写人生华章。

2. 以社会主义核心价值观为引领的价值观教育

社会主义核心价值观植根于中华优秀传统文化，生成于中国特色社会主义建设实践，从国家、社会和个人三个层面概括出了全民族认同的价值共识，是中国各个阶层、各个群体在道德领域的最大公约数，具有令人信服的必然性、广泛性和包容性，能最大限度地唤起民族认同感，增强民族凝聚力。加强以社会主义核心价值观为引领的价值观教育，必须立足于中华优秀传统文化和中国特色社会主义建设实践。一方面，要以传统文化为载体培育和弘扬社会主义核心价值观。中华优秀传统文化蕴含丰富的民族精神和道德理念，潜移默化地影响着国人的思想行为。不仅要系统整理中华优秀传统文化，更要深入挖掘其深刻内涵，并结合现实需要推动其创造性转化和创新性发展，赋予其新的时代内涵。另一方面，以中国特色社会主义建设中取得的伟大成就生动诠释社会主义核心价值观的引领作用及其优越性，不仅能彰显中国特色社会主义道路的必然性和正确性，更有利于全体人民坚定价值观自信，自觉以社会主义核心价值观抵御错误价值观的侵蚀，在日常生活中内化于心、外化于行，融入日常，付诸行动。

3. 以“四观”为核心的爱国主义教育

树立正确的历史观、民族观、国家观、文化观，应该且必须成为深入推

进爱国主义教育的题中应有之义。树立正确的历史观，要以马克思主义的观点、立场和方法重视历史、研究历史、审视历史，在尊重历史事实、总结历史经验和发现历史规律的基础上开阔眼界，保持敬畏之心，旗帜鲜明地反对和抵制历史虚无主义等错误思潮。树立正确的民族观，要深刻理解中国是一个统一的多民族国家的基本国情，尽管不同民族在文化习俗等方面存在着差异，但始终不可分割。团结统一不仅是中国各民族的共同追求和心愿，更是中国历史的主流。树立正确的国家观，要以家国情怀激发使命担当。千百年来，爱家与爱国的内在契合性，使得家国情怀早已深深根植于中华儿女的血脉。“在家尽孝、为国尽忠是中华民族的优良传统”，“孝”是一种家庭价值观，是对父母先祖的爱、养、畏、敬，其最高价值追求是对国家和民族的贡献；“忠”这一社会价值观则体现了社会层面的责任意识与奉献精神。“忠”与“孝”互相联系、互相影响，具有不可分割的内在统一性。树立正确的文化观，要建立文化自觉和坚定文化自信。文化自觉是对中华文化的反思、审视和发展，文化自信是对中华优秀传统文化、中国革命文化和社会主义先进文化的认同与尊崇。正确的文化观是文化自觉与文化自信的统一，要以马克思主义为指导，立足实践并结合新时代特点，赋予优秀传统文化以新的内涵，并推动其走向世界，与其他民族文化和谐共生。

4. 以“三德”为重点的道德教育

明大德、守公德、严私德不仅是对党员干部的要求，对社会全体成员也具有普遍的指导意义。“明大德”就是要坚定理想信念，自觉增强“四个意识”，加强党性修炼；“守公德”就是要遵守社会公德和恪守职业道德；“严私德”就是要提升个人品德和弘扬家庭美德。明大德，才能在纷繁复杂的社会中拨开迷雾，认清方向；守公德，才能更好地在融入社会的过程中实现个人价值；严私德，才能不断健全个人人格，处理好复杂的人际关系，对促进家庭和睦、邻里团结和社会稳定具有重要意义。

除此之外，道德教育还包括传承中华传统美德、发扬中国革命道德。中华传统美德里流淌着我们的民族精神，积淀着我们民族的优秀文化，既可以为道德建设提供丰富的教育资源，也为治国理政提供了重要启示。同时，中国革命道德是中华传统美德不可或缺的重要部分，是中华传统美德的延续和发展。继承和发扬中国革命道德，不仅有利于坚定社会主义和共产主义理想信念，更有利于引导人们树立正确的道德观，积极践行社会主义核心价值观，引领全社会形成良好的道德风尚。

（二）新时代中国特色社会主义思想的指导意义

习近平新时代中国特色社会主义思想形成了“伟大斗争、伟大工程、伟大事业、伟大梦想”治国理政的总体框架，是共产党人着眼实现中华民族伟大复兴历史使命而作出的重大决策，体现了我党的大智慧、大谋划、大共享的伟大内涵。推进“四个伟大”，是我们党在中国特色社会主义进入新时代，为实现中华民族伟大复兴历史使命而提出的。

全面贯彻党的教育方针，需要解决三个根本问题，党的十九大以来，习近平总书记围绕培养什么人、怎样培养人、为谁培养人这三个根本问题，以高远的历史站位、宽广的国际视野，高度重视培养中国特色社会主义建设者和接班人，对高校思想政治理论课教师岗位职责提出了更高、更明确的要求，即政治要强、情怀要深、思维要新、视野要广、自律要严、人格要正六种素养。

四、习近平新时代青年思想

青年是国家的未来、民族的希望，党和国家历来高度重视青年、关怀青年、信任青年，始终坚持把青年作为党和国家事业发展的生力军。党的十八大以来，在领导和推进青年工作与青年事业的实践中，习近平总书记以马克思主义理论家的深刻洞察力、敏锐判断力和战略定力，准确把握新时代青年和青年工作的新特点，开创性地围绕青年和青年工作的重大理论和实践问题，进行了全面、系统的战略思考、战略谋划、战略决策和战略部署，形成了科学、系统的习近平新时代青年思想。

（一）习近平新时代青年思想的基本框架

习近平新时代青年思想，集中体现在党的十八大以来习近平总书记系列重要讲话有关青年和青年工作的重要论述中，集中体现在党治国理政新理念、新思想、新战略关于青年和青年发展的深刻分析中，集中体现在我国青年工作的伟大实践中，形成了一个系统完整、具有一定逻辑结构的思想体系。依照逻辑顺序，习近平新时代青年思想体系大体可概括为“基础篇”“核心篇”“实践篇”三个方面。

1. 以青年的历史地位和时代使命为逻辑起点，科学分析和正确对待青年与青年工作，形成习近平新时代青年思想的“基础篇”

习近平总书记明确指出，青年兴则国家兴，青年强则国家强。青年一代

有理想、有本领、有担当，国家就有前途，民族就有希望。基于中国特色社会主义进入新时代这一科学判断，习近平总书记深刻指出，实现“两个一百年”奋斗目标的历史进程，将贯穿千千万万当代青年成长发展的全过程，“全面建成小康社会，广大青年是生力军和突击队”“中华民族伟大复兴的中国梦终将在一代代青年的接力奋斗中变为现实”，这些论述是习近平总书记对青年地位和历史作用的新定位、新要求，科学阐释了当代青年承担的历史使命和肩负的时代责任，充分体现了以习近平同志为核心的党中央对当代青年的高度重视、充分信任和殷切期望。

2. 以培养青年社会主义核心价值观为根本，促进青年健康成长和全面发展，形成习近平新时代青年思想的“核心篇”

青年的健康成长，离不开理想信念的支撑和指引，要把好理想信念“总开关”。当代青年面对着深刻变化的社会、丰富多样的生活、形形色色的思潮，更需要在理想信念上进行有力引导。习近平总书记明确指出，“青年时代树立正确的理想、坚定的信念十分紧要，不仅要树立，而且要在心中扎根，一辈子都能坚持为之奋斗”。广大青年要把理想信念建立在对科学理论的理性认同上，建立在对历史规律的正确认识上，建立在对基本国情的准确把握上，筑牢理想信念的根基。在全国高校思想政治工作会议上，习近平总书记指出，“要引导学生从社会主义思想源头和历史演进中，从我们党探索中国特色社会主义历史发展和伟大实践中，认识和把握人类社会发展的历史必然性，认识和把握中国特色社会主义的历史必然性，不断树立为共产主义远大理想和中国特色社会主义共同理想而奋斗的信念和信心”。这些重要论述，为青年健康成长指明了方向，规划了路径。

为此，要抓好价值养成“压舱石”。习近平总书记深刻阐明了价值观在青年人生发展中的基础性作用，他反复强调，“青年的价值取向决定了未来整个社会的价值取向，而青年又处在价值观形成和确立的时期，抓好这一时期的价值观养成十分重要”。他把青年学生人生成长的关键时期比作小麦的灌浆期，强调大学生知识体系搭建尚未完成，价值观塑造尚未成型，情感心理尚未成熟，需要加以正确引导，要“用社会主义核心价值观教育学生，引导他们扣好人生第一粒扣子”，引导青年树立正确价值标准，践行社会主义核心价值观。习近平总书记从价值观的内在发展逻辑和生成规律出发，着眼于青年本体特点和成长规律，揭示和阐述了青年社会主义核心价值观培育的科学路径和基本要求，他强调，要引导青年学生勤学、修德、明辨、笃实，成为社会主义核心价值观的坚定信仰者、积极传播者和模范践行者。这些论断是对广大青年成长道路的科学概括，是新时代青年价值理念和行为规范的根本遵循。

同时，要用好基层实践“助推剂”。习近平总书记十分重视和关注青年在基层实践中锻炼成长。他指出，青年要成长为国家栋梁之材，既要读万卷书，又要行万里路，既要多读有字之书，也要多读无字之书，注重学习人生经验和社会知识；坚持知行合一，在实践中学真知、悟真谛，加强磨炼，增长本领；要重视实践育人，坚持教育同生产劳动和社会实践相结合，广泛开展各类社会实践，让学生在亲身参与中认识国情，了解社会，受教育，长才干，不断拓展学生社会实践的平台和路径。这些重要论述，深刻体现了习近平总书记在实践中培养青年的理念和思路，凸显了鲜明的基层导向，为新时代青年健康成长和全面发展标定了时代坐标。

3. 以凝聚青年、服务青年为导向，聚焦共青团改革和青年创新创业，形成习近平新时代青年思想的“实践篇”

习近平总书记着眼党和国家工作大局，从我国青年运动的时代主题出发，强调共青团的工作要把握住根本任务、政治责任和工作主线三个根本性问题，深刻阐述了新时代共青团的性质、任务和作用，为新形势下共青团工作指明了前进方向，擘画了发展蓝图，提供了基本遵循。

把握青年时代脉搏，增强组织吸引力和凝聚力。习近平总书记指出，共青团要做好青年思想引导工作，必须站在理想信念这个制高点上，思想上、精神上的吸引力和凝聚力，才是内在的、强大的、持久的。要帮助广大青年树立远大理想，用科学的理论武装青年，用历史的眼光启示青年，用伟大的目标感召青年，用光明的未来激励青年，使他们不断增强道路自信、理论自信、制度自信、文化自信，不断增进对党的信赖、信念和信心。面对新组织、新特点、新挑战，共青团的工作要积极适应时代发展和青年变化，把握转型期青年工作的特点和规律，找准突破口，把握着力点，增强共青团工作的主动性和创造性，真正使思想引导入脑、入心。

延伸工作手臂，扩大共青团工作的有效覆盖面。习近平总书记强调，扩大共青团工作的有效覆盖面，关键是要把工作延伸到广大青年最需要的地方去，使团组织成为联系和服务青年的坚强堡垒，成为广大青年遇到困难时想得起、找得到、靠得住的力量。要找准基点，聚焦重点群体和关键领域，围绕青年在成长成才、身心健康、就业创业、社会融入、婚恋交友等方面的困

难和问题，为青年提供有效服务，做广大青年值得信赖的贴心人。

推进从严治团，加强团干部队伍建设。习近平总书记明确指出，群团组织要切实保持和增强政治性、先进性、群众性，这是推进全面从严治团的根本目标和根本路径。政治性是共青团的灵魂，先进性是共青团的旗帜，群众性是共青团的根基。他强调，团干部要讲规矩、守纪律，做到政治坚定、方向正确。团干部必须心系青年、心向青年，要以青年为本，做青年“友”，不做青年“官”，要重点提高做青年工作的能力，从严从实，锤炼优良作风，修炼内功。

青年是社会上最富活力、最具创造性的群体，理应走在创新创业的前列。习近平总书记站在经济和社会发展的高度，着眼于青年全面发展和自我价值的实现，从增强青年创新创业本领、优化创新创业环境、推动青年投身创业实践等方面，对青年创新创业的理论和实践问题做了系统阐述。他勉励广大青年，要有敢为人先的锐气，勇于解放思想、与时俱进，敢于上下求索、开拓进取，树立在继承前人的基础上超越前人的雄心壮志；要有逢山开路、遇河架桥的意志，为了创新创业而百折不挠、勇往直前；要有探索真知、求真务实的态度，在立足本职的创新创业中不断积累经验、取得成果；要扎根中国大地，了解国情民情，在创新创业中增长智慧才干。习近平总书记反复强调，全社会都要重视和支持青年创新创业，提供更有利的条件，搭建更广阔的舞台，让广大青年在创新创业中焕发出更加夺目的青春光彩。这些重要论述，充分体现了习近平总书记对青年创新创业的谆谆教诲，是对青年创新创业的再动员。

习近平新时代青年思想是“基础”“核心”“实践”三个方面紧密结合的科学理论体系，深刻体现了历史与现实的有机统一、远见卓识和务实精神的高度统一、源于实践和引领实践的辩证统一。

（二）习近平新时代青年思想的时代意义

1. 习近平新时代青年思想，开辟了马克思主义青年理论的新境界

马克思主义青年理论由马克思、恩格斯、列宁的青年理论以及中国共产党在青年运动、青年工作的丰富实践中继承和发展的中国化马克思主义青年理论共同组成。习近平新时代青年思想，既是在中国共产党青年理论一脉相承基础上的丰富与发展，又是马克思主义青年理论在新的历史时期下的逻辑延伸，实现了马克思主义青年理论与中国具体实际相结合的又一次伟大飞跃，

为马克思主义青年理论注入了新的丰富内涵和时代精神，将马克思主义青年工作理论推进到了新的历史高度，为发展马克思主义青年观作出了中国的原创性贡献。

2. 习近平新时代青年思想是新时代中国特色社会主义思想的重要组成部分

党的十九大报告明确了中国发展新的历史坐标：中国特色社会主义进入了新时代。党的十八大以来，习近平总书记关于青年本质、青年地位、青年教育、青年成长成才等青年工作与青年发展的诸多重要论述，构成了新时代中国特色社会主义思想的“青年篇”。新时代，在朝向实现“两个一百年”奋斗目标前进的过程中，青年肩负着重大的历史使命。当代青年，是实现“四个伟大”的中坚力量，这是当代青年的责任担当。习近平新时代青年思想与其新时代中国特色社会主义思想存在着紧密的逻辑关联，是习近平新时代中国特色社会主义思想的重要组成部分。

3. 习近平新时代青年思想是青年建功立业的行动指南

思想是行动的先导，理论是实践的指南。当代青年成长于世界范围内各种思潮交流交融交锋的时代，思想意识多样化，习近平新时代青年思想为党团结和引领广大青年“进行伟大斗争、建设伟大工程、推进伟大事业、实现伟大梦想”提供了强大的思想武器，有助于树立当代青年对新时代中国特色社会主义的道路自信、理论自信、制度自信和文化自信，确保青年工作始终沿着正确的方向健康发展，为新时代我国青年健康成长和建功立业提供了科学的行动指南。

（三）以习近平新时代青年思想为指导推进我国青年事业发展

首先，坚持党管青年原则。在习近平总书记的直接关心和指导下，党和国家制定出台了《中长期青年发展规划（2016—2025 年）》，这是中华人民共和国成立以来的第一个青年发展规划，是我国青年事业的重要顶层设计，提出了我国青年发展的政策体系和工作机制。《中长期青年发展规划（2016—2025 年）》明确提出“坚持党管青年原则”，这是党的青年工作的重大原则。坚持党管青年原则，是解决青年发展中遇到问题和挑战的关键。坚持党管青年原则，要以实现中华民族伟大复兴中国梦来激励青年、团结青年。坚持党管青年原则，还要落实好青年政策，做好关心、服务青年工作，促进青年发展，提高青年的获得感，赢得青年人心。坚持党管青年原则，是马克思主义青年学学科建设的根本遵循和方向。

其次，提高共青团组织凝聚青年的能力。共青团要发挥“党有号召、团有行动”的光荣传统，提高组织的吸引力和凝聚力，加强组织的向心力。团组织要不断增强政治意识、大局意识、核心意识、看齐意识，始终保持先进性，做好青年思想政治工作，帮助青年树立正确的理想信念，带领广大青年坚定信念跟党走；加强团组织自身建设，使之成为青年愿意依靠的自己的组织，积极发挥党联系青年的桥梁和纽带作用；扩大共青团工作的有效覆盖面，引导服务青年的利益诉求，影响青年的行为模式，更好地凝聚青年，增强青年对党的政治认同和情感认同。

再次，用社会主义核心价值观引领青年成长。青年是社会主义建设的生力军，是社会主义事业的接班人，青年的价值取向决定了未来整个社会的价值取向。新的历史条件下，引领青年成长、成才必须突出价值观的重要作用，积极培育和践行社会主义核心价值观，帮助青年扣好“人生第一粒扣子”，把青春正能量凝聚到实现中华民族伟大复兴的中国梦中。

最后，在社会实践中锻炼青年。青年是推动社会历史进步的现实力量，积极投身社会实践，脚踏实地，艰苦奋斗，其肩负的历史使命才能够彰显，社会价值才能够实现。青年工作要充分关注、激励青年立足岗位，顽强拼搏，在基层锻炼，在实践中成长，为实现中国梦作出积极贡献，为中华民族凝聚起砥砺前行的磅礴力量。

五、习近平关于教书育人的重要命题

（一）赋予教师教书育人的神圣使命

2014 年 5 月 4 日，习近平在北京大学师生座谈会上的讲话中强调，“教师要时刻铭记教书育人的使命，甘当人梯，甘当铺路石，以人格魅力引导学生心灵，以学术造诣开启学生的智慧之门”。“教师要时刻铭记教书育人的使命”，这不仅由教师这一职业的特点和要求所决定，还由“教书育人”这一使命的庄严性和神圣性所决定。教师承担着最庄严、最神圣的使命。选择了教师这份职业，就等于选择了一份沉甸甸的责任，就要尽到教书育人的责任。

从“教书”这一角度来说，教师要做的是“传播知识、传播思想、传播真理的工作”，教师应该是学问之师。这也阐明，教师所教的“书”绝不限于“有形之书”，还有“无形之书”；也绝不限于书本之上，还有书本之外；也绝不限于课堂之内，还有课堂之外。进一步来说，教师不仅承担着传播科学文化知识，传播中华优秀传统文化和革命文化、社会主义先进文化的使命，同时承担着传播马克思主义指导思想，传递社会主义核心价值观的使命。传播知识、传播思想、传播真理，以学术造诣开启学生的智慧之门，意义重大，但难度也极高。这既反映了教师这一岗位的性质和要求，也对“教书”这一使命作出了明确的阐释和具体的期望。

从“育人”这一角度来说，教师的工作是“塑造灵魂、塑造生命、塑造人的工作”，教师又应该是品行之师。教师应是“经师”与“人师”的统一。为人师，不应甘为教书匠，还应成为人类灵魂的“工程师”。教师承担着塑造灵魂、塑造生命、塑造人的时代重任。帮助学生树立正确的世界观、人生观、价值观，促进学生成长成才、实现全面发展，是教师的任务所在。习近平强调：“今天的学生就是未来实现中华民族伟大复兴中国梦的主力军，广大教师就是打造这支中华民族‘梦之队’的筑梦人。希望全国广大教师把全部精力和满腔真情献给教育事业，在教书育人的工作中不断创造新业绩。”塑造灵魂、塑造生命、塑造人，以人格魅力引导学生心灵，这是教师的育人使命。

（二）树立正确理想的信念

2014 年 9 月 9 日，习近平在同北京师范大学师生代表座谈时的讲话中谈到，要成为好老师，首先就是要有正确的理想信念，把正确的理想信念作为教书育人、播种未来的指路明灯。师者，所以传道受业解惑也。“传道”是第一位的。“高校教师要坚持教育者先受教育，努力成为先进思想文化的传播者、党执政的坚定支持者，更好担起学生健康成长指导者和引路人的责任”。好老师心中要有国家和民族，要明确意识到所肩负的国家使命和社会责任。明确了这一点，就明确了教书育人的方向。正确的理想信念，是“传道”“引路”的精神向导和精神动力。

树立正确的理想信念首先要树立远大的共产主义理想和中国特色社会主义共同理想。“广大教师要始终同党和人民站在一起，自觉做中国特色社会主义的坚定信仰者和忠实实践者，忠诚于党和人民的教育事业，自觉把党的教育方针贯彻到教学管理工作全过程，严肃认真对待自己的职责。要注重加强中国特色社会主义理论体系的学习，加深对中国特色社会主义的思想认同、理论认同、情感认同，不断增强道路自信、理论自信、制度自信，积极引导学生热爱祖国、热爱人民、热爱中国共产党”，只有这样，教师才能清楚地知道自己“教的是什么书”“育的是什么样的人”。

说到底，教书育人是为人民服务，为中国特色社会主义服务，为改革开放和社会主义现代化建设服务的。正确的理想信念有着对坚定职业理想的要求。从这一角度来说，“教书育人”就是好老师的正确理想信念。对教师这一职业没有使命感、责任感和信念感的人，是难以成为好老师的；对“教书育人”缺少敬畏之心、热爱之情，是难以成为好老师的。好老师应该干一行爱一行，爱岗敬业，真心地爱护学生，以教书育人为志，并坚定这一理想信念，自觉地把教书育人的信念贯穿于日常的教学实践，以真情实感打动人，以透彻的理论吸引人，以优秀的道德品行说服人。也只有这样，教师教书育人才有不懈的精神动力。

（三）坚持教书和育人相统一

习近平在全国高校思想政治工作会议上强调，教师是人类灵魂的工程师，承担着神圣使命。“要加强师德师风建设，坚持教书和育人相统一，坚持言传和身教相统一，坚持潜心问道和关注社会相统一，坚持学术自由和学术规范相统一，引导广大教师以德立身、以德立学、以德施教”。

立德树人是高校思想政治工作的中心环节和根本任务，关系着我国高等教育事业发展的方向。教书育人是教师的崇高使命和首要职责。教师不仅是传道者，还是学生健康成长的指导者和引路人。习近平指出，广大教师要做学生锤炼品格的引路人，做学生学习知识的引路人，做学生创新思维的引路人，做学生奉献祖国的引路人。教师不仅负责传授给学生知识，还负责教会学生做人。作为传道者，教师自己首先要明道、信道；作为引路人，教师自己首先要德才兼备。

高校思想政治工作关系到高校培养什么样的人、如何培养人以及为谁培养人这个根本问题。坚持立德树人，师德师风建设尤为重要。关于师德师风建设，习近平提出了“四个统一”，其中，“教书和育人相统一”放在了首位。可以说，坚持教书和育人相统一，既是师德师风建设的要求，也是教师这一职业特殊使命的要求。坚持教书和育人相统一，也是教书与育人这二者内在的关系使然。其中，教书是育人的手段，育人是教书的目的，二者不可分割，统一于具体的教学实践中。

坚持教书和育人相统一，要求教师自觉增强教书育人的荣誉感和责任感，致力于通过课程设置、教学活动等来达到育人的目的，学为人师，行为世范，把育人融入、贯彻到教书的全过程，树立终身学习的理念，在育人的过程中不断提高自身的教书能力和水平，提升道德素养，坚持理论联系实际，引导学生言行一致、知行统一，注重学生对知识的内化与外化，促进学生在学习科学知识的基础上明智明德，实现全面发展。

这样，既能帮助学生加深对理论知识的认识与理解，也能帮助他们树立正确的世界观、人生观和价值观，还能培育他们良好的道德品质和优秀的个人素养。教育的规律以及人才成长规律启示我们，学生对于知识的掌握，以及对于自身品格的磨砺，不能仅仅停留于课堂，还要回归于实践。这就要求教师不能把目光局限于课堂之内，还要关注学生在课堂之外的行动与表现，以彰显教育的科学性、思想性和服务性，切实履行教书育人的使命与职责。

（四）坚持教书育人和自我修养相结合

2018 年 5 月 2 日，习近平在北京大学师生座谈会上的讲话中再次强调师德师风问题，并明确指出，“要引导教师把教书育人和自我修养结合起来，做到以德立身、以德立学、以德施教”。

习近平之所以强调教书育人和自我修养相结合，有着现实的原因。其一，建设社会主义现代化强国需要培养大批优秀人才，这对教书育人提出了更高的要求。其二，信息化的发展变革了传统教学方式和教学关系，使得教书育人呈现出新的特点。其三，教书育人是师德师风的集中反映，但在教师队伍中却存在着一些问题，让教书育人的实际工作难以取得预期效果。适应时代发展的要求，适应新变化与新特点，解决现实问题，引导教师把教书育人和自我修养相结合，是关键，亦是必然。

教书育人和自我修养何以能够结合起来呢？一方面，教书育人是教师进行自我修养的目标指向和重要途径；另一方面，自我修养又是教书育人的基本要求和重要保证。这两者最终统一于立德树人的实践。才者，德之资也；德者，才之帅也。教书育人的根本在于立德。从这一角度来说，教书育人的过程也是教师自我修养的过程。“要引导教师把教书育人和自我修养结合起来”，就要切实加强师德师风建设，以严格的制度规定、日常的教育督导、健全的培训体系、完善的奖惩机制为保障，帮助教师自觉地履行教书育人的职责，坚定教书育人的追求，并把教书育人作为自我修养的目的和动力，严于律己，敬重学问，关爱学生，把教书育人这一使命与追求真正地内化于心、外化于行，渗透于自己的一言一行，以文化人、以德育人，不断提高道德修养，加强自我教育。

六、推进教育公平

（一）教育公平是社会公平正义的重要基础

教育公平是社会公平的重要基础，是维系社会公平正义的坚实基石。党的十八大以来，以习近平同志为核心的党中央高度重视教育公平问题，明确提出要不断促进教育发展成果更多、更公平地惠及全体人民，以教育公平促进社会公平正义。习近平总书记在党的十九大报告中明确提出：“要全面贯彻党的教育方针，落实立德树人根本任务，发展素质教育，推进教育公平，培养德智体美全面发展的社会主义建设者和接班人。”

习近平总书记关于教育公平的一系列重要论述，是习近平总书记关于教育的重要论述的重要组成部分，也是其核心内容，是我们在新形势下做好教育工作的重要指南。深入学习习近平总书记关于教育公平的重要论述，深刻领会其重要意义和精神实质，对于我们办好让人民满意的教育，让每个人都有人生出彩的机会，实现中华民族伟大复兴中国梦，具有重要的理论意义和实践意义。

2013 年 9 月，习近平总书记在联合国“教育第一”全球倡议行动一周年纪念活动视频讲话中向世人宣告，努力让每个孩子享有受教育的机会，努力让 13 亿人民享有更好更公平的教育。习近平总书记在党的十九大报告中指出“努力让每个孩子都能享有公平而有质量的教育”，这是以习近平同志为核心的党中央坚持“以人民为中心”的发展思想，谋划教育事业改革发展的生动体现。“公平而有质量”六个字，重如千钧，清晰地指明了中国未来教育发展的着力点。

教育公平通常指每个社会成员都享有同等的教育权利与教育机会，享有同等的教育资源，享有同等的教育质量，享有同等的就业机会，并向社会弱势群体给予一定的倾斜。教育公平属于社会公平的范畴，而社会公平历来是人们追求的理想。随着教育改革的不断深化，我国教育事业取得了举世瞩目的成就。国民受教育程度和科学文化素质大幅度提高，这不仅为社会主义现代化建设战略目标的实现提供了有力的人才支持和智力保障，也为我国教育的进一步发展奠定了坚实基础。从总体上来看，中国教育发展面临的主要矛盾已经发生重要变化，人民日益增长的更高水平、更高质量和更加多样的教育需求与不平衡不充分的教育发展之间的矛盾，已经成为教育面临的主要矛盾。“人人上好学”，是当前人民群众对教育公平的强烈呼声。随着人民群众文化素质的不断提高、平等意识的逐渐增强和参政议政热情的日益高涨，教育公平问题成为全社会普遍关注的焦点。

可以看到，教育公平是现代教育发展的基本原则，是人们为之不断努力奋斗的目标，这不仅是教育系统一项长期、艰巨而光荣的任务，也是对党的执政能力和政府职能履行能力的严峻考验。政府应该遵循最大限度地发挥资源优势的原则，大力推进教育公平，真正履行好教育公平“第一责任人”的职责。

（二）推进教育精准脱贫

关注弱势群体的教育权利也是政府的重要职责，只有保障弱势群体的教育权益，才能实现全面的教育公平。重点帮助贫困人口子女接受教育，阻断贫困代际传递，把教育作为精准脱贫的重要手段和实施路径，促进教育公平和社会公平，成为党的十八大以来以习近平同志为核心的党中央所采取的一项重大举措。

2017 年 2 月 27 日，中共中央、国务院印发了《关于加强和改进新形势下高校思想政治工作的意见》，提出“加强对家庭经济困难学生的资助工作”。习近平总书记在党的十九大报告中指出：“健全学生资助制度，使绝大多数城乡新增劳动力接受高中阶段教育、更多接受高等教育。”

国家做出了一系列关于学生资助发展的举措。2015 年，习近平在云南等省调研时，提出“十三五”期间要打扶贫工作攻坚战，扶贫开发“贵在精准、重在精准、成败之举在于精准”。在民生问题上，困难群体往往有更多、更强烈的诉求，因此，需要给予更多的关注和帮扶。2014 年习近平在中央经济工作会议上指出：“要让贫困家庭的孩子都能接受公平的有质量的教育，不要让孩子输在起跑线上。”李克强总理在 2014 年中央民族工作会议上指出：“要进一步完善国家助学制度，决不让一个学生因家庭困难而失学，也决不让一个家庭因为孩子上学而陷入困境。”国务院副总理刘延东在 2007—2008 学年度国家奖学金颁奖大会上强调：“无论遇到多么大的困难，国家促进教育公平的决心不会改变，扶助经济困难学生的政策措施不会改变，保障每一个孩子不因家庭经济困难而失学的承诺不会改变。”2016 年 2 月 25 日至 26 日，全国学生资助管理中心召开 2016 年全国省级学生资助管理中心主任会议，会上明确提出进一步完善资助政策体系，努力实现全覆盖，进一步完善资助方式，努

力实现“精准资助”等资助工作思路。这一系列国家层面的政策导向，都为高校资助教育不断创新发展指明了方向。

第二节　新时代我国高校资助育人工作思想

随着我国高等教育的不断发展、高校成本分担机制的实施以及我国经济的发展，贫困学生“上学难”问题得到高度重视。近年来，党和国家十分关心教育问题，针对困难学生的上学难问题，我国建立健全了“奖、助、减、免、补、勤、贷”多维助学育人体系。习近平总书记指出，“要让贫困家庭的孩子都能接受公平的有质量的教育”。高校积极响应贯彻落实习近平总书记对思想政治教育和精准脱贫的重要指示精神，始终把精准资助与资助育人作为学生资助工作的重点，不断推进教育公平。《国家教育事业发展“十三五”规划》在促进教育公平方面，提出实施教育脱贫攻坚行动计划，扩大农村贫困地区学生接受优质高等教育的机会，实现贫困生资助全覆盖。《国家中长期教育改革和发展规划纲要（2010—2020年）》提出，“教育公平是社会公平的重要基础。教育公平的关键是机会公平，基本要求是保障公民依法享有受教育的权利，重点是促进义务教育均衡发展和扶持困难群体”，该规划纲要将促进公平作为国家基本教育政策，同时把育人为本作为教育工作的根本要求。

贫困生是高校重点扶持对象，贫困生的健康发展直接影响和谐校园的建设，对整个国家、社会的和谐稳定都有着重要的影响。高校资助工作以“不让一个学生因家庭经济困难而失学”为总体目标，以“实现贫困生资助全覆盖”为基本要求，以精准资助和资助育人为重点，将促进学生全面发展作为出发点和落脚点。全面推进资助育人，“借船出海”，促进资助育人与思想政治教育相结合，充分挖掘资助工作的育人功能；授人以渔，推动资助由外延式增长向内涵式发展转变。因此，如何让每个孩子都有平等接受高等教育的机会，如何将高校资助工作的育人功能发挥出最大效益，从教育公平视角研究高校资助育人工作，进行路径优化，十分必要。

一、高校资助育人的理论基础

（一）马克思主义关于人的全面发展理论

马克思主义关于人的全面发展理论的主要内容：

第一，只有实现了物质的极大丰富和生产力的极大发展，才能为实现人的全面发展提供基础，当物质条件得到极大提高之后，人们不只是追求物质上的满足，而是会向更高的目标前进，充分发挥自己的主观能动性，自觉地参加各种活动，真正成为世界的主体。

第二，人的全面发展也会促进物质的极大丰富和生产力的极大发展，两者之间相辅相成，互相促进。

高校扶贫育人是实现贫困生各方面充分发展的重要途径，一方面，高校的资助政策解决了贫困生的学费和生活问题，为促进贫困生的健康发展提供了物质基础；另一方面，高校所采取的人文关怀，使得贫困生树立了正确的世界观、人生观，提升了他们的整体素质。

高校的扶贫育人很好地解决了贫困生跟社会接轨而产生的陌生感，为学生进入社会打下了坚实的基础；同时，为社会输送了高质量的人才，促进了整个社会的健康发展。

（二）科教兴国与人才强国理论

党和国家一直将科教兴国战略放在重要位置。在时代发展的历史条件下，习近平总书记深刻地分析了世界发展的形势，提出“人类命运共同体”的主张，论述了教育在为未来社会培养人才、促进人类和平与发展中的作用。习近平总书记指出：“当今世界的综合国力竞争，说到底是人才竞争，人才越来越成为推动经济社会发展的战略性资源，教育的基础性、先导性、全局性地位和作用更加突显。”因此，必须坚持把教育摆在优先发展的战略地位，普及教育，培养具有创新能力和国际视野的高品质人才。正是由于党中央几代领导的共同认知及实践发展，党中央和国务院先后提出了科教兴国及人才强国的战略理念，这些战略的提出，无疑具有划时代的意义。

当代大学生作为新世纪中坚力量，在人才强国战略中的地位就显得格外重要。在竞争日益激烈的世界，人才之战已经打响。各国为了争夺人才各尽奇招，谁抢到人才谁就能在某个领域抢占先机，赢得优势。不只是国家之间，就连各个地区之间也是如此，为了吸引人才，各地方政府出台各种极具吸引力的政策。大学生作为人才的后备力量，我们应该关注他们在大学期间可能出现的各方面问题，及时解决。对于大学生中的贫困生群体，我们也应该给予更多的关注，这些贫困生可能会因为家庭的原因产生各种心理上的问题，从而行为失常。他们有的性格孤僻，将自己锁在自己的小天地中，拒绝与人

交流，自我调节能力差，长此以往会严重地影响他们的生活与学习。在这种情况下，我们要积极地给予他们适当的关注，帮助他们摆脱这种困境，让他们健康成长，从而使他们成为社会主义现代化建设的中坚力量。

（三）和谐社会理论

习近平同志在十九次全国代表大会报告以及同记者见面时的讲话内容，从不忘初心，牢记使命，为中国人民谋幸福，为中华民族谋复兴，到全面建成小康社会一个不能少，共同富裕路上一个不能掉队，充满了人民情怀，贯穿了以人民为中心的发展思想，集中体现了党和国家把人民对美好生活的向往作为奋斗目标的伟大情怀。

建设社会主义和谐社会是我们现阶段奋斗的目标。建设社会主义和谐社会的目标，短时间之内还不可能实现，构建和谐社会涉及政治、经济、文化等多方面的因素，缺一不可。① 高校作为向社会输送人才的主要阵地，是建设和谐社会不可忽视的一个阵地，和谐社会的发展离不开高校健康有序的发展，高校承担着为社会输送人才的重要责任，人才的培养效果直接影响着高校的声誉。但是，现在的社会情况显示，我国东、中、西部经济发展不平衡，城乡区域经济发展不平衡，家庭环境不一，以及高额的学费，都给家庭贫困学生上学带来了极大的困难。在这种情况下，贫困生不仅面临着经济方面的压力，部分贫困生还面临着巨大的精神贫困问题。

所谓精神贫困，指的就是家庭经济困难学生因为物质方面的匮乏，常常会产生自卑心理，导致他们心理承受能力差，不愿意与人交流，孤僻，独来独往。这些问题的存在，严重地影响了高校学生的健康成长，一方面学校要给予贫困生更多的关怀，及时地了解他们的情况，进行有效的沟通，使他们树立正确的人生观、世界观和价值观。另一方面，贫困生个人更应该融入集体，和同学们互帮互助，在同学遇到困难时尽自己所能地帮助同学，而自己遇到无法解决的困难时也要告诉同学，不要一个人闷着，多参加班级活动增强自己的集体荣誉感。同时，贫困生可以参加适当的社会实践，这不仅可以使自己的生活有所改善，还可以建立自己的关系网，为自己以后进入社会奠定基础。贫困生自身和学校共同努力，才能促进贫困生的身心健康，使他们

---

① 全国学生资助管理中心网《国务院关于建立健全普通本科高校高等职业学校和中等职业学校家庭经济困难学生资助政策体系的意见》（国发〔2007〕13 号）。

成为社会主义建设的中流砥柱，为建设社会主义强国而作出贡献。

和谐社会以人的发展为主要目标，以人为本是永恒不变的主题，而对于教育，以人为本就是要以学生为中心，一切方针政策都以学生为出发点，要更加重视学生中的弱势群体，更加关心他们的物质与精神生活，这样才能促进整个学生群体的健康、和谐发展。

（四）立德树人理论

党的十八大报告指出："全面贯彻党的教育方针，坚持教育为社会主义现代化建设服务、为人民服务，把立德树人作为教育的根本任务，培养德智体美全面发展的社会主义建设者和接班人。"党的十八大以后，习近平总书记多次走进大、中、小学，在与师生座谈时深入阐述了立德树人的重要意义和实施途径。

帮大学生树立正确的世界观、人生观以及价值观，关注大学生实际存在的问题，是高校工作的重要目标。大学生是人才强国战略实施的主力兵。因此，是否能培养出符合社会发展需要的人才，学生的思想政治教育工作怎么做，显得格外重要。这就要求学校要全面加强德育、智育、体育和美育工作，坚持学生文化知识学习与思想品德修养的统一、理论学习与社会实践的统一、全面发展与个性发展的统一。

为了促进学生的全面发展，必须做好学生的思想政治工作，从而更好地达到育人的效果，促进学生各方面素质的提升。对于经济困难的学生，除了要对他们进行经济上的资助外，还要对他们进行精神援助，只有将两者结合起来，才能促进经济困难学生的健康发展。

（五）教育公平理论

教育公平指的就是不同地区、不同的学生都能够享受同等的教育资源。长久以来，我们一直追求着教育公平的实现，并为此努力。在古代，孔子就曾提出过有教无类的主张，即不管这个人是什么身份，不管地位高低，他都有资格获得受教育的权利。教育公平理论大致上有三个层次，第一个层次是每个人都有受教育的权利，任何人都不能剥夺这种权利。第二个层次是每个人都有相对平等的受教育的机会。第三个层次是每个人都拥有相对公平的教育成功机会和效果。一般认为，教育公平就是最大限度地实现起点公平、过程公平，最终获得的结果也公平。党中央、国务院高度重视高校贫困生资助

育人工作，要求在各级教育行政部门设立学生资助管理中心，并制定下发了《国务院关于建立健全普通本科高校高等职业学校和中等职业学校家庭经济困难学生资助政策体系的意见》《教育部、财政部关于进一步加强高校资助经济困难学生工作的通知》等文件，这些文件无一例外都显示了国家对于高校扶贫育人工作的重视。这些文件提供了大致方向，并指出高校扶贫育人工作能否顺利地进行，关系到我国高等教育事业的健康发展。高校扶贫育人工作能够切实地帮助贫困生解决燃眉之急，使他们全身心地投入学习，在校学习的时候享受与其他同学同等的教育资源，并通过自己的努力改变现状，最终改变自己的命运。

二、高校资助育人的政策基础

第一，党的十九大报告提出优先发展教育事业。建设教育强国是中华民族伟大复兴的基础工程，必须把教育事业放在优先位置，加快教育现代化，办好人民满意的教育。要全面贯彻党的教育方针，落实立德树人根本任务，发展素质教育，推进教育公平，培养德智体美全面发展的社会主义建设者和接班人。推动城乡义务教育一体化发展，高度重视农村义务教育，办好学前教育、特殊教育和网络教育，普及高中阶段教育，努力让每个孩子都享有公平而有质量的教育。完善职业教育和培训体系，深化产教融合、校企合作。加快一流大学和一流学科建设，实现高等教育内涵式发展。健全学生资助制度，使绝大多数城乡新增劳动力接受高中阶段教育，让更多的人接受高等教育。支持和规范社会力量兴办教育。加强师德师风建设，培养高素质教师队伍，倡导全社会尊师重教。办好继续教育，加快建设学习型社会，大力提高国民素质。

第二，习近平总书记在全国高校思想政治工作会议中指出，我国高等教育肩负着培养德智体美全面发展的社会主义事业建设者和接班人的重大任务，必须牢牢抓住全面提高人才培养能力这个核心点，坚持把立德树人作为中心环节，把思想政治工作贯穿教育教学全过程，实现全程育人、全方位育人，努力开创我国高等教育事业发展新局面，并以此来带动高校其他工作。要更加注重以文化人、以文育人，广泛开展文明校园创建，开展形式多样、健康向上、格调高雅的校园文化活动，广泛开展各类社会实践。要运用新媒体、新技术使工作活起来，推动思想政治工作传统优势同信息技术高度融合，增强时代感和吸引力。

第三，教育部办公厅在《教育部办公厅关于进一步加强和规范高校家庭经济困难学生认定工作的通知》中指出，精准认定家庭经济困难学生是做好学生资助工作的重要前提，是决定资助政策落实效果的基础性工作。各地、各高校要充分认识家庭经济困难学生认定工作的重要性，认定家庭经济困难学生应依据其家庭经济状况而不能加入其他非经济因素。要正确认识国家助学金、国家助学贷款等解困型资助项目对家庭经济困难学生“保基本、兜底线”的功能定位，坚决杜绝将“助学金”变成“奖学金”或用“助学金”代替“奖学金”的行为。

第四，重点高校招收农村和贫困地区学生工作要深入贯彻落实党的十九大精神和《国务院关于深化考试招生制度改革的实施意见》，继续实施国家专项计划、地方专项计划和高校专项计划（以下统称为专项计划），完善长效机制，进一步促进教育公平。

第五，全国学生资助管理中心综合政策提出不让一个学生因家庭经济困难而失学。教育公平是社会公平的重要基础，促进教育公平是国家基本的教育政策。党和国家高度重视家庭经济困难学生上学问题，近些年中央有关部门密集出台相关资助政策，已建立起覆盖学前教育至研究生教育的学生资助政策体系，从制度上保障不让一个学生因家庭经济困难而失学。本（专）科生教育阶段已经建立起奖（助）学金、助学贷款、学费补偿、助学贷款代偿、勤工助学、困难补助、伙食补贴、学费减免、“绿色通道”等多种方式的混合资助体系。

第六，《中共教育部党组关于教育系统深入学习贯彻习近平总书记在纪念马克思诞辰200周年大会上重要讲话精神的通知》强调，坚持以习近平新时代中国特色社会主义思想为指导，牢固树立“四个意识”，坚定“四个自信”，坚持把马克思主义作为中国特色社会主义教育最鲜亮的底色，全面贯彻党的教育方针，坚持社会主义办学方向，全面落实立德树人根本任务，培养德智体美全面发展的社会主义建设者和接班人。推进教育现代化，办好人民满意的教育，建设教育强国，为全面建成小康社会、夺取新时代中国特色社会主义伟大胜利、实现中华民族伟大复兴的中国梦作出新的更大的贡献。

第七，2010年7月，中共中央、国务院正式颁布《国家中长期教育改革和发展规划纲要（2010—2020年）》，把“促进公平”作为今后一段时期我国教育改革发展的一项重大工作方针，将家庭经济困难学生资助列为教育领域的十大重点项目之一。

这些都为高校资助育人提供了理论基础和政策支持，为高校资助育人的顺利实施提供了相应的条件。

三、高校资助育人工作的内涵

所谓大学生资助，是指为了保障学生完成学业、顺利就业而开展的对学生的经济资助和其他困难帮扶措施。在实践过程中，大学生资助包括经济、物质资助和精神、心理资助等实践活动，其目的在于使学生享受平等的受教育权利，促进学生的全面发展和健康成长，最主要的目标是实现育人。因此，大学生资助工作不仅承担经济资助功能，同时承载着育人职能。可见，对大学生进行资助只是手段，促进学生的健康成长、成才，使之成为中国特色社会主义建设的可靠接班人，才是高校资助工作的最终目标。但当前大多数高校的资助工作仍偏重于帮助学生完成学业，而忽视了学生成长的内在诉求，从而弱化了资助工作的育人职能。出现这种情况的主要原因是高校对资助育人工作的认识不够清晰，没有把握资助育人工作的真正内涵。我们认为，高校资助育人应是为保障弱势群体包括家庭经济贫困、存在心理问题、学业困难学生公平享受受教育的权利和实现个人价值和愿望而存在的制度，其主要作用在于资助主体以资助为手段，对大学生的全面发展产生积极的正向引导作用，包括引导大学生正确世界观、人生观、价值观的树立和社会责任的担当精神的形成，为广大知识青年的实践、创新、创造提供更宽广的平台和更多的发展机遇。

正确理解高校资助育人工作的内涵应注重以下几点：一是为谁育人的问题。我国高等教育事业的目标应该是培育践行社会主义核心价值观、具有中国特色社会主义理想、爱党爱国的合格建设者和可靠接班人。二是谁来育人的问题。大学生的理想信念教育不能简单地划给思想政治工作者，应该形成全方位立体化育人的格局。三是怎样育人的问题。这也是难题，是高校资助育人的一项新课题，采用何种方式达到育人的目标，需要我们在实践中不断探索，不断创新。四是育什么人的问题。资助育人要让学生感受到党的关怀和爱护，培养其爱国情怀，使其树立学好本领、回报社会、报效祖国的信心和决心。

不断推进教育公平一直是推动我国高等教育改革和发展的价值目标和理想诉求。资助育人工作与教育公平之间存在某种必然的关系，二者之间是辩证统一、相辅相成的。

一方面，教育公平是资助育人的内在前提。学生资助工作与思想政治教育的内在结合点在于人文关怀，即改善学生的思想品质。学生资助与学生思想政治教育通过人文关怀的表现形式连接起来，在此基础上，资助工作以人文关怀内在价值追求的形式体现出教育公平和社会正义思想。通过学生资助这种外在的物质帮扶形式，在制度上保障那些刻苦努力而又家庭贫困的学生拥有平等接受高等教育的机会，让贫困生真切感受到公平正义。另一方面，资助育人是促进教育公平的应有之义。教育公平的重点在于扶持困难群体，根本要求是保障贫困生有平等接受教育的机会。党的十九大报告提出，“在发展中补齐民生短板、促进社会公平正义”“深入开展脱贫攻坚”。资助育人作为实现教育公平的有效措施，直接影响着脱贫的质量与程度，“着力加强教育脱贫。加快实施教育扶贫工程，让贫困家庭子女都能接受公平有质量的教育，阻断贫困代际传递”。资助育人也是人才培养的有效方式，高校资助育人效果是检验教育公平的直接依据。资助工作对于贫困生群体的帮助，正是体现和促进教育公平的重要措施之一，也是教育理想转化为现实目标的载体。

四、高校资助育人的功能

思想政治教育功能指的是思想政治教育活动对教育对象和社会生活所能发挥的积极的有利的作用或影响。高校资助工作始终贯穿着育人价值，资助育人在思想上、心理上、情感上、品格上有着独特的功能。当然，对于高校资助育人的研究也有着非常重要的实践价值，资助育人既是高校思想政治教育的生动实践，又是高校人才培养的重要方式，符合教育脱贫的现实需要，有利于促进社会公平正义。

育人从字面意义上，可以理解成教育人和培育人。育人作为高校乃至所有学校工作的核心，是高校开展所有工作的出发点和最终的落脚点。高校资助育人功能的内涵可界定为资助主体为保障处于弱势群体的学生（主要为存在经济贫困、心理存在一定问题、性格偏执、世界观扭曲等情况的学生）基本教育权利，在提供资助时，以资助为载体，对大学生在自由全面发展方面产生的积极影响或作用，主要体现为人生观、价值观、社会责任、知识技能的引领和导向作用，具体地说就是通过精神上的激励、心理上的干预、品格上的塑造、知识上的传授，将大学生培养成具有正确的世界观、价值观，拥有良好的文明养成、健康向上的心理、爱国爱党的精神、感恩的情感以及高尚品格的人。

其中，奖（助）学金具备资助和育人双重功能，资助是奖（助）学金设立的最直接的目的，即以经济扶助形式去缓解、减弱家庭经济困难学生面临的经济压力，其目的和手段都非常单一和纯粹。而育人功能相较于资助功能，蕴含的内容比较丰富，也是当前高校思想政治工作领域面临的一个重大课题。

（一）政治层面，爱国主义和理想信念教育功能

在高校现行的奖（助）学金资助体系当中，虽然个人或集体设立的奖（助）学金越来越多，但总体而言，这些社会上的奖（助）学金同国家层面的奖（助）学金相比，无论是资助力度，还是资助覆盖面，都相去甚远。奖（助）学金资助体系的绝大部分仍是由国家奖（助）学金组成，不论是“奖优”的国家奖学金，还是“优困兼顾”的国家励志奖学金，抑或是“助困”的国家助学金，其资助的主体都是国家，这恰恰充分体现了国家对家庭经济困难学生能否顺利完成学业十分关切。

因此，从政治层面来说，受奖励和资助的大学生是国家资助的直接对象和享受无偿奖助的受益人，这就在无形中要求广大受奖（助）的学生更加坚定地理解、支持和倡导爱国主义，而党作为国家一切工作的领导者，其倡导和开展的理想信念教育对于受奖（助）学生的意义不言而喻。基于这些现实，在高校的资助工作中，尤其是在奖（助）学金下发后，资助工作者常常通过奖（助）学金颁发仪式、革命先辈艰苦奋斗事迹报告等各种形式的教育活动来强化学生的爱国主义精神和理想信念。因此，在资助工作者等引导开展的活动中所体现出的爱国主义和理想信念教育功能，无疑是奖（助）学金育人功能的突出表现。

（二）道德层面，诚信和公平公正教育功能

诚信一直以来都是中国社会公德的一个重要组成部分，其本身也是全体公民需要去遵守和秉持的个人行为准则，是每一个中国人在各方面都需要恪守的精神底线。国家奖（助）学金尤其是国家助学金将家庭经济情况作为申请发放的主要依据，这客观上要求每一名申请人都要如实上报家庭情况而不能弄虚作假。公平公正既是人们长期呼唤和渴求的社会效果，也是全体公民在工作和生活道德层面应当秉持的重要理念。事实上，奖（助）学金资助政策本身也是教育领域公平公正的一种体现，其直接的目的就在于让每一名家庭经济困难的学生不会因为经济问题不能像家庭相对富裕的学生一样继续上

学，在经济维度保障其不因生活困难而无法继续就读。正如国务院前总理温家宝指出的一样，“要不断完善国家助学制度。这是促进教育公平的一项重要措施。在非义务教育阶段，我们要保障每一个孩子接受教育的基本权利，主要靠实行奖助学金制度来实现”。

（三）社会层面，奉献精神和感恩精神教育功能

在高校就读的大学生来自社会又终将毕业回归社会，对于家庭经济困难的学生来说，能够在求学探索阶段获得经济上的资助渡过难关以顺利完成学业，是其心理上极大的慰藉。目前高校的奖（助）学金绝大部分来自国家的无偿奉献，少部分来自社会的无偿奉献，通过资助工作者的合理引导，这些无偿奉献能够激励受助学生在受助之后怀揣奉献与感恩之心，在顺利完成学业、投身社会事业发展之际，努力发挥自身才能，为国家和社会的发展与进步做出自身的贡献。

此外，激励是思想政治教育工作方法中的一种。根据现实经验，奖（助）学金受益群体中的家庭经济困难学生，不少人会因为贫困而产生不同程度的自卑、心理扭曲甚至自闭等问题，科学的激励手段对于推动这些奖（助）学金受益群体更加主动、积极地参与校园文化活动、社会志愿服务活动、日常教育管理等，从而让他们接受锻炼，经受教育，全面提高自身综合素质，具有重大的实际意义。

（四）人格层面，自立自强精神和责任感教育功能

奥地利心理学家阿德勒认为，人的思维永远趋向于积极面，人类的本性是忽视消极面，从内心里产生忽视消极面的欲求，并且不断地去超越自己，这便是“人格内驱力”，体现了人类不断追求积极面的真实欲望。然而，根据现实中的观察，在部分家庭经济困难学生身上，呈现的却是逆向“人格内驱力”，究其原因，这些学生过度地将贫困因素放大，并将其作为生活不如意的主要原因，从而封闭自我，不愿同外界交流与接触，而这一行为的直接后果，就是自卑程度越来越深，长此以往，容易形成一定的心理问题乃至精神疾病。

美国心理学家马斯洛认为，人类的需求从低到高依次为生理需求、安全需求、社交需求、尊重需求和自我实现需求五大层次。部分贫困学生因家庭长期生活较为困难导致生理需求与安全需求无法得到满足，从而开始自卑与逃避社交，这恰好是马斯洛需求层次理论的有力佐证。不论是阿德勒的“人

格内驱力”理论还是马斯洛的“需求层次理论”，结合部分贫困学生的现实表现，均体现出贫困这一背景对于人格塑造产生的巨大影响。而奖（助）学金制度以“助困”经济资助为直接抓手，从心理源头缓解、释放这类学生的压力，对于这些学生塑造良好的人格有巨大的推进作用。根据现实观察与了解，很多心理自卑的贫困生在得到奖（助）学金的直接资助后，整体精神面貌有了不同程度的改善，个别学生甚至能够十分积极主动地参与学习、生活等各项活动。这充分体现出奖（助）学金在育人功能中的人格塑造作用。

事实证明，在得到奖（助）学金资助后，贫困生身上聚集了更多的目光，自尊心往往会促使这些学生以更高的标准来要求自己，力争以更好的表现来对得起这份“荣誉”。这种心理状态无形中就强化了受奖（助）学生的自立自强意识和责任感意识。

（五）教育层面，榜样作用和示范作用教育功能

奖（助）学金尤其是国家奖学金和国家励志奖学金，不仅仅是一笔奖助资金，从某种意义上来说，也是一种荣誉。特别是国家奖学金，由于其名额非常少，奖励金额高，竞争激烈，在学生心中具有崇高的地位，也因其评选要求高，同样代表着高质量的学业水平。在实际工作中，高校往往会将获得国家奖（助）学金的学生名单进行全校范围的公示，这既是资助程序的需要，也是思想政治工作的重要体现。在公示的同时，往往会大力宣传获得国家奖学金和国家励志奖学金学生的先进事迹，以树立“榜样”“模范”的形式进一步营造积极向上的学习氛围，激励更多的学生努力学习。

这种“榜样”“示范”的氛围营造，对于受奖助者自身来说是一种行为教育和鞭策，会提醒他们以更高的标准和更严的要求来规范自身各方面的行为。同时，对于其他未受奖助的学生也是一种良性的“刺激性”教育。对受奖助学生的关注与重视，让全体学生感受到这种荣誉的可贵与美好，从而刺激更多的学生不断提升自我，为了获取这些荣誉而不断进取。这种榜样作用和示范作用，是奖（助）学金育人功能在教育层面的充分体现。

五、高校资助育人的意义

资助育人是新时期资助工作的新使命，也是高校资助工作中实践育人理念的重要表现。精准资助和资助育人是新时期资助工作的重点，推进高校资

助育人工作不仅具有重要的理论意义，也具有强大的实践价值。

（一）高校思想政治教育的生动实践

思想政治教育从根本上来说就是育人，高校资助育人本质上也是做育人的工作，二者是一脉相承、缺一不可的。习近平总书记在全国高校思想政治工作会议上的重要讲话，科学地回答了高校关于人才培养的根本问题。高校思想政治工作的中心任务，是将学生视为中心，关心学生，服务学生，这既是高校做好资助育人工作的重要内容，也是强化高校思想政治工作的有效途径。高校资助育人始终是思想政治教育实践方面育人的重要载体，资助育人将贫困生思想问题的解决与实际相结合，在关心、帮助贫困生的过程中教育他们、引导他们。高校资助育人与思想政治教育的契合点在于人文关怀，加强对贫困生的心理疏导和人文关怀，是思想政治教育的根本要求，也是资助工作的根本价值诉求。资助是前提，育人是根本目的，实现从资助育人向育人资助的转变，能更加彰显其教育人以及引导人的价值内涵。

班杜拉在阐述自我效能感的时候，提到了个体对于结果和效能的期望。高校资助育人需要充分发挥思想政治教育的主体效能感，在实践育人中提升贫困生自我效能，培养贫困生自立自强意识。因此，资助育人是高校思想政治教育的生动实践。

（二）高校人才培养的重要方式

高校在推进“双一流”建设的进程中，应该有针对性地做好贫困学生的资助育人工作，引导他们健康成长，保证他们学有所成，成为一流人才。资助育人工作中的人才培养，应致力于从“授鱼”到“授渔”的转变。一方面，举办勤工助学实践活动，使贫困生在自觉锻炼、自主管理和自我提升中培养自立自强意识，从能力上锻炼人，不断提高其实践能力和综合素质。贫困生本着自我提升的目的，实现专业知识与能力知识的完美契合。另一方面，打造“励志强能”育人平台，助力贫困生就业创业，在实践中培养其职业素养与职业技能，让资助真正实现“育人与成才”的目标。

社会发展的基础就是强大的人才支撑，高校是国家培养人才的基地。资助育人立足于人才培养，致力于为社会主义培养合格的接班人，从能力上培育贫困生，最大限度地发挥“造血”作用，培养贫困生学会生存，掌握生存所需要的敬业素养、合作能力、竞争能力。因此，资助育人是高校人才培养

的重要方式。

（三）教育脱贫的现实需要

进入全面建成小康社会决胜阶段，党中央、国务院在习近平新时代中国特色社会主义思想指导下对学生资助工作提出了新的要求，即加强教育脱贫，让贫困家庭子女都能接受公平有质量的教育。学生资助作为国家脱贫攻坚工程的重要组成部分，直接影响着脱贫的质量与程度。由于高等教育收费体制的持续变革，贫困生不得不面对“上学难”的现实问题，青年作为国家的建设人才和未来社会的接班人，切断贫困的代际传递需要从源头上进行。学生资助是扶贫先扶智的重要组成部分，让学生资助成为扶智的支撑点，给予贫困生经济上的帮助和精神上的扶持，有利于培养其成为国家需要之才。资助育人在打赢教育脱贫攻坚战中起着不可替代的重要作用，加强资助育人，培养全面发展的人，既符合教育脱贫的现实需要，也是实现中华民族伟大复兴的必然使命。

教育脱贫是一项重要的民生工程，教育脱贫的质量直接关系到高校人才培养的质量，关系到整个社会文化程度的提高。青年是国家的希望，承担着重大的历史使命，国家的繁荣富强最终靠青年一代来实现。高校资助育人最根本的立足点就在于高校青年学生的成长成才，因此，做好高校资助育人工作是教育脱贫的现实需要。

（四）促进社会公平正义的应有之义

促进社会公平正义与开展脱贫攻坚一脉相承，教育脱贫攻坚是补齐教育短板的重要任务。教育公平是一个具有“社会”和“教育”双重属性的概念，教育公平始终与社会公平正义休戚与共，而资助育人又是推动教育公平的重要内容，所以资助育人本质上与社会公平正义息息相关。马克思、恩格斯创立历史唯物主义时，就将社会的公平正义与教育公平结合起来，提及照顾社会弱势群体的利益。贫困生一直是高校中的弱势群体，做好贫困生的资助育人工作，关乎教育公平的实现。资助育人要关心贫困学生的物质生活需要，保障其基本生活，同时关心其自尊和更高层次的自我实现需求，以“立德树人”为根本任务，以“培育和践行社会主义核心价值观”为核心，强化创新精神和实践能力，让贫困学生同样享有人生出彩的机会。可见，深入落实资助育人工作，对于推进教育公平，促进社会公平正义，有着不可替代的作用。

马克思认为，社会公平正义的实现应该是一个循序渐进的过程，其建立在社会主义制度之上，所有人自由而全面的发展是前提条件。罗尔斯在提及公平正义时尤其关心第二个原则，就是要照顾到社会上最弱势的群体，给他们设定一个相对公平的分配框架，正义应该适当地向其倾斜。现代意义上的教育公平是高校资助育人的内在前提，由于贫困生是教育领域的最薄弱环节，因此资助育人便成为推进教育公平的最关键因素。贫困生又是作为社会人而存在的，关切贫困生的生存和发展，直接影响着社会公平正义的实现。因此，资助育人是促进社会公平正义的应有之义。

六、高校资助育人的现状

（一）国内高校资助工作基本情况

教育部会同财政部等部委按照教育规划纲要工作部署，不断建立健全家庭经济困难学生资助政策体系，进一步提高资助标准，从制度上基本保证了“不让一个学生因家庭经济困难而失学”，有效缓解了物价上涨给高校家庭经济困难学生带来的不利影响。按照新的资助体系规定，国家每年用于助学的财政投入、助学贷款和助学经费不断增加，目前已形成以奖学金、助学金、助学贷款、勤工助学、困难补助、学费减免和“绿色通道”为主体的多元化贫困生资助政策体系。

（二）国内资助育人模式存在的问题

1. 资助育人理念过于陈旧

注重经济补偿是高校资助体系的重点，其主要目标是解决学生的经济问题，但这一理念对资助育人缺乏全面的认识，对学生综合素质的发展缺少关心。从资助的方式来看，主要有奖学金、助学金、助学贷款，其主要目标是通过经济补助帮助大学生完成学业。资助的手段、方法单一，有的只注重经济资助，而对育人功能关注不够。一些受资助学生缺乏相应的道德、文明等基本素质，造成这种情况的原因是资助只关注学生的成绩，只关注资助资金的落实，而缺乏对学生团队意识、服务意识、风险意识、爱心及责任感等的关注。

2. 部分资助模式忽视弱势学生的自卑心理

贫困学生的首要心理问题是自卑心理，尤其是来自偏远贫困地区的学生，

受经济条件及教育条件的影响，其性格往往较敏感；还有一些学生的自尊心很强，甚至在一些团体活动中觉得自己比别人低一等，其心态受到影响；还有的学生觉得自己家境不如别人，为了改变这种状况，一入校便扎进学习，而对集体活动等社交活动参加较少，其自卑的心理导致其性格严重孤僻，在以后的生活、学习中出现封闭、压抑等现象。

3. 无偿贷款模式对学生自强教育产生负面影响

发放给学生的贷款大多是无偿资助，虽然无偿资助能帮助学生解决困难，但这种不劳而获的方式可能会让他们形成“等靠要”的思想，学生进而丧失创业、拼搏的意识。另外，无偿资助也容易让学生产生消极情绪，使其自信心大受影响，这对他们形成健康的人格十分不利。

4. 资助过程中骗助现象时有发生

新资助模式虽要求受助学生提供贫困证明和家庭经济情况调查表，但是在利益的驱动下，部分学生利用关系开出假证明，加上资助活动缺乏完善的监督制度，当前骗助现象时有发生。这样会导致大学生的诚信意识降低，社会责任感降低，这不仅对受助对象产生反向教育效果，对资助育人功能的发挥也产生阻碍作用。

第二章

新时代中国特色高等职业教育体系

第一节　高等职业教育发展内涵

习近平总书记在党的十九大报告中指出，“建设教育强国是中华民族伟大复兴的基础工程”。在2018年全国教育大会上，习近平总书记进一步提出了“加快推进教育现代化、建设教育强国”的新要求。关于教育强国的论述，是习近平新时代教育新理念新思想新观点的重要组成部分，是新时代建设教育强国的行动指南。

着力完善教育体系，努力建成高水平的人才培养体系。完善的教育体系和高水平的人才培养体系，是教育强国的重要内涵。习近平总书记要求，“要努力构建德智体美劳全面培养的教育体系，形成更高水平的人才培养体系”。完善教育体系，要坚持德育为先，德育、智育、体育、美育、劳动教育五育并举、全面发展，重视学生综合素质的培养，克服片面追求某一或某几方面教育的现象。要完善国民教育体系，推进各级各类教育协调发展。基础教育是提高民族素质的奠基工程，要加快发展学前教育，提高义务教育巩固率，提高高中教育普及率，大力推进素质教育，为青少年成长成才和提高民族素质奠定扎实的基础。

高等教育是一个国家发展水平和发展潜力的重要标志，要努力提高高等教育办学水平，加快“双一流”建设，提高教育教学质量，着重创新型、复合型和应用型人才培养；加强产学研协同创新，优化高等教育结构，提高高等学校科研创新能力和服务经济社会发展能力。要加快发展职业教育，推进现代职业教育体系建设，促进产教融合、校企合作，重视培养具有工匠精神和就业创业能力的高技能人才，为青少年成功成才提供多样化的选择，逐步提升职业教育的社会认可度和吸引力。要办好继续教育，加快学习型社会建

设，充分发挥互联网功能，拓宽学习渠道，创造人人皆学、处处能学、时时可学的环境。要高度重视家庭教育，充分发挥家庭第一个课堂、父母第一任教师的作用，用优良的家风、良好的榜样、科学的教育方法，帮助孩子扣好“人生第一粒扣子”。建设高水平的人才培养体系，各级各类教育机构必须紧紧围绕培养社会主义建设者和接班人这一根本任务，把立德树人融入教育全过程，科学设计和建设学科体系、教学体系、教材体系、管理体系，把思想道德教育（或思想政治）工作体系建设作为重要内容贯通其中。

要牢牢把握服务发展、促进就业的办学方向，深化体制机制改革，创新各层次各类型职业教育模式，坚持产教融合、校企合作，坚持工学结合、知行合一，引导社会各界特别是行业企业积极支持职业教育，努力建设中国特色职业教育体系。

一、高等职业教育定位

1999 年颁发的《中共中央国务院关于深化教育改革全面推进素质教育的决定》文件，将高等职业教育明确为高等教育的重要组成部分。2006 年颁发的《教育部关于全面提高高等职业教育教学质量的若干意见》（教高〔2006〕16 号）文件，提出高等职业教育作为高等教育发展中的一个类型，在我国加快推进社会主义现代化建设过程中具有不可替代的作用。从重要组成部分到发展中的一个类型，高等职业教育在我国教育体系中已经确立了不可替代的地位，发展高等职业教育与发展普通高等教育同等重要，它们之间只是教育类型不同。“职业”是高等职业教育的本质特征，是其他高等教育类型不可替代的区别性特征；“高等”是对高等职业教育层次的界定，以区别同属职业教育的中等职业教育、初等职业教育等较低层次的职业教育。高等职业教育是在具有相当于高中文化的基础上，以培养具有一定理论知识和较强实践能力，面向基层、生产、建设、服务和管理第一线的实用型、技能型人才为目的的职业教育，是职业教育的高等阶段。

二、中华人民共和国成立以来我国高等职业教育的成就

（一）办学规模迅猛扩大，呈超常规发展态势

中华人民共和国成立之初，百废待兴，社会主义现代化建设特别是地方经济发展亟须培养和培训大批生产干部，政府十分重视职业教育发展。1951

年，毛泽东主席在全国第一次中等技术教育会议上提出“培养技术人员是我们国家的根本之图”。1958 年，由于“大跃进”盲目追求高速度，专科学校达 360 多所、在校生 187108 人，但这仅是政治运动的产物，严格来说，这时期的职业教育是“专科技术教育”，还不属于真正意义上的高等职业教育。

改革开放后，我国教育事业大步向前，高职教育迎来了发展的春天。从 1985 年高职院校的正式产生开始，到 2000 年，我国高职院校在校生已占当时全国高校在校学生总数的 18. 14%。进入 21 世纪，我国高等职业教育迅猛发展，高职学校数量从 442 所增加至 1418 所，总增长率达 220. 81%，年均增长率 7. 11%，全国平均每年增加 54. 2 所院校，全日制高职在校学生人数从 100. 9 万人增长到 1133. 7 万人，总增长率 1023. 59%，年均增幅高达 17. 61%，年均增加 57. 38 万人。目前，我国已经建成了世界上规模最大的职业教育体系。

（二）教师总量逐年递增，师资结构趋于合理

教师是教育的第一资源，是提升教育质量、培养实践创新人才的关键。2018 年，习近平总书记在全国教育大会上明确要求把加强教师队伍建设作为教育事业发展最重要的基础工作来抓。

一方面，教师总量逐年递增。中华人民共和国成立之初，我国教师仅有 8. 3 万人，其中普通高等学校的教师达 1. 6 万人。1986 年，高职院校教职工总数达到 18. 0 万人，专职教师约 8. 6 万人，20 世纪末，教师队伍总量虽不断扩大，但发展较慢，规模依旧较小。从 2000 年到 2018 年，高职院校专任教师总数从 8. 7 万人激增到 49. 8 万人，总增长率达到 472. 4%，按照高职院校专任教师每年增长率计算，年均增长率达到 10. 72%。

另一方面，师资结构趋于合理。首先，双师型教师比例不断提高。2018 年，我国双师型教师总量为 45. 56 万人，其中高职双师型教师共 19. 14 万人，占高职专任教师的 39. 70%。其次，高职院校生师比趋于合理。高职院校生师比从 2000 年的 26. 25∶1 降低到 2018 年的 16. 54∶1，低于教育部制定的普通高等学校基本办学条件指标 18∶1 的生师比。最后，高职专兼师资队伍持续优化。2017—2018 年，各地省级财政列支专项经费用于支持兼职教师聘用，累计投入 8. 2 亿元支持中高等职业院校 1. 6 万个专业点聘请 4. 4 万名兼职教师，一批企业工程技术人员、高技能人才、能工巧匠到学校兼职任教。

此外，积极开展国家级教师培训。“十二五”期间，国家每年安排培训5000人，各地自主培训35000余人，5年共培训20余万人，“2017—2018年中央财政计划投入13.5亿元，设置300多个专业培训项目，累计组织14.4万名专业骨干教师参加国家级培训和企业实践”。教师总量不断扩大，师资结构趋于合理，有力保证了高职院校的教学工作。

（三）基础设施日益完善，办学条件逐步改善

改革开放后，我国在高职院校教育经费投入、基础设施完善和信息化发展等方面都加快了步伐，高职院校办学条件大大改善。1979—1981年，教育经费在国家事业经费中的比例由9.95%提高到13.5%；教育基本建设投资占国家基本建设投资总额的比例从1%提高到3%。1985年，我国从世界银行争取到3500万美元的贷款，最终集中支持建立17所职业大学，职业大学的功能和特征开始逐步引导其走上了高职教育的发展道路。

进入21世纪，高职教育为满足扩大招生需要，各省市空前重视，投入剧增。例如，深圳早在2009年高职院校年生均经费预算内拨款标准就达到了普通本科教育生均经费预算内拨款标准；江苏多年来一直加大财政支持力度，2015年各类高职院校年生均拨款标准达到10814.46元，2016年各类高职院校年生均拨款标准达到13996.34元。2012—2015年，全国高等职业院校的财政性教育经费年均增长达10%。2015年，全国高职（专科）院校生均教学辅助及行政用房面积15.3平方米，生均教学仪器设备值明显增加，生均教学科研仪器设备值为0.8万元，生均教学仪器设备值超过0.4万元的院校比例超过92%，近400所院校超过1万元。

党的十九大以来，国家财政大幅提高对高职教育的经费投入。2017年，“职业教育经费总投入4342亿元，24个省份高职院校生均拨款呈现增长态势，北京、西藏连续两年生均拨款达标率100%”。2019年，中央财政安排现代职业教育质量提升计划专项资金237亿元，专门引导地方政府落实生均拨款制度，将高职学生国家励志奖学金覆盖面提高10%，即由3%提高到3.3%，奖励标准为每生每年5000元。另外，教学科研仪器设备配置水平普遍提高，“每百名学生拥有教学用计算机26.8台，校均上网课程为84.3门”，教学科研仪器设备总值533.06亿元。高职教育经费的不断投入以及办学条件的不断改善，为我国高职教育的顺利开展提供了充分而有利的条件。

（四）强化制度建设保障，职教体系初步成形

1978 年 4 月，邓小平同志在全国教育工作会议上明确指出“整个教育事业必须同国民经济发展的要求相适应……应该考虑各级各类学校发展的比例，特别是扩大农业中学、各种中等专业学校、技工学校的比例”，为中国高职教育事业的发展带来了新契机。1980 年，国家教委批准建立了我国首批职业大学 13 所，短期职业大学应运而生，成为新时期高等职业教育的雏形。1982 年，第五届全国人大五次会议提出试行一批专业大学，是我国第一次以国家政策的形式提出大力发展高职教育。

1985 年，《中共中央关于教育体制改革的决定》提出，要“大力发展职业技术教育，高校毕业生一部分接受高等职业技术教育，逐步建立起一个从初级到高级、行业配套、结构合理又能与普通教育相互沟通的职业技术教育体系”。高等职业技术教育首次出现在官方文件中，并正式纳入国民教育体系。1996 年 5 月，《中华人民共和国职业教育法》明确了高等职业教育的法律地位，这标志着我国高等职业教育建设迈上法制化的轨道。

2006 年《关于全面提高高等职业教育教学质量的若干意见》的发布，宣告我国高职教育进入了巩固成果、提高质量、加强内涵建设的新阶段，它是我国高职教育新一轮教育教学改革的行动指南和操作规程，首次明确指出高等职业教育是我国高等教育的一种新类型，从而确立了高等职业教育在高等教育中的重要地位。从高等职业教育外部来讲，高等职业教育是在我国宏观政策指导下，由省级人民政府管理，通过职业大学、职业技术学院、教育学院、独立设置的成人高校、普通高等专科学校等各种类型的学校进行办学，实行两年制、三年制、五年制的弹性学制。从高等职业教育体系内部来讲，它包括普通学历学位教育、成人学历学位教育、成人非学历学位教育。

2018 年 5 月，《教育部关于 2018 年拟批准设置高等学校的公示》提出 15 所民办高职院校拟批准新设职业本科，职业本科学校开始正式试点。2019 年 2 月《国家职业教育改革实施方案》首次明确提出，“职业教育和普通教育是两种不同的教育类型，具有同等重要地位……未来 5 ~ 10 年我国高职教育将由政府举办为主向政府统筹管理、社会多元办学的格局转变，由参照普通教育办学模式向企业社会参与、专业特色鲜明的类型教育转变”，对高职教育提出了全方位的改革设想。至此，我国高等职业教育体系框架初步成形。

（五）就业率持续提升，服务社会经济成效显著

当前，我国独立设置的高职院校年毕业生人数从 17.9 万人增长到 366.5 万人，但我国高职院校毕业生依然保持较高的就业率。据调查显示，2017—2018 年高职高专毕业生就业率已高于同届本科，2018 届高职学生毕业半年后就业率为 92%，平均月收入提高到 4112 元。中国特色的高等职业教育让更多青年得到接受高等教育的机会，培养了一大批适应生产、建设、管理、服务第一线需要的高等技术应用型专门人才。2002—2012 年，7265 万技术技能型人才走进经济建设主战场。2016 年 12 月，《制造业人才发展规划指南》公布新增从业人员有 70% 来自职业院校，职业院校毕业生成为契合产业升级、发展实体经济的中坚力量。高等职业教育是与当前社会经济发展联系最紧密、服务最贴近、贡献最直接的，是关注民生的“平民教育”，也是实施教育精准扶贫的“排头兵”。2018 年，我国 65 所职业院校成立全国职业院校精准扶贫协作联盟，《深度贫困地区教育脱贫攻坚实施方案（2018—2020 年）》强调广泛开展公益性职业技能培训，实现脱贫举措与技能培训的精准对接。

党的十八大以来，全国高职院校年均向社会输送 300 余万名毕业生，成为就业惠民生的“压舱石”，为贫困地区企业提供技术咨询服务，帮助农村家庭脱贫，以“技”为武，为阻断贫困发挥了基础性和根本性作用，对于统筹城乡教育一体化发展也有着重要意义。

三、新时代中国特色高等职业教育的发展背景

（一）习近平总书记关于教育的论述对高等职业教育提出新要求

习近平总书记指出，中国特色是历史和现实做出的回答，是国际比较得出的结论，既是独具特色的，又是独具优势的。在 2013 年教师节的贺信和 2014 年教师节与北京师范大学师生座谈讲话中，习近平总书记两次提出“发展具有中国特色、世界水平的现代教育”，从战略高度回答了办什么样的教育，以及如何办教育的这一根本性问题。2014 年，习近平总书记对职业教育做出指示，要牢牢把握服务发展，促进就业的办学方向，深化体制机制改革，创新各层次各类型职业教育模式，坚持产教融合、校企合作，坚持工学结合、知行合一，引导社会各界特别是行业企业积极支持职业教育，努力建设中国特色职业教育体系。党的十九大报告提出建设教育强国，对于高等教育而言，

是要实现内涵式发展；对于职业教育而言，是要完善职业教育和培训体系，深化产教融合、校企合作。2018 年，习近平总书记在全国教育大会上指出，要坚持社会主义办学方向，立足基本国情，遵循教育规律，坚持改革创新，以凝聚人心、完善人格、开发人力、培育人才、造福人民为工作目标，培养德智体美劳全面发展的社会主义建设者和接班人，加快推进教育现代化，建设教育强国，办好人民满意的教育，这些重要论述对高等职业教育提出了新要求。

（二）建设现代化经济体系对高等职业教育提出新挑战

党的十九大提出建设现代化经济体系，这是我国经济由高速增长阶段转向高质量发展阶段的必然选择。建设现代化经济体系不仅要求转变经济发展方式、优化经济结构、转换增长动力，而且对教育满足经济发展需求的能力提出了更高的要求。建设现代化经济体系的重点是推动质量、效率、动力三大变革，目的是提高全要素生产率。作为国民教育体系和人力资源开发的重要组成部分，高等职业教育以培养多样化人才、传承技术技能、促进就业创业为己任，以服务发展、促进就业为导向，这就要求高等职业教育在新技术革命条件下转变发展方式，实施创新驱动发展战略，提升发展质量，通过推动人才供给侧改革，促进技术技能积累，实现人力资本的最优配置，为建设现代化经济体系提供坚实支撑。

（三）实现高等教育内涵式发展对高等职业教育提出新期待

高等职业教育内涵式发展可从政治论、认识论和人本论三个维度来考察。从政治论的维度看，强调党的领导，扎根中国大地办学，服务国家和区域发展战略；从认识论的维度看，强调提高教育教学质量，以建设中国特色高等职业教育高水平学校和专业作为标志性成果；从人本论的维度看，强调立德树人，发展素质教育，以学生为中心，培养德智体美劳全面发展的社会主义建设者和接班人。高等职业教育在实现了规模发展后，必然重视对内涵与质量的关注，尤其需要解决专业化刚性过强、课程教学浅表化、优质教学资源不足以及教育教学文化薄弱等教育教学和人才培养过程中的一系列深层次问题。

（四）深化产教融合、校企合作对高等职业教育提出新目标

2017 年 12 月，国务院办公厅发布《国务院办公厅关于深化产教融合的若

干意见》，2018 年 2 月，教育部等六部门印发《职业学校校企合作促进办法》，对产教融合、校企合作进行了顶层设计和工作部署，产教融合、校企合作逐步实现从理念创新到制度创新。高等职业教育在产教融合、校企合作方面具有天然优势，在市场经济背景下，企业等用人主体参与职业教育的人才培养过程，也是人民日益增长的职业教育需求和职业教育发展不平衡不充分矛盾解决的重要途径。在深化产教融合、校企合作驱动下，高等职业教育以人才培养模式改革为核心，深化学校内涵建设，完善高素质技术技能人才培养体系，推进人力资源供给侧结构性改革，促进教育链、人才链与产业链、创新链有机衔接。

（五）推进高质量发展对高等职业教育提供新指引

2019 年 2 月，国务院印发《国家职业教育改革实施方案》，提出推进高等职业教育高质量发展。高等职业教育是优化高等教育结构和培养大国工匠、能工巧匠的重要方式，高等职业学校要培养服务区域发展的高素质技术技能人才，重点服务企业特别是中小微企业的技术研发和产品升级，加强社区教育和终身学习服务的定位要求。启动实施中国特色高水平高等职业学校和专业建设计划，建设一批引领改革、支撑发展、中国特色、世界一流的高等职业学校和骨干专业（群），这表明了国家以培养和打造一批高水平学校来引领高等职业教育高质量发展的决心，也明确了骨干专业（群）建设是高等职业教育高质量发展的基础。高质量发展是新时代高等职业教育的发展理念，包含着丰富的内涵。从宏观看，这是高等职业教育领域解决人民日益增长的美好生活需要和不平衡不充分的发展之间矛盾的需要；从中观看，衡量高质量发展的指标是行业、区域高等职业教育人才培养的匹配度，即结构性质量；从微观看，高质量发展具体落实在每一所学校、每一个专业的人才培养和教育教学质量上，因此，推进高等职业教育高质量发展既要着眼全局，又不能脱离院校实际。

四、新时代中国特色高等职业教育的内涵分析

（一）必须坚持党的领导

我国是中国共产党领导的社会主义国家，这决定了我们的教育必须是中国共产党领导下的中国特色社会主义教育，必须坚持教育为人民服务、为中

国共产党治国理政服务、为巩固和发展中国特色社会主义制度服务、为改革开放和社会主义现代化建设服务。党的领导是中国特色高等职业教育的鲜明本色，这既是理念的凝结，又是实践的升华。要实现坚持党的领导，就必须始终坚持社会主义办学方向不动摇，聚焦立德树人根本问题不放松，在党管意识形态、党管干部人才、党管改革发展等方面积极作为，为推进高等职业教育高水平建设和高质量发展提供坚强的政治保证、思想保证和组织保证。

（二）落实立德树人的根本任务

立德树人是中华优秀教育传统的核心理念，贯穿于中国传统教育思想。立德树人，立德为根本，树人为核心，立德为先，树人为要。在新时代，必须坚持马克思主义的指导地位，走中国特色社会主义教育发展道路，把立德树人融入思想道德教育、文化知识教育、社会实践教育各环节，将培育和践行社会主义核心价值观贯穿于高等职业教育人才培养全过程，推动立德树人根本任务在高等职业院校落地生根、开花结果，培养德智体美劳全面发展的中国特色社会主义建设者和接班人。

（三）坚持中国特色办学模式

习近平总书记在全国教育大会上强调，扎根中国大地办教育，就是要坚持以马克思主义为指导，全面贯彻党的教育方针，坚持以人民为中心的发展思想，以立德树人为根本任务，以促进公平为基本要求，以优化结构为主攻方向，以深化改革为根本动力，走出一条中国特色的教育现代化之路。我国国情的复杂性、地域发展的不平衡性、特有的历史文化背景都决定了要解决中国的教育问题，不能一味靠外来经验的输入，而是必须扎根中国的土壤，找到一条本土化的解决方案。坚持扎根中国大地办教育，必须求解中国教育面临的现实难题，切实解决教育发展不充分不平衡的问题。高等职业教育只有根植于具有五千年历史积淀的中华优秀传统文化，扎根本土文化，才有可能实现可持续发展。

（四）发展素质教育

高等职业教育的人才培养目标是高等职业教育的出发点和归宿。党的十九大提出发展素质教育，素质教育要贯彻高等职业教育人才培养全过程，素质教育与专业建设相融合是高等职业教育内涵建设的重要内容和途径。实践

中，发展素质教育的思路是：重视思想政治教育，解决好做人高度问题；重视人文素质教育，解决好做人厚度问题；重视专业素质教育，解决好做人深度问题；重视身体素质教育，解决好做人长度问题；重视心理素质教育，解决好做人宽度问题；重视创新创业教育，解决好做人强度问题。

（五）服务国家与区域经济社会发展

高等职业教育以培养生产、建设、服务、管理第一线的高素质技术技能专门人才为主要任务。改革开放40年来，高等职业教育强化教育与经济发展，尤其是与生产劳动的结合，成为推动国家和区域经济社会发展的主要动力。当前我国经济发展方式、生产过程、产业结构、驱动要素等方面的深刻变革，对人才的素质有了更新和更高的要求。在“中国制造2025”、精准扶贫、“一带一路”“互联网+”等重大国家战略和倡议的实施背景下，高职院校要以长远眼光来确定专业设置和专业定位，并能够根据社会发展对人才需求的变化做出适时调整。其中，“需求端”表现为满足国家新产业新业态的需求，“供给端”表现为人才培养方案、人才培养模式等的创新。作为新时代最大量、最重要的人才“供给端”，高等职业教育必须转变育人观念，创新人才培养模式，努力实现人才供给与需求的动态平衡。

第二节　中国特色高等职业教育发展方向

一、新时代中国特色高等职业教育发展着力点

高等职业教育要在教育强国建设过程中发挥其应有的作用，还需要在以下五个方面下功夫。

（一）以专业建设为龙头

专业是高职院校办学和人才培养的基点，专业建设是高职院校发展的重要抓手。《教育部关于全面提高高等职业教育教学质量的若干意见》提出，针对区域经济发展的要求，要灵活调整和设置专业，辐射服务面向的区域、行业、企业和农村，增强学生的就业能力。新一轮的经济转型、产业升级、产业结构调整，必将为区域经济发展提供新机遇，也对技术技能型人才培养提出了新要求，转型后的企业对职业技术人才的需求日趋多样化、精细化和特色

化。专业建设是高职示范校、骨干校和优质校建设的主要项目与核心任务，高职院校通过以重点专业为龙头、相关专业为支撑的专业群建设，重塑专业建设逻辑，打造新的专业格局，升级专业建设内涵，深耕行业企业服务。

《国家职业教育改革实施方案》明确提出“启动实施中国特色高水平高等职业学校和专业建设计划”，更凸显了专业建设在高水平学校建设中的地位和作用。因此，各高职院校在优势专业、特色专业建设成效的基础上开始探索高水平专业建设，以就业为导向、以市场为指引，开发专业教学标准和课程标准，探索基于社会需求的专业设置和管理机制，提升专业服务产业发展能力；遵循传承历史、关注需求、合理定位的原则，形成调整专业设置、课程体系的动态优化机制；通过校企合作、产教融合、国际交流等途径加强专业内涵建设，提升专业技能人才培养质量，加强专业人才培养服务于地方经济社会发展的适切性和针对性。在推进管办评分离和放管服改革的背景下，积极实施专业诊断与改进，积极开展高等职业教育国际专业认证。

（二）以教育教学为中心

教学和教育是密不可分的，教学概念应放在教育大系统中来理解和把握。教学是教育的基本形式，尤其是学校教育产生以后，其内涵是学生在教师的指导下掌握文化知识和技能，进而发展能力、提高素质、形成道德的教育过程。教学工作是高等职业院校的中心工作，具有以下多重特征：①内容的现实性，是指教学内容要与生活实际紧密联系，使教学内容生活化；②主体的能动性，是指教师和学生通过深度参与和互动，真正成为教学活动的主体；③形式的多样性，是指在服从教学内容的前提下，教学形式应呈现出多样性、灵活性、实效性，使自主学习与合作学习得以结合。

2016年，教育部部长陈宝生提出“四个回归”，其实质就是回归教学，促进教师角色回归。首先，高等职业院校教学水平要建立一个优化课表、重视课程、做好课本、搞活课堂、丰富课余和发展课外的机制，推进专业特色化、课程精品化和实践真实化；其次，构建“以教学为中心”的绩效考核体系，引导教师把精力用于教学，褒奖教学创新和贡献者，真正把以教学为中心落到实处；再次，教师评价制度对于引导教师重视教学起着重要的导向作用和杠杆作用，促使教师在教学、科研与服务三项活动中保持平衡且相互促进；最后，重视“互联网+”教育背景下的教学创新，应用信息技术改革教学，发挥慕课、翻转课堂、微课等新的教育模式的作用。

（三）以优质就业为导向

就业是消除贫困、促进共享、包容性发展的基本保障，也是职业教育实现家长和学生期望，进而改善民生的基本路径。高等职业教育以就业为导向，除了体现在注重学生的就业率、签约率以外，还体现在使学生有质量地就业上。对于高等职业院校来说，就业情况一直是考评一所学校成功与否的重要指标。优质就业的标准根据专业对口、单位状况、薪资水平、发展状况等因素综合评定。一个新的技术一定会有新的教育模式匹配，高等职业教育要了解自身的需求端，即要想跟上产业发展的步伐，就要了解企业真正需要什么样的人才，而这个问题要通过细致的调研才能得到答案，专业团队通过调查社会需求，为专业准确的定位和严格的培养打下基础。麦可思研究院在京发布的《2018 年中国大学生就业报告》（就业蓝皮书）显示，2017 届高等职业学院和高等专科学校（高职高专）毕业生半年后的就业率为 92. 1%，首次超过本科毕业生。对于高等职业院校而言，要建立专业引导就业、教学面向就业、机制支撑就业、校友帮助就业、全校齐抓就业的一套机制，与此同时，应构建包含就业率、签约率、用人单位满意率、学生起薪水平和岗位发展状况等指标的就业考核评价体系。特别是对于首次进入就业市场的毕业生而言，职业资格证书格外重要。高等职业教育在实践中要探索创新集团化办学、现代学徒制、订单培养等就业工作机制，推动毕业生实现顺利就业、对口就业、优质就业。

（四）以产教融合为主线

产教融合既是一种社会经济运行生态，也是一种技术技能形成机制。在深入实施创新驱动发展战略、加快发展壮大现代产业体系的背景下，深化产教融合是推进人才和人力资源供给侧结构性改革的一项非常迫切的任务。高等职业教育以培养高素质技术技能人才为己任，基于产教融合构建高等职业院校发展系统，是实现人才培养职能的重要手段。高等职业院校要发挥产教融合在创新人才培养、教师发展、社会服务、创新创业等方面的机制优势，着重围绕教育与职业、学校与企业、学习与工作等方面的结合下功夫，适应区域与行业发展需求，树立主动对接、主动作为的理念，主动发现有为时间、作为空间，以满足经济社会和产业变革需求和发展。推进高等职业院校和企业联盟、与行业联合、同园区联结，通过建立学校专业群紧密相关的产学研协同创新中心平台，依托专业（群）构建产教融合综合体、有机体和共生体，立足为中小微企业提供产品研发和技术服务，并建立多层次立体化的岗位培训，为企业开展员工培训。

（五）以合作发展为支撑

开放合作办学是高等职业教育的主要特征，这体现在教育与职业、学校与企业、学习与工作、高等教育与职业教育的结合与融合上。在深入实施创新驱动发展战略、加快发展壮大现代产业体系的背景下，深化产教融合和科教融合是高等职业院校推进人才培养供给侧结构性改革的迫切任务。一方面，合作发展不但能加强高等职业院校内部资源的共享与优化，而且通过充分利用外部资源，更利于院校的自身发展；另一方面，通过培养高素质技术技能人才，高等职业院校为行业企业输送大量的人力资源，从而实现面向市场、服务发展、促进就业。因此，高等职业教育的办学使命要求构建一个产教融合、校企合作、工学结合、知行合一的育人体系，积极探索全方位多层次的合作发展机制，以此来实现学校与政府、行业、企业、党派、协会、兄弟院校以及国际的合作。在“互联网＋教育”的背景下，更要深化教与学的结合、双师型教学团队的建设、人才培养与科学研究的协同，争取资源与服务社会的良性运行，构建基于利益相关者共同治理的组织架构，促进人才培养质量和办学治校水平的提高。

高等职业教育是在我国本土产生的一种教育形态，在实践中，已发展为一种不可替代的教育类型，成为我国现代职业教育体系的重要组成部分。2019年2月，中共中央、国务院印发《中国教育现代化2035》，明确提出推进教育现代化的基本原则，其中很重要的一条就是坚持中国特色。这对高等职业教育政策制定者、理论研究者和实践探索者而言，既是一种鞭策，也是一种激励。事实上，“对中国经验，不能仅仅停留于经验的描述，应当从‘描述’进而到提炼、概括，从‘经验’上升到‘理论’”。在接下来的研究中，我们将着重围绕中国特色高等职业教育的思想渊源、基本特征、理论贡献与发展实践等方面，发掘新材料，回答新问题，进一步坚定发展中国特色高等职业教育的道路自信、理论自信、制度自信、文化自信。

二、中国特色高等职业教育理念与人才培养模式改革发展

（一）高等职业教育理念与人才培养模式的关系

党的十九大报告系统阐述了新时代中国特色社会主义思想，丰富和发展

了马克思主义理论，明确提出了新时代坚持和发展中国特色社会主义的基本方略，深刻回答了新时代坚持和发展中国特色社会主义的一系列重大理论和实践问题。2018 年《政府工作报告》又提出“发展公平而有质量的教育”，特别强调以经济社会发展需要为导向，优化高等教育结构，加快“双一流”建设，支持中西部建设有特色、高水平的大学。这进一步指明了我国高等教育改革发展的方向，为今后我国高等教育的改革提供了指导，也提出了新的要求。这意味着，高校要不断创新教学理念，完善人才培养模式与目标，在教学过程中，始终要有坚定正确的政治方向与强烈的爱国意识，全面、系统地更新教学内容和改革教学方法，使教学内容能准确地反映各学科的基本理论思想及其新进展，使教学方法能较好地提高学生的学习能力，以满足新形势下国内外对人才的需求。关于教育理念的内涵，我国老一辈教育工作者进行了长期的研究与探讨，其核心思想主要体现在两个方面：

一是高等职业教育理念要反映教育的本质和时代特征，并要为高校人才培养模式与人才培养目标指明方向。王冀生（1999）认为教育理念是人们追求的教育理想，它是建立在教育规律的基础之上的，科学的教育理念是一种远见卓识，它能正确地反映教育的本质和时代的特征，科学地指明前进方向；李萍和钟明华（1998）认为教育理念是关于教育发展的一种理想的、永恒的、精神性的范型，教育理念反映教育的本质特点，从根本上回答为什么要办教育这一问题。这一观点表明，高等教育的教育理念要反映“经世济用”的教育本质，要能体现鲜明的时代特征，并能够为人才培养模式与人才培养目标指明正确的前进方向。

二是高等职业教育理念要有正确的价值观与道德标准，强调对青年学生知识能力培养与社会责任感培养并重的思想。叶权仪（1999）认为教育理念是学校的高层行政主管以学生前途与社会责任为重心，然后以自己的价值观与道德标准为基础，对办理学校所持的信念与态度；韩延明（2004）认为教育理念是教育思想家乃至整个民族长期蕴蓄和形成的教育价值取向的反映、体现和追求，是关于教育发展的一种理想性、精神性、持续性和相对稳定性的范型，具有导向性、前瞻性、规范性的特征。高等教育理念的核心是高校要以正确价值观与道德标准，一方面培养青年学生具有敏锐的洞察力、前瞻性、创新性与开拓性的综合知识能力，另一方面培养青年学生具有强烈的社会使命感和勇于奉献的牺牲精神，二者缺一不可。

人才培养模式指人才培养的具体目标和培养的具体规格，以及实现这些培养目标的方法与手段。所谓高校人才培养模式，指学校在教育理念、教育理论和教育思想指导下，按照规定的培养目标和人才要求，制定相应的课程体系、教学内容和教学方法，以相对固定的教学管理制度与评估方式，进行人才教育过程的总和。不同类型的高校由于办学定位不同，其人才培养目标和人才培养模式也不尽相同，因而需要以发展的教育理念、以分层次教学为重点和突破口，与不同的人才培养模式相适应，以满足21世纪国内外对不同专业人才的需求，同时达到提高我国普通高校整体教学水平和教育质量的目的。

综上所述，新时代我国高等职业教育理念决定人才培养模式，引导人才培养目标的实现，而人才培养模式与人才培养目标又体现了教育理念，二者是相辅相成的。由于人才培养模式会随着社会发展对人才需求标准的变动而变动，所以，在新时代背景下，我国高校的教育理念只有与时俱进，不断地进行改革创新，才能更好地满足人才培养模式转变的需要。

（二）高等职业教育理念与人才培养模式改革方向

新时代要实现我国教育现代化，提高高校创新人才培养能力，就要不断地创新教育理念，改革人才培养机制，用新理论、新知识、新技术更新教学内容和教学方法，使其能准确地反映各学科的基本理论思想及其新进展，要更加注重理论联系实际，要树立学生知识能力的培养与高度社会责任感培养并重的思想，以满足新时代背景下国内外对人才的需求。

1. 紧跟全球高等教育的发展前沿

高等职业教育理念与人才培养模式要与时俱进，紧跟全球高等教育的发展前沿。创新是当代社会经济发展的主题，也是高等教育发展的主题，进行教育创新，培养全面的高素质的创新型人才，是新时代赋予我国高等教育的历史使命。科学的教育理念具有导向性、前瞻性、规范性的特征，能为高校人才培养模式与人才培养目标指明方向，能促进人才培养质量的提升。同时，教育国际化是世界高等教育发展的时代潮流，也是我国高等教育顺应经济全球化趋势的制度安排和政策措施，因此，我国普通高校只有紧跟全球高等教育的发展趋势，在自身不断创新与发展教育理念的同时，吸收和借鉴国外符合一般教育规律的先进的、科学的教育思想理论，在此基础上完善人才培养模式，才能培养符合社会需求的高素质人才。要实现这一目标，关键在于教

师。先进的科学教育理念、完善的人才培养模式，需要教师贯彻落实，需要教师时刻学习和关注自身研究领域的最新理论思想和前沿发展动态，不断更新教学内容、改革教学方法和完善课程体系，向学生传授最新、最有用、最能解决实际问题的理论思想与方法，以培养出各种合格的高素质人才。

2. 注重理论联系实际和强化实践教学

高等职业教育理念与人才培养模式的改革创新，要更加注重理论联系实际和强化实践教学。在新时代背景下，我国普通高校的人才培养模式遵循“加强基础、拓宽专业、因材施教、重点培养”的原则，以“学以致用 ”为目标 ，实行多元化的培养方式、灵活化的管理模式和个性化的培养方案，充分激发学生强烈的求知欲望，积极挖掘学生的创新潜质，以培养各种高素质的创新型人才。要实现这一人才培养目标，关键在于高等职业教育要注重理论联系实际和强化实践教学。教育理念之于教育实践，具有引导定向的意义。西方教育理念也认为，没有实践的理论和没有理论的实践都没有意义。因此，高等职业教育必须理论联系实际，它也是教学必须遵守的原则。教学内容的设计要遵循理论与实际相结合、相统一的原则，在教学过程中，做到用所学的理论分析现实中的具体问题，同时运用实践教学来验证理论的正确与否，使理论与实践相互促进，提高学生的理论学习水平和解决实际问题的综合能力。

3. 以培养德才兼备的高素质人才为己任

高校的教育理念与人才培养模式改革创新，要始终坚持正确的政治方向，以培养德才兼备的高素质人才为己任。在我国改革开放初期，邓小平同志就多次强调要坚持德才兼备的人才培养和干部任用标准，不能重德轻才，也不能重才轻德，二者必须并重。新时代，习近平总书记强调，要坚持德才兼备、以德为先的用人标准，要牢固树立中国特色社会主义道路自信、理论自信、制度自信、文化自信，确保党和国家事业始终沿着正确方向胜利前进。政治方向是指南针，是根本保证，坚持坚定正确的政治方向至关重要。司马光在《资治通鉴》里专门写道：“才者，德之资也；德者，才之帅也。”习近平总书记引用了这个典故，指出人才培养一定是育人和育才相统一的过程，而育人是本，人无德不立，育人的根本在于立德，这是人才培养的辩证法。培养德才兼备的人才，始终是我国高等教育的永恒主题，因此，新时代背景下高校的教育理念与人才培养模式，要时刻体现德才并重的人才培养目标。

第三节　建设中国特色高水平职业院校

国务院印发的《国家职业教育改革实施方案》（以下简称《方案》）提出要推进高等职业教育高质量发展，把发展高等职业教育作为优化高等教育结构和培养大国工匠、能工巧匠的重要方式。教育部和财政部在《关于实施中国特色高水平高职学校和专业建设计划的意见》（以下简称“双高计划”）中提出落实《方案》，集中力量建设一批引领改革、支撑发展、中国特色、世界水平的高职学校和专业群，带动职业教育持续深化改革，强化内涵建设，实现高质量发展。当前，已有56所高职院校入选高水平学校建设，141所高职院校入选高水平专业群建设。因此，在项目建设的实践探索阶段，有必要进一步明确“双高计划”的政策意图，研究“双高计划”的内涵实质，把握“双高计划”的建设要点与突破要义，以指导我国高职院校健康、快速、高水平发展。

一、中国特色高水平高职院校建设的必要性

在新时期，推进中国特色高水平高职院校建设具有重要的意义。无论是对产业发展而言，还是对高等职业教育自身发展而言，抑或是对整个高等教育体系建设而言，推进中国特色高水平高职院校建设都具有不可估量的价值。

（一）培养高端技术技能人才，助力产业结构转型升级

面向市场、服务产业是职业教育发展的基本策略，也是职业教育的基本功能，其中，服务产业是目的，面向市场是方法，而职业教育的特殊性质决定了它只有首先满足了社会发展需要，才能更好地满足个体发展需要。如《方案》所言，改革开放以来，职业教育为我国经济社会发展提供了有力的人才和智力支撑，现代职业教育体系框架全面建成，服务经济社会发展能力和社会吸引力不断增强，具备了基本实现现代化的诸多有利条件和良好工作基础。但也应该看到，职业教育也要随着产业结构的转型升级主动做出改变，否则培养的技术技能人才将很难满足劳动力市场的需求。这也是《方案》出台的重要出发点，即随着我国进入新的发展阶段，产业升级和经济结构调整不断加快，各行各业对技术技能人才的需求越来越紧迫，职业教育的重要地位和作用越来越凸显。然而，就现阶段而言，我国高职院校专业结构与产业

结构在吻合度上还有很大的提升空间。在不少高职院校，专业结构的调整并不能有效契合产业结构调整的需要，专业设置缺乏有效的市场调研，专业特色不够鲜明，骨干专业布局存在较为严重的同质化现象。如计算机应用技术专业、会计专业等传统专业，在我国高职院校专业设置中占有较大比例，而适应智能制造产业发展需要的专业设置仍然不足。2016 年 11 月，清华大学和复旦大学联合发布的《中国劳动力市场技能缺口研究》表明，中国劳动力市场存在着严重的技能供需错配，高技能劳动力供求缺口日益扩大。也就是说，现阶段，我国高端技术技能人才的供给无法满足产业结构转型升级的需要。在此背景之下，亟须提升我国高职院校的育人水平，提升我国高等职业教育服务经济社会发展的能力，推进中国特色高水平高职院校建设也就成了必然之举。

（二）发挥中央财政杠杆效应，引领高职教育创新发展

由于优质高等职业教育资源的稀缺属性，长期以来，我国高等职业教育发展遵循的都是非均衡式发展模式，即通过扶优扶强扶特的方式，遴选办学定位准确、产教深度融合、制度环境良好、辐射能力较强的高职院校优先资助。2006—2015 年，教育部、财政部联合实施“国家示范性高等职业院校建设计划”，支持 200 所国家示范（骨干）高职院校重点建设 788 个专业点。但其目的远不止于此，在让部分高职院校率先发展起来之后，更为重要的目的是发挥其示范引领作用，带动其他高职院校的发展。在国家示范（骨干）高职院校建设中，中央财政累计投入专项资金 45. 5 亿元，拉动地方财政投入 89. 7 亿元，行业企业投入 28. 3 亿元，中央财政的杠杆效应巨大，形成了共同支持、共同推进高职教育发展的良好局面。在示范（骨干）校建设周期结束以后，高职院校该如何发展曾一度引起热议。2014 年，《国务院关于加快发展现代职业教育的决定》提出，建成一批世界一流的职业院校和骨干专业，形成具有国际竞争力的人才培养高地，支持一批职业院校争创国际先进水平。接着，教育部在 2015 年出台了《高等职业教育创新发展行动计划（2015—2018 年）》，提出建设 200 所左右优质高等职业院校，继续引领高职院校的发展。然而，由于在政策出台以后并没有配套的中央财政支持，导致优质高职院校建设缺乏项目载体。而且，由于地方财力对高等职业教育办学支持程度的不同，各省在优质高职院校建设标准、支持力度、项目进度等方面也是参差不齐，尚有多个省份未能确定优质高职院校的建设名单，影响了优质高职

院校的建设进程。本次《方案》提出，到2022年，要建设50所高水平高职院校。但同样需要重视的是，要配套相应的中央财政支持，发挥中央财政的杠杆效应，否则，将很难保证特色高水平高职院校的建设效果，进而也难起到引领高等职业教育创新发展的作用。

（三）补齐高等教育发展短板，优化高等教育结构布局

在我国，高等职业教育是一个新生事物，它是在改革开放以后才逐渐发展起来的。世纪之交，我国中等职业教育办学曾经陷入短暂危机。但与此同时，在高等教育大众化趋势之下，我国高等职业教育办学规模却在不断扩张。截至2018年，全国共有高职院校1388所，基本占据高等教育的“半壁江山”。诚然，高职院校的不断扩张为更多人提供了接受高等教育的机会，但并未从根本上改变高职院校的“弱势群体”形象，也未能真正提升高等职业教育的吸引力。就质量而言，高等职业教育与普通高等教育仍然存在较大差距。也就是说，在我国高等教育结构中，高等职业教育仍旧是发展短板。《方案》提出，把发展高等职业教育作为优化高等教育结构和培养大国工匠、能工巧匠的重要方式，使城乡新增劳动力更多接受高等教育，但前提仍旧是推进高等职业教育的高质量发展，让职业教育成为一种名副其实的教育类型，这也是国家推进特色高水平高职院校建设的重要初衷。此外，建设中国特色高水平高职院校，也是整个高等教育发展的趋势，有利于推进高等教育强国战略。

2015年11月5日，国务院正式颁布了《统筹推进世界一流大学和一流学科建设总体方案》，方案提出，坚持“以一流为目标、以学科为基础、以绩效为杠杆、以改革为动力”的基本原则，鼓励和支持不同类型的高水平大学和学科差别化发展，总体规划、分级支持，加快建成一批世界一流大学和一流学科。实际上，上述政策的出台也为我国高等职业教育发展指明了方向。在普通高等教育大力推行“一流大学、一流学科”建设计划的背景下，高等职业教育更应该以实际行动来深化高等教育强国战略的推进，必须把建设一批“国内一流、国际知名”的院校提升到国家战略的高度来落实。可见，适时推进中国特色高水平高职院校建设事关我国高等教育改革发展的大局，理应给予极大重视。

二、中国特色高水平高职院校建设的内涵

在高等职业教育从规模式发展向内涵式发展转变的关键时期，建设中国

特色高水平高职院校，不仅是对以往高等职业教育发展政策的延续，而且是对高等职业教育办学模式的创新。其内涵主要体现在“特色”与“高水平”两个方面。

（一）彰显职业教育类型特色

在党的十九大报告中，习近平总书记做出了“中国特色社会主义进入新时代”的重大判断，并提出中国特色社会主义的四个自信，包括道路自信、理论自信、制度自信和文化自信。对高职院校建设而言，其自信则主要来自办学类型特色的确立。《方案》开篇指出，职业教育与普通教育是两种不同教育类型，具有同等重要地位。

1. 服务区域发展

与普通教育相比，职业教育与区域经济社会发展的联系更为密切。职业教育发展水平会受到区域经济社会发展水平的制约，办学方向也会受到区域经济社会发展战略的影响。正如《国务院办公厅关于深化产教融合的若干意见》所指出的那样，要同步规划产教融合与经济社会发展，统筹职业教育与区域发展布局，按照国家区域发展总体战略和主体功能区规划，优化职业教育布局，引导职业教育资源逐步向产业和人口集聚区集中。对此，《方案》也提出了产教融合发展的建设目标，即培育数以万计的产教融合型企业，打造一批优秀职业教育培训评价组织，推动建设300个具有辐射引领作用的高水平专业化产教融合实训基地。并且，为提高职业教育服务区域经济社会发展能力，对职业院校也提出要求，即职业院校应当根据自身特点和人才培养需要，主动与具备条件的企业在人才培养、技术创新、就业创业、社会服务、文化传承等方面开展合作。

2. 体系开放互通

自2014年《国务院关于加快发展现代职业教育的决定》和《现代职业教育体系建设规划（2014—2020年）》颁布以来，我国初步完成了现代职业教育体系的顶层设计。如今，我国现代职业教育体系在运行层面开始更加注重体系的开放互通，具体表现在三个方面。其一，职业教育的内部衔接。《方案》提出，在学前教育、护理、养老服务、健康服务、现代服务业等领域扩大对初中毕业生实行中高职贯通培养的招生规模，探索长学制，培养高端技术技能人才。其二，职业教育与普通教育的沟通。《方案》提出，推动具备条件的普通本科高校向应用型转型，鼓励有条件的普通高校开办应用技术类型专业或课程，开展本科层次职业教育试点。其三，职业教育与职业培训的一体化。《方案》提出，完善学历教育与培训并重的现代职业教育体系，畅通技术技能人才成长渠道，落实职业院校实施学历教育与培训并举的法定职责，按照育训结合、长短结合、内外结合的要求，面向在校学生和全体社会成员开展职业培训，有序开展学历证书和职业技能等级证书所体现的学习成果的认定、积累和转换。

3. 多元主体育人

作为一种跨界教育，职业教育跨越了企业与学校，跨越了工作与学习，一句话，它跨越了职业与教育的疆域，因此，职业教育不能只在“围城”中办学。在传统的学校职业教育办学模式下，政府与学校实际上承担着职业教育办学的主要责任，行业、企业等其他社会合作伙伴的参与度明显不高。为了改善这一局面，《方案》提出，2020 年初步建成 300 个示范性职业教育集团（联盟），带动中小企业参与，支持和规范社会力量兴办职业教育培训，鼓励发展股份制、混合所有制等职业院校和各类培训机构。同时，《方案》尤其强调要发挥企业在职业教育办学中的主体作用，要求企业依法履行实施职业教育的义务，利用资本、技术、知识、设施、设备和管理等要素参与校企合作，提出校企共同制订人才培养方案，及时将新技术、新工艺、新规范纳入教学标准和教学内容，强化学生实习实训。

4. 双师队伍配备

职业教育要想高质量发展，就必须有一支高质量的教师队伍。在当下，对高素质教师队伍的迫切需求，职业教育比其他类型教育尤甚，这是由经济社会对职业教育的期待，以及职业教育自身高质量发展决定的。对此，《方案》提出，要多措并举打造“双师型”教师队伍。从 2019 年起，职业院校师资将主要来源于企业，对特殊高技能人才甚至会放宽学历要求。为更好地建设“双师型”教师队伍，《方案》提出，实施职业院校教师素质提高计划，建立 100 个“双师型”教师培养培训基地，职业院校、应用型本科高校教师每年至少 1 个月在企业或实训基地实训，落实教师 5 年一周期的全员轮训制度；探索组建高水平、结构化教师教学创新团队，教师分工协作进行模块化教学；定期组织选派职业院校专业骨干教师赴国外研修访学。

（二）培养高水平技术技能人才

人才培养是高职院校的核心工作，也是我国历次高等职业教育改革的重

中之重。对于中国特色高水平高职院校建设而言，高水平的主要内涵就在于培养高水平的技术技能人才。然而，这种高水平的人才培养并不是空洞无物的，在《方案》中，高水平主要体现为高目标、高标准、高质量与高保障四个方面。

1. 高目标

高水平高职院校首先体现在建设的高目标上。与以往相比，本次《方案》的出台，改革力度之大颇为少见，显示出党中央、国务院对提高职业教育办学水平，推进职业教育现代化建设的重视和决心。《方案》提出，把职业教育摆在教育改革创新和经济社会发展更加突出的位置。牢固树立新发展理念，服务建设现代化经济体系和实现更高质量更充分就业需要，鼓励和支持社会各界特别是企业积极支持职业教育，着力培养高素质劳动者和技术技能人才。经过 5 ~ 10 年时间，职业教育基本完成由政府举办为主向政府统筹管理、社会多元办学的格局转变，由追求规模扩张向提高质量转变，由参照普通教育办学模式向企业社会参与、专业特色鲜明的类型教育转变，大幅提升新时代职业教育现代化水平，为促进经济社会发展和提高国家竞争力提供优质人才资源支撑。

2. 高标准

长期以来，高职院校之所以办学水平不高，很大一部分原因就在于缺乏健全的职业教育国家标准体系，尤其缺乏国家专业教学标准。开发国家专业教学标准的意义，应该放到“现代职业教育建设”这一高度去理解。我国已确立了“现代职业教育”这一建设目标，而国家专业教学标准是整个职业教育体系运行的基本依据，它在规范职业院校教学、全面提高教学质量、深化人才培养模式改革等方面具有极为重要的战略意义。对此，《方案》提出，要将标准化建设作为统领职业教育发展的突破口，发挥标准在职业教育质量提升中的基础性作用。按照专业设置与产业需求对接、课程内容与职业标准对接、教学过程与生产过程对接的要求，完善中等、高等职业学校设置标准，规范职业院校设置；实施教师和校长专业标准，提升职业院校教学管理和教学实践能力。持续更新并推进专业目录、专业教学标准、课程标准、顶岗实习标准、实训条件建设标准（仪器设备配备规范）建设和在职业院校落地实施。

3. 高质量

只有当高等职业教育办学质量上去了，它才能成为高等教育的重要组成部分。高水平高职院校建设的关键就在于，提升高等职业教育的办学水平，保证高等职业教育人才培养的高质量。对此，《方案》提出，以学习者的职业道德、技术技能水平和就业质量，以及产教融合、校企合作水平为核心，建立职业教育质量评价体系。定期对职业技能等级证书有关工作进行“双随机、一公开”的抽查和监督，从2019年起，对培训评价组织行为和职业院校培训质量进行监测和评估。实施职业教育质量年度报告制度，报告向社会公开。完善政府、行业、企业、职业院校等共同参与的质量评价机制，积极支持第三方机构开展评估，将考核结果作为政策支持、绩效考核、表彰奖励的重要依据。完善职业教育督导评估办法，建立职业教育定期督导评估和专项督导评估制度，落实督导报告、公报、约谈、限期整改、奖惩等制度。

4. 高保障

高职院校人才培养质量的提高，除了需要创新人才培养模式外，还需要在制度层面加强内外部保障，这是建设高水平高职院校的必然要求。对此，一方面，《方案》提出，要为高等职业教育办学扫清制度障碍，包括绩效工资制度、教师招聘制度等，其核心在于赋予高职院校更多办学自主权。譬如，在校企合作中，学校可从中获得智力、专利、教育、劳务等报酬，具体分配由学校按规定自行处理；职业院校通过校企合作、技术服务、社会培训、自办企业等所得收入，可按一定比例作为绩效工资来源。再譬如，在职业院校实行高层次、高技能人才以直接考察的方式公开招聘；建立健全职业院校自主聘任兼职教师的办法，推动企业工程技术人员、高技能人才和职业院校教师双向流动。另一方面，《方案》还提出，要为技术技能人才成长营造良好的社会环境，具体包括积极推动职业院校毕业生在落户、就业、参加机关事业单位招聘、职称评审、职级晋升等方面与普通高校毕业生享受同等待遇；提高技术技能人才的工资待遇，清除对技术技能人才的歧视等。

三、中国特色高水平高职院校建设的重点任务

如果特色高职院校在建设内容上与国家示范性、骨干高职院校相比没有重要突破，那么其预期的建设目标就难以达成，而高职院校也将丧失重要发展机遇，与本科院校发展水平的差距将进一步拉大，会给我国整个职业教育体系的稳定带来隐患。因此，当务之急是，明确中国特色高水平高职院校建设的重点任务，有所侧重地推进中国特色高水平高职院校建设。

（一）以 1 + X 证书制度试点为抓手，打造高端技术技能人才培养基地

在党的十九大报告中，习近平总书记强调，完善职业教育和培训体系，深化产教融合、校企合作。实际上，从国家层面已经释放出改革信号，即职业教育与职业培训应该是一个体系。20 世纪 90 年代以来，追求职业教育与职业培训的一体化，也一直是世界各国职业教育发展的共同趋势。对此，《方案》明确提出，职业教育包括职业学校教育和职业培训。《方案》提出，自 2019 年开始，围绕现代农业、先进制造业、现代服务业、战略性新兴产业，推动职业院校在 10 个左右技术技能人才紧缺领域大力开展职业培训。其目的就在于，大力开发职业教育的培训功能。更为重要的是，《方案》提出，深化复合型技术技能人才培养培训模式改革，借鉴国际职业教育培训普遍做法，制订工作方案和具体管理办法，启动 1 + X 证书制度试点工作。试点工作要进一步发挥好学历证书作用，夯实学生可持续发展基础，鼓励职业院校学生在获得学历证书的同时，积极取得多类职业技能等级证书，拓展就业创业本领，缓解结构性就业矛盾。而且，《方案》对 1 + X 证书的面向人群与社会效力也做出界定，即院校内培训可面向社会人群，院校外培训也可面向在校学生，各类职业技能等级证书具有同等效力，持有证书人员享受同等待遇。在职业教育与培训体系中，招生、培养、就业、继续教育与培训等各个环节的管理均涉及教育行政部门与人力资源社会保障行政部门。然而，长期以来，管理体制上的二元分离，以及教育行政部门与人力资源社会保障行政部门之间的职能交叉、条块分割，是造成我国职业教育与培训体系未能形成一个整体的重要原因。为保证 1 + X 证书制度的成功试水，《方案》也在管理体制层面提出针对性的改革建议，进一步明确了二者的职责分工。国务院人力资源社会保障行政部门、教育行政部门在职责范围内，分别负责管理监督考核院校外、院校内职业技能等级证书的实施（技工院校内由人力资源社会保障行政部门负责），国务院人力资源社会保障行政部门组织制定职业标准，国务院教育行政部门依照职业标准牵头组织开发教学等相关标准。

（二）以高水平实训基地建设为依托，搭建技能创新和技术服务平台

人才培养、科学研究、社会服务、文化传承创新是我国新时期高等教育

的四大功能，对高职院校而言，这四大功能同样不可缺少。然而，与其他三大功能相比，科学研究功能一直被看作高职院校的短板。这个弱主要是与普通本科院校相比的，与211、985高校的差距更是巨大。那么，事实果真如此吗？弱的标准是什么呢？如果从每年的高校科技统计资料来看的话，包括科技经费、科技项目、科技成果等，确实如此。然而，这套标准基本上遵循的是默顿的科学研究范式，即学院科学的范式，强调普遍主义、公有主义、无私利性、有组织的怀疑主义。在制度层面强调成果的发表、同行评议，科学共同体内部存在社会分层、马太效应。在这套体制下，高职科研无疑处于绝对的劣势。如果硬是参与，也只能是合法的边缘性参与，合法主要是指高职属于高等教育一部分，边缘性参与主要是指高职永远处于边缘，很难达到充分参与的中心。实际上，自20世纪70年代开始，科学研究出现了新的特征，开始由“学院科学”朝着所谓的“后学院科学”转型。

基于这种范式，科研评价的主要导向是看有没有解决教学或生产中的实际问题，而不再只是对某个问题认识的加深，更强调不同学科的、拥有不同背景的、来自不同单位的成员，临时组成一个科研团队，解决某个具有情境化特征的问题。研究结果不一定发表，但一定是解决了教学问题或者生产问题，这是评价的主要标准。如果是生产方面的研究，经费主要来源于企业；如果是教学方面的研究，经费主要来源于学校或政府。为更好地建设中国特色高职院校，有必要重新对高职院校科研进行功能定位，即技能创新与技术研发服务。如《方案》所言，高职院校要重点服务企业，特别是中小微企业的技术研发和产品升级。《方案》还提出，加大政策引导力度，充分调动各方面深化职业教育改革创新的积极性，带动各级政府、企业和职业院校建设一批资源共享，集实践教学、社会培训、企业真实生产和社会技术服务于一体的高水平职业教育实训基地。也就是说，高职院校可以依托高水平实训基地建设，开展有针对性的应用型科研。

四、新时代中国特色高水平高职院校的建设路径

（一）思政融入教学，涵养报国情怀

新时代中国特色高水平高职院校建设，是新时代背景下国家为实现中华民族伟大复兴的中国梦提供技术技能型人才资源保障做出的重大战略部署和客观需要。高职院校的首要任务在于立德树人，培养具有国家使命担当，胸

怀爱国之心、报国之志、强国之梦的一流人才。高职院校一直以来就肩负着国家的历史使命，承载着“先天下之忧而忧”的家国情怀。家国情怀是高职院校师生爱国报国的情感表达，承载着高职教育人才培养的使命。

新时代中国特色高水平高职院校建设，第一，要培育大学生的家国情怀，认真学习新时代中国特色社会主义思想，倡导大学生做践行社会主义核心价值观的模范，坚定四个自信；第二，要教育大学生以国家历史使命为己任，把个人发展和自我价值的实现与国家发展、与党和人民事业的发展紧密结合起来；第三，高职院校立德树人重在知行合一，使青年学生的远大理想落实到报国强国的实际行动中。践行报国情怀特别要涵养对党对人民的忠诚，立志报国；要涵养共产主义信仰，坚定理想；要涵养才气、正气和锐气，练就本领；要涵养大我忘我情怀，开阔胸襟；要涵养实干担当，展示作为；涵养身心健康，陶冶情操。

（二）打造特色专业，立足战略产业

新兴战略产业发展对高职教育教学改革具有重要导向作用。新时代中国特色高水平高职院校建设，要立足战略产业，实现人才培养与产业发展的同频共振。高职院校面对战略产业相关上下游产业链的构成和发展，必须加大专业调整和专业群建设的力度，提高大学生综合技术技能水平，培养出新时代的复合型人才。高职院校应以市场需求为导向，以人才培养模式创新为驱动，重新定位办学理念、人才培养目标、学科专业建设和办学模式，立足区域产业需求，加强培养双师双语双能双创型教师，建设特色专业产业链，注重人才培养的实践性、综合性和创新性，培育复合型的高技能创新人才，带动专业调整与建设，引导课程设置、教学内容和教学方法改革，提升高职院校办学的核心能力。立足战略产业特别要做好专业链对接产业链，下好人才培养“先手棋”；人才链对接创新链，打活产教融合“双赢牌”；教育链对接生态链，共奏产学研创“交响乐”。通过借力企业技术、人才优势和实践教育资源，积极探索产学研一体、产权混合、课证融合等多元化产教深度融合模式。

（三）追求职业理想，培育大国工匠

工匠精神是职业态度、职业追求、职业伦理、职业规矩、职业情感、职业习惯和团队意识的集中体现，是从业者的一种职业价值取向和行为表现。

工匠精神涵养新时代气质，是贯彻发展新理念、树立崇尚劳动新风尚的内在要求。高职院校是培养大国工匠的重要阵地，应将工匠精神作为高职院校立德树人的重要载体，让每个大学生都拥有工匠精神，匠心独运，走好人生的每一步。工匠精神蕴含在高职院校人才培养的全过程，用工匠精神涵养时代气质，用爱岗敬业精神激励大学生匠心筑梦。培育大国工匠特别要优化杰出人才培养的选拔机制、运行机制、考核机制和评估机制，分类培养技能增强型、技术创新型、创业自强型人才，形成杰出人才遴选和成才的长效机制，培养技术技能更强、综合素质更高的能工巧匠。

（四）与时俱进，服务万众创新

万众创新既需要一流的、领军式的技术革命，也需要脚踏实地、应用式的技术创新，而后者则是高职院校大显身手的舞台。因此，高职院校是服务万众创新的主力军和生力军。在推进高职教育创新发展进程中，确立面向新时代，既能有效应对新时代的深刻变化又兼具超越性的教育发展理念，避免高职院校在新旧博弈的历史进程中边缘化。高职院校应理顺管理体制，整合学校现有创新教育资源，成立创新指导服务中心，将创新教育的组织和管理规范化，用创新引领高职教育发展前行。创新理念是高职教育打破常规、突破现状、敢为人先、敢于挑战未来、谋求境界的思维模式。创新的前提是对现状的不满足，同时，创新建立在对高职教育发展前景正确把握的基础上。高职院校应立足新时代的历史起点，面对新时代的现实挑战，确立高职教育创新发展的新理念，服务国家创新驱动发展新战略。服务万众创新特别要创新人才培养模式，组建校企融合团队，以需求为导向，分析工业互联网领域相关产业需求、岗位标准、核心技术、职业素养，并融合国内外通用职业资格证书标准，创新“职业情境、实践主导、融合创新”的人才培养模式，完善各专业人才培养的职业面向、培养目标、培养规格和毕业条件。建立基于专业群多专业融合的“素质引领、实践贯通、专创融合”的课程体系，制定教学场地、实训条件、师资、教学资源等保障条件和标准，每年随产业发展进行升级和迭代。

（五）开放办学，助力“一带一路”

高职院校应主动承担责任，汇聚教育教学资源，提升高职院校的“一带一路”服务功能。应将海外发展“需求侧”与外向型人才“供给侧”主动对

接，并与国际文化有效接轨，深化沿线国家之间的人才交流与合作，加强合作办学，为“一带一路”沿线国家的经济及社会发展提供教育产品和公共服务，提高我国高职教育的人才培养水平和教育国际化水平，为我国经济建设和社会发展创造出更多的人才红利。以援外培训推动中国职业教育“走出去”，增进文化价值认同，在“一带一路”沿线国家打响“中国职教”品牌。“中国特色、世界水平”是新时代我国职业教育发展的新目标，更是高职院校的努力方向。助力“一带一路”特别要秉持交流、理解、包容、合作、共赢的精神，构建与国际一流高校、企业合作的网络，打造开放、共享、合作的平台，促进中外人文交流；实施国际化发展计划，建设高水平高职教育国际化师资队伍，引进与开发国际通用的专业标准和课程体系，培养具备国际竞争力的技术技能人才。

第三章

我国高等教育资助政策体系发展演变

第一节　国外高等教育资助政策

大学生资助政策可以说是与近代大学教育一起出现的。巴黎大学和牛津大学在其形成过程中就建立了众多的、旨在向大学生提供帮助的资助政策。美国大学生混合资助模式，在其高等教育大众化和普及化的发展过程中发挥了重要作用，这对处于大众化发展进程中的我国来说是非常有借鉴意义的。随着我国高等教育体制改革的不断深化，高校贫困生现象日渐突出，并成为一个较为普遍的社会问题。贫困生问题事关我国高等教育健康发展的大局和社会的稳定，解决这一问题刻不容缓，分析国外学生资助体系的管理模式和经验，能够为构建符合我国国情的贫困生资助体系提供有益的借鉴和参考。20 世纪 70 年代，纽约大学校长约翰斯通提出了高等教育“成本分担论”，美国等很多西方国家陆续实行大学收费制度，大学贫困生问题随之出现。国外采取多种助学措施防止贫困生因经济原因停止学业，但各国在贫困生资助方面有着不同特点。

一、国外大学生资助政策

（一）美国资助体系

1. 资助体系的演进

美国大学生资助体系的演进主要经历了 3 个阶段。

（1）国防助学贷款阶段。美国独立战争结束后，“为了国家利益，培养精英人才”的理念在美国兴起。1958 年，美国政府颁布的《国防教育法》正式确认政府需要承担资助国民进行高等教育的责任，同时确立了通过奖学金和

贷款对困难学生进行资助的办法。这开创了联邦政府最早的教育资助体系，奠定了美国大学生资助政策的开端地位。

（2）立法阶段。1965 年的《高等教育法》使美国大学生资助有了系统的标准和完整的体系，标志着美国大学资助的法制化最终完成。

（3）相关立法扩展与调整阶段。从 1970 年至今，美国政府对《高等教育法》进行了多次修订，不断扩大资助对象，惠及中等收入乃至中高收入家庭。在发展过程中，产生了多种具有划时代意义的教育理念。

2. 资助理念

在美国大学教育发展的历史中，先后产生了 6 个代表性的资助理念，即民间的“慈善与宗教”理论、“资助贫困学子，培养精英人才”理念、“人力资本投资”理论、“教育机会均等”理论、“扩大选择自由”理念、“成本分担”理论。其中，“教育机会均等”理论和“成本分担”理论是现阶段各国普遍接受和采用的学生资助理论。

3. 资助方式

美国高校奉行收费政策，对贫困大学生的资助是多元的，属于混合资助的模式，多元混合的资助理念使美国大学生资助工作呈现多元化特点。美国政府把这种多元资助模式称为“资助包”（Financial Aid Package，简称 FAP）。FAP 把联邦政府的、非联邦政府的各种资助整合为一个“包”，这种方式有力地驱动了美国大学生资助工作的开展，促进了资助水平的进一步提升。FAP 具体采用的大学生资助方式一般包括以下几种。

（1）助学金：①基本教育助学金，也称贝尔助学金，该项助学金每年申请一次，无须偿还；②增补教育机会助学金，该助学金也无须偿还。

（2）助学贷款形式：①国家直接贷款；②政府担保贷款，由政府进行经济担保，学生毕业半年后开始偿还，十年内还清；③家长贷款，通过困难学生的家长进行贷款，但银行会审核申请者的情况，通过审核才能发放。

（3）贷款回收机制：美国高等教育资助资金回收机制的特点可以归纳为如下几个方面。第一，服务体系非常健全。美国联邦政府有专门为困难学生服务的贷款信息中心，贷款学生可以非常便捷地查询相关贷款信息及还款情况。第二，征信体系完备。美国具有非常完备的个人征信体系，国家的专门机构负责记录每位公民的信用信息，通过对每位公民履约情况的监测，得出对应的信用状况评级。在规定时间内按时还款，个人信用评级得分就会升高，守信的次数越多，个人信用状况得分就会越高。反之，如果不履行还款约定，就会产生信用不良记录。第三，还款方式灵活。美国政府为学生提供的助学贷款有多种还款方式。在这些还款方案中，规定了每月最低还款额，还款期限一般是10年。但如遇特殊情况，可以延期，最长还款期限为30年。第四，惩罚措施严厉。如拖欠贷款，有如下惩罚措施：①不能申请贷款延期及贷款免除；②降低拖欠申请人的信用评级；③从受资助者所在工作单位按比例在工资中扣除所贷款项；④对恶意拖欠欠款的受助人提起法律诉讼，由法院强制执行。

（二）英国高校贫困生资助制度

英国政府的资助体系包含以下几种形式：

1. 奖学金

奖学金是由政府、学校和社会机构设立的，用来表彰、奖励优秀学生，保障受助学生顺利完成学业的资助项目。但获奖学生人数少，占比不大，在英国整个资助金额中所占的比例偏小。

2. 助学金

目前英国的助学金主要是对学生生活费的补助，学生能申请到的助学金金额不固定，一般依据学生家庭实际经济情况而定。另外，英国设有帮助残疾学生等特殊群体的“特殊助学金”。

3. 贷学金

贷学金是英国最流行的一种资助方式，以政府金融机构或学校为主体，向学生提供贷款，用于资助他们完成学业、缓解生活压力。英国的信用助学体系已经建立多年，结构完整，实行标准化管理，贷款程序方便，所有学生的贷款和补贴均由贷款公司办理，学生可以直接向当地政府申请或者在线申请。贷学金目前有“学费贷款”和“生活贷款”两类。学费贷款的贷款金额取决于大学收费标准，每个学生都有权利向学校提交贷款申请；生活贷款是基于学生的家庭经济困难程度来决定学生是否可以获得贷款的，审核标准包括他们的家庭收入、大学所在位置生活水平和是否住校三个指标。

英国在20世纪70年代实行“收学费+限额补助+贷款”的模式。80年代后期，“生活费用补助”改为“补助”与“贷款”相结合。90年代后期，实行“收学费+贷款”，取消了限额补助。后来，英国政府通过的《高等教育与科研法案》，推出了新的高等教育学费政策和资助制度。该法案规定学生可以不缴费先上学，还贷期可以推迟到毕业且年收入高于15000英镑之后。从

2015 年起，英国低收入家庭全日制学生可获得无须偿还的生活费用补助，最高限额为 2000 英镑。英国大学的学费在不断增长，但国家提供的贷款额度也在相应增加，且政府综合考虑家庭收入、学生居住地及其学习年份等因素，也体现出以人为本的理念。

（三）日本高校资助制度

1. 资助理念

日本早在第二次世界大战期间便在高等教育领域结合具体国情确立了严谨、先进的资助理念。尽管当时面临战乱纷杂、经济衰败的不堪局面，但日本政府丝毫没有减少对教育事业的投入，他们依旧高度重视“如何将教育经费有效分配”“如何保障教育投资在满足社会人才需求的同时还能保证教育公平”“如何在穷国办好高等教育”等问题。一直以来，日本高校都在普遍强调“以需为主，解决暂时，义务偿还”的资助理念，高校资助要优先考虑最需要帮助的学生，且要让学生明白只是帮助他们解决暂时的经济困难，毕业后他们有义务偿还资助金。在这一理念的指引下，日本高校多以贷学金为主要资助方式，采用“收缴学费和发放贷学金相结合”的模式来保障资助体系的运作。

2. 资助模式

日本高校的贷学金主要来源于政府财政拨款、财政借款以及民间资助团体的支持。根据日本政府的相关规定，财政借款需在规定期限内偿还，这样一来就能够保证资助资金的充足和资助工作的正常运行，在保持资助体系稳定的同时，还可以扩大资助的规模和范围。在日本高校，家庭经济条件低于规定标准且在校成绩达到一定标准的学生才能够申请助学贷款。相对的，日本高校采取“有偿资助，合理分配”的方式，在一定程度上确保了资助工作的持久性和有效性，并且能够体现公平原则，提高了资助的效率。

3. 资助管理机构职责

日本为推动高等教育的发展，在 20 世纪中期便成立了育英会，为家庭经济困难学生提供援助，随后育英会和其他几个助学机构合并为“日本学生支援机构”，负责各项资助工作。而作为资助工作的主营业务，助学贷款的发放和回收则由政府设立的专门机构来运营，保证学生助学贷款的稳定利率，不过这也需要耗费大量的资源来维持。日本育英会还设有理事会和评议会，主要负责制定贷学金的相关政策方针，监督、评议和审议贷学金业务的运营。

4. 助学贷款回收保障体制

日本高校的助学贷款政策向来以“效益好，还款率高，兼顾效率与公平”的特色被世界各国学习。在制度政策方面，日本高校的助学贷款具有贷款利率低、偿还期限长、分期还款次数多等特点。在追款方式方面，日本学生支援机构会综合考虑贷款学生的个人情况而采用不同的追款方法，通过各种措施来强化催款效率。例如，将催款任务交给专业的催款公司，他们会定期向贷款人或者担保人进行电话催款。另外，必要时还会寄送还款通知书，如果在接到催款电话或者还款通知书后还是不能及时还款，日本学生支援机构可能会直接上门督促还款。

在贷款回收相关的法律保障方面，根据《日本育英会法》和《日本育英会法施行令》相关规定，日本高校所有获得贷学金的大学生在毕业之前都需要签订一份还贷保证人和还贷连带保证人证明书，如果没有合适的担保人，可以申请由日本国际教育支援协会作为担保机构，不过要负担一些手续费，手续费可以从贷款中扣除，如果将来贷款学生没有能力还款，则由协会来还，然后协会负责向学生追缴。除此之外，贷款学生还要提交一份还贷明细计划书，保证毕业后按计划还款，逾期不还者额外征收利息和罚款。这样一来，不仅极大地降低了资助机构的信用风险，提高了贷款发放的积极性，也在很大程度上起到了警示还款者按时还款的作用。

（四）新加坡大学生资助制度

新加坡是另一个实行“正常收费＋助学贷款”模式的成功范例。和日本一样，新加坡的高等教育也要向学生收取学费，同时，为了确保高等教育的质量，保证学生不会因需要缴纳高额的学费而失学，新加坡政府对高等院校实行学费资助政策。和日本不同的是，新加坡政府对大学生的资助主要由“学费补贴”和“助学贷款”两部分构成。政府会定期以“学费补贴”的名义给大学拨款资助，同时通过“助学贷款”计划向学生提供贷款服务，以解决他们的学费问题。

新加坡政府实行高等教育收费和助学贷款的贫困生资助模式，是基于两个目的：

第一，有效增加政策的透明度与公平性。每个学生和家长，每年都能从政府公布的拨款数据中清楚地了解到政府和纳税人为自己的高等教育提供了多大的资助、自己缴付的学费占学校教育成本的具体比例。

第二，促使高等院校更加关注自身教学质量。高等院校获得的政府拨款的数额是与其教育质量成正比的，如果教育质量下滑，招收不到足够数量的学生，政府会随即减少对大学的拨款，也就会增加高校的运营成本，从而造成恶性循环，使生源进一步流失。如此，就可以促使高校更加注重保持和提高自身的教学质量及运作效率，促进高校的良性发展。

（五）澳大利亚大学生资助政策

澳大利亚大学生资助方式主要是贷学金。高等教育财政委员会提出了一种独特的贷学金归还方式，即“按毕业后工资收入比例”归还。为此，该委员会拟订了具体实施办法，主要有：①贷学金用以支付学费、政府贴息，学生毕业后归还本金及通过通货膨胀指数计算出的应增加的部分。②贷学金每月偿还数取决于毕业生的工资收入。只有在工资收入高于全国劳动力平均工资水平时，毕业生才有义务归还贷学金。③贷学金的归还比例为实际工资收入的20%，按此比例，学生一般可在10年内还清贷款。

二、国外大学生资助政策对我国的启示

（一）政府增加投入，加大对贫困生的资助力度

我国高等教育正常运转的经费大约为4000亿元，而国家实际投入是800亿元，高校向银行借贷超过11亿元，差额部分则靠学生学费来填充。也就是说，国家的投入占高校运行费用的20%。据联合国教科文组织《世界教育报告》（2010年版）公布的不同经济发展水平国家公共教育经费占GDP比例，我国公共教育经费占GDP的比例为2.16%，一直没有达到中央提出的4%的基本目标，与世界平均水平相比，还有较大的差距。高等教育的改革发展仅靠收费是无法解决的，政府作为高等教育投资的主体，必须加大教育经费投入。

（二）健全法律体制，实现资助依法管理

资助政策法律化是国外规范和管理学生资助工作、保障资助目标实现的最有力的途径：美国1958年的《国防教育法》确立了为了国家利益资助大学生的理念，1965年的《高等教育法》和《高等教育法1986年修正案》，是美国国会颁布的两部完全以学生的经济困难程度来决定资助方式和资助金

额的法律，两部法律详细规定了各种贷学金以及勤工助学等多种资助方案。英国1944年的《巴特勒法案》规定了设立奖学金的办法。德国颁布《联邦奖学法》来维持大学生生活和受教育的权利。日本通过《日本育英会法》及其条例，设置专门机构管理“育英奖学金”。我国贫困生资助立法工作尚处于起步阶段，与国外相比还有很大的差距。1995年的《中华人民共和国教育法》，没有专门规定贫困生资助所涉及的问题。1998年的《中华人民共和国高等教育法》，关于贫困生资助方面的条款只有概括性的几条。借鉴国外资助立法的实践经验，建立健全我国资助立法体系，确保国家教育权和贫困生受教育权的实现，推进资助工作规范化、法律化，在目前显得极为重要。

（三）完善助学贷款体制，确立助学贷款在资助体系中的主导地位

在我国目前“奖、助、减、免、补、勤、贷”的助学体系中，奖学金通常以成绩优秀作为评定标准，覆盖面不高，而贫困生因经济困难、心理压力大、忙于勤工俭学等，获奖概率较低；而勤工助学机会不多，提供的岗位以服务和体力劳动为主，报酬少，在提高大学生能力方面没有太大作用，而且一些贫困生不能处理好工作与学习的关系，以致“勤工误学”。助学金属于无偿资助，一些不贫困的学生也来争夺这“免费的午餐”，因此常出现不贫困的学生享受了助学金而贫困生处于无助的境地问题；助学金的困难补助金额少，对贫困生起到的作用有限。减免学费因其给高校带来沉重的经济负担，目前多数高校已经取消了这项资助政策。而助学贷款作为一种有偿资助，既肯定了教育是一种人力资本投资，又体现了教育机会公平原则，同时有利于充分利用民间巨大的教育资源。另外，助学贷款还体现了权利和义务的对等原则，可以消除贫困生“等靠要”的心理，有利于贫困生自强自立。

（四）借鉴国外“资助包”模式，实现资助公平

“资助包”最主要的优势在于依据贫困生的实际需要量身定做，从而避免一些学生获得超过实际需要的资助而另一些学生处于无助境地的情况，同时它能保障最为困难的学生获得相对较多的资助，实现资助公平。借鉴国外“资助包”模式，要立足于我国实际情况，建立一套混合资助模式。各级政府资助管理部门和高校学生资助管理部门，要全面了解学生经济需求和家庭经济状况，科学分析所有资助项目特点，明确各种资助方式在资助体系中的地位及其相互关系，明确受助大学生的权利和义务关系，规范、合理地配置，

灵活应用，使每个贫困生都能获得与其困难程度相适应的经济资助，使资助工作更加科学、合理、公平、有效。

（五）实施还款代偿机制，促进人才合理流动

国外许多国家都实施了还款代偿机制，这不仅减轻了刚毕业学生的负担，还有利于人力资源的合理流动。我国东、中、西部的发展很不平衡，城乡发展差距很大。高校毕业生都想着到东部、进大城市、进政府事业单位和外资企业等机会多、收入高的地方和行业，很少有大学生到西部地区、偏远农村、基层教育科研和国家重工业企业工作。我们应借鉴国外还款代偿机制的人才配置功能，鼓励贫困大学生到人才稀缺的偏远地区和行业工作。这既能解决贫困生的就业问题，又能促进人才的合理配置。

（六）注重学生心理教育和综合素质培养

对贫困生而言，心理健康教育也应成为其重要的受资助内容之一。国外在这方面做得很好，学校把学生心理咨询视为感冒就医一样自然。我们要知道，贫困生面临的心理压力是多方面的，经济上的困难、就业的烦恼、内心的自卑和敏感等，都会引发贫困生的心理问题。对心理问题采取避而不谈或者谈虎色变的态度，会导致问题的加剧，甚至触发恶性事件。

因此，我国应该借鉴国外的成功经验，加大对心理健康教育经费的投入，开设心理健康课程，设立心理诊疗室，同时建设素质过硬的专业队伍，为心理课程配备专业教师，为心理服务配备专业的心理咨询师。当然，对贫困生而言，这是治标不治本的措施。从源头上来看，我们应当加大助学贷款政策的宣传，消除学生的心理顾虑，鼓励学生通过助学贷款的途径来解决经济困难。加强勤工助学的宣传，鼓励学生励志通过自身努力改变贫困现状。加强就业指导，消除贫困生对就业的畏惧感，宣传自强不息的典型人物和先进事迹，鼓励贫困生通过个人奋斗改变人生。增加学生联谊活动，消除贫困生和非贫困生之间的隔阂，消除贫困生的自卑、自负心理，帮助其塑造积极的性格，帮助他们坦然面对暂时的贫困，轻松投入学习和生活。加强对贫困生的感恩教育，让其在接受资助的同时避免形成索取的习惯，而是养成感恩资助、回报社会的信念，这样他们在走上工作岗位之后才能真正成为建设祖国的人才。这些措施能够从更深层次上帮助贫困生树立积极健康的心态。

培养贫困生以就业能力为核心的综合素质，这是重中之重。我们应当注

重培养学生就业能力，从学业水平、应用技能、社交能力等方面对贫困生进行培养，也应该是对其资助过程中的重要一环。

第二节　我国高校资助政策理论

党中央、国务院高度重视家庭经济困难学生资助工作。建立健全家庭经济困难学生资助政策体系，使家庭经济困难学生能够顺利入学，上得起大学、接受职业教育，是落实习近平新时代中国特色社会主义思想、构建社会主义和谐社会的重要举措；是实施科教兴国和人才强国战略，优化教育结构，促进教育公平和社会公正的有效手段；是切实履行公共财政职能，推进基本公共服务均等化的必然要求。

一、高校资助政策理论基础

（一）高等教育成本分担理论

著名的美国教育家D. 布鲁斯·约翰斯通（D. Bruce Johnstone）对该课题进行了深入的研究，他第一个提出教育成本分担理论，具有十分深远的意义。教育成本分担理论被提出来之后，受到学者们的广泛认同，后来该理论成为学生资助理论研究的基础理论，有着十分重要的地位。实践中，高等院校对学生培养的费用主要由高等院校、政府和个人来进行分担，其中，个人承担着较重的部分，这给那些家庭经济困难的人群带来很大的经济压力。然而，学生受教育最大的受益者还是本人，通过学习知识，学生可以不断提高自身的文化素质，为今后自身的良好发展打下坚实的基础，在一定程度上也能够极大改善自身的经济状况，因此，学生个人负担一部分学费也在情理之中。

（二）教育公平理论

公平是人类社会恒久的价值追求。教育公平理论在第二次世界大战后一经提出就被世界各国广泛接受，教育公平成为“全世界所有国家和所有与教育问题有关的人最关心的问题”。我国对教育公平问题的系统研究始于20世纪90年代，国家主流意识认为，教育公平是社会公平的基石，是民族振兴的基础。教育公平是社会公平的一个子系统，是公平概念在教育领域的延伸与拓展。在教育领域，教育公平包括教育权利平等与教育机会均等两个基本方

面。教育权利平等是政治、经济领域的平等权利在教育领域的延伸。现代社会将平等接受教育的权利作为基本的人权，成为现代教育的基础价值之一。《世界人权宣言》第二十六条和《中华人民共和国教育法》第九条都明确规定，人人都有平等接受教育的权利。教育作为一项公益事业，任何一个国家的政府都有责任通过制定相关的公共政策保证所有公民的教育机会均等，这是世界各国政府的一项重要职能。现代教育公平理论认为，实行免费高等教育政策无助于高等教育机会均等目标的实现。实践证明，从免费高等教育政策获益最多，占有更多高等教育资源的，通常是高收入家庭子女。特别是在有些发展中国家，这种现象更加普遍。公共政策制定的核心就是通过人民所赋予政府的强制力量来对社会资源进行二次分配，并对弱势群体进行补偿，促进社会公平。高校家庭经济困难学生是社会中的弱势群体，因为经济原因他们的高等教育权益得不到保障。因此，实施学生资助政策是公平且比较有效率的高校家庭经济困难学生资助形式。在我国贫富分化日益加剧的社会背景下，资助高校家庭经济困难学生有着更为深刻的社会意义。高校学生资助政策对实现教育公平具有重要作用，有利于家庭经济困难学生获得同等的高等教育入学机会，从而降低辍学率；有利于他们在学习过程中进行公平竞争；有利于他们形成健康的心理和积极的人生态度。

（三）需求层次理论

根据马斯洛需求层次理论的观点，人的需求按照类别可以分为五种，第一种是生理需求，第二种是安全需求，第三种是社交需求，第四种是尊重需求，第五种是自我实现需求。目前，随着国家对高校家庭经济困难学生资助力度的加大，其受到的社会关注程度也越来越密切，家庭经济困难学生已经基本上有经济能力学习、生活，但是随着基本学习、生活需求的满足，他们往往会追求更高层次的需求，如社交需求、尊重需求与自我实现需求。所以，资助模式和方式应当经常更新，提高精神支持的力度，创新资助已经是大势所趋。

（四）科学发展观理论

科学发展观的第一要义是发展，同时要坚持以人为本的理念，实现全面、协调、可持续发展。其中，科学发展观中的发展讲究的是全面的发展，涉及生活的多个方面，教育是其中一个重要的方面，教育关系到祖国的未来、民族的希望，教育是社会前进的动力。没有了教育，社会的进步、实现伟大复兴的中国梦都将是遥不可及的事情。本书研究教育也是响应科学发展观的体现，学生作为弱势群体，解决他们学习、生活上的困难，也是科学发展观的应有之义，教育的发展不仅有利于学生自身的发展，还能够为社会提供更多的人才，以实现中华民族的繁荣富强。

二、高校家庭经济困难学生资助主体

2007年，《国务院关于建立健全普通本科高校高等职业学校和中等职业学校家庭经济困难学生资助政策体系的意见》（国发〔2007〕13号）及其配套办法颁布实施后，国家在高等教育阶段建立起国家奖学金、国家励志奖学金、国家助学金、国家助学贷款、师范生免费教育、勤工助学、学费减免等多种形式并存的高校家庭经济困难学生资助政策体系。家庭经济困难学生考入大学，可通过学校开设的“绿色通道”按时报到。入校后，学校对其家庭经济困难情况进行核实，采取不同措施给予资助。其中，解决学费、住宿费问题，以国家助学贷款为主，以国家励志奖学金等为辅；解决生活费问题，以国家助学金为主，以勤工助学等为辅。此外，国家还积极引导和鼓励社会团体、企业和个人面向高校设立奖学金、助学金，共同帮助家庭经济困难学生顺利入学并完成学业。

（一）高校家庭经济困难学生

要想对资助体系的问题进行研究，首先就要搞清楚高校家庭经济困难学生的概念，对这一概念进行把握和理解，是研究资助体系的基础和前提，也是完善对其资助体系的重点。在对以往文献的研究过程中不难发现，很多著作将“高校家庭经济困难学生”和“贫困生”“高校贫困生”作为同一概念使用。然而，“贫困生”的内涵相对更为宽泛，它不单单有经济层面的“贫困”，还有精神和心理方面的“贫困”。

教育部曾在2007年对家庭经济困难学生的概念进行明确的规定。家庭经济困难学生指的是学生自身以及家庭的经济能力难以满足学生在学校期间的学习、生活基本支出的学生。高校的范畴比较大，通常包括高等院校的本科院校，以及高等专科院校。

一个学生是否属于家庭经济困难学生有着一定的认定标准，一般是学生居住地的最低生活保障标准往上调整百分之二十，如果某一家庭的收入满足这个条件，那么该家庭的学生就是家庭经济困难学生，属于资助的对象。

实践中，对困难的程度也进行了相应的划分，主要分为三种，第一种是一般困难，第二种是困难，第三种是特殊困难。各地的划分标准由于区域经济发展水平不同也会有所不同，因此没有一个统一的具体金额划分标准。

（二）高校资助政策实施范围

所有公办普通本科高校、高等职业学校和高等专科学校的全日制普通本、专科（含高职、第二学士学位）在校学生，符合国家规定条件的，均可享受国家的资助政策。按照国家有关规定规范办学、从事业收入中足额提取4% ~6%的经费用来资助家庭经济困难学生的民办高校（含独立学院），招收的全日制普通本、专科（含高职、第二学士学位）学生，符合国家规定条件的，也可享受国家资助政策，具体办法由各省（自治区、直辖市）依据国家有关规定制定。

第三节　我国高校资助政策体系发展历程

一、高校经济困难学生资助体系发展历程

自1989年起，我国探索高校收费制度改革，实行免费生和自费生并行的“双轨制”模式，1993年我国在部分高校开展收费“并轨”试点，1997年在高校全面实行收费制度，即所有本、专科学生均需按照生均培养成本的一定比例缴纳学费。同时，为了配合高校收费制度改革，缓解收费给学生带来的经济压力，国家先后出台了多项资助政策。但是，由于当时的资助政策主要适用于贫困生缴纳初入学时的学费，资助范围和力度比较小，所以高校经济困难学生的经济问题依然比较严重。特别是1999年高校开始大幅度扩招，高校经济困难学生人数不断上升，我国迫切需要建立更加完善的高校经济困难学生资助政策体系，在制度上保证每一个考上大学的学生都能顺利入学并完成学业。

（一）高校经济困难学生资助体系初步形成时期

1. 1999年建立国家助学贷款制度

自1996年起，国家开始研究在高校实行国家助学贷款制度。1999年，北京等8个城市启动国家助学贷款试点工作，并于2000年推广到全国。为解决经办银行因风险大、成本高而普遍存在的惜贷现象导致多数家庭经济困难学

生无法获得贷款的问题，2004 年国家建立了以风险补偿为核心的国家助学贷款新机制，进一步减小银行的顾虑。从 2004 年新机制实施到 2006 年年底，高校申请贷款的经济困难学生有 213.15 万人，金融机构共发放贷款金额 187.47 亿元，不到三年的时间，资助人数和资助金额都超过了新机制实施前五年的总和，全国年发放资助金额从前两年的 20 多亿元增加到 2006 年的 70 多亿元，国家助学贷款逐步成为高校资助经济困难学生的重要措施。

2. 2000 年正式建立新生入学“绿色通道”制度

1998 年，为保障受到特大洪灾侵害的家庭经济困难学生顺利入学，在即将开学之际，清华大学承诺“决不让一个勤奋和有才华的学生因为家庭经济困难而辍学”，在全国率先开通“绿色通道”。“绿色通道”不仅使灾区新生可以按时报到，而且使那些因父母下岗等缴不起学费的新生通过“绿色通道”顺利入学。

随后，教育部、国家计划委员会（现改组为国家发展和改革委员会）、财政部下发的《关于 2000 年高等学校招生收费工作若干意见的通知》指出，高等学校应建立“绿色通道”制度，即对入学新生先办理入学手续，然后对学生的家庭经济情况进行核实，再分别采取贷款、助学金、困难补助和学费减免等不同的资助措施，确保每一位新生不会因家庭经济困难而无法入学。部分高校积极响应国家号召，“绿色通道”逐渐出现在众多高校新生入学的报到处，使越来越多的家庭经济困难学生圆了大学梦。

3. 2002 年起建立国家奖学金助学金制度

由于国家助学贷款工作刚刚起步，大部分高校的经济困难学生还不能通过贷款缴纳学费，在当时国家财力有限的条件下，财政部、教育部于 2002 年出台《国家奖学金管理办法》，仅面向普通高校家庭经济困难的学生设立国家奖学金，一方面鼓励家庭经济困难学生刻苦学习，另一方面帮助部分家庭经济困难学生解决学费问题。中央财政每年出资 2 亿元，资助和奖励 4.5 万名家庭经济困难、成绩优秀的高校本、专科学生，资助分两档标准，每人每年 6000 元或 4000 元，同时减免这些学生当年的全部学费。这是新中国成立以来首次以“国家”命名的奖学金，受到广大家庭经济困难学生和家长的欢迎。为进一步加强资助力度，政府在 2005 年增设国家助学金，依然是面向家庭经济困难群体设立的。其中，国家奖学金每年奖励 5 万名品学兼优的家庭经济困难学生，每生每年 4000 元；国家助学金对学生学习成绩方面没有特别的要求，每生每年 1500 元，每年共资助 53.3 万名家庭经济困难学生，但同一学

年内两种奖项不能兼得。这一举措极大地鼓励了更多的家庭经济困难学生刻苦学习、努力成长。

4. 2006 年实施国家助学贷款代偿制度

2006 年，教育部、财政部印发了《高等学校毕业生国家助学贷款代偿资助暂行办法》，规定中央部署高校贷款毕业生的国家助学贷款可以由中央财政出资偿还，代偿对象是毕业后自愿到西部地区和条件艰苦的地区基层单位工作，且工作时间不低于 3 年的获得国家助学贷款的毕业生。同时，各省、自治区、直辖市制定吸引高校毕业生到本地区条件艰苦的基层单位工作的国家助学贷款代偿办法。国家还要求高校从学费收入中提取 10% 的经费，用于开展勤工助学工作；要求各高校认真执行国家制定的学费减免政策，对家庭经济困难的学生酌情减免或免收学费。至此，我国初步建立起以国家助学贷款为主体，“奖、贷、助、补、减”五位一体的高校家庭经济困难学生资助政策体系。

（二）高校经济困难学生资助体系发展完善时期

2006 年，我国已经初步建立了高校学生资助制度，然而资助覆盖面不够，资助标准较低，政策体系还不够完善，国家助学贷款政策落实也没能达到预定目标。拖欠学费现象仍然存在，高校家庭经济困难学生资助政策体系亟待进一步完善。

2007 年 5 月，国务院发布了《国务院关于建立健全普通本科高校高等职业学校和中等职业学校家庭经济困难学生资助政策体系的意见》（以下简称《意见》），做出以下 7 个方面的改进：一是完善国家奖学金制度，设立国家励志奖学金和国家奖学金；二是加大国家助学金资助力度，基本覆盖所有家庭经济困难学生；三是完善国家助学贷款政策，大力开展生源地信用助学贷款，使得校园地国家助学贷款与生源地信用助学贷款互为补充、协调发展；四是要求高校足额提取事业收入经费中的 4% ~6% 用于资助家庭经济困难学生；五是进一步完善鼓励捐资助学的相关优惠政策措施；六是在六所教育部直属师范大学实行师范生免费教育试点；七是将国家助学贷款代偿政策的资助范围扩大到普通本科高校和高等职业院校的全日制本、专科应届毕业生。《意见》以及相关配套文件的出台和实施，标志着我国建立起较为完善的高校家庭经济困难学生资助政策体系。

2008 年，财政部、教育部、银监会（中国银行业监督管理委员会，现改组为中国银行保险监督管理委员会）通过总结甘肃等五省市生源地信用助学贷款试点工作，发现国家助学贷款比较符合我国国情，并将之推广到全国高校，指出其他各省（区、市）可以按照自愿原则，综合考虑当地高校家庭经济困难学生贷款需求和高校国家助学贷款工作开展情况，开展生源地信用助学贷款；同时，在继续以国家开发银行为主承办生源地信用助学贷款工作的基础上，鼓励其他银行类金融机构开展此项业务。2009 年，将原中央高校毕业生基层就业国家助学贷款代偿政策扩大到学费补偿贷款代偿，将政策覆盖范围扩大到中西部地区。同年，出台高校毕业生应征入伍服义务兵役学费补偿和贷款代偿政策。2010 年，实行国家助学金动态调整机制，将国家助学金平均资助标准由原来的每生每年 2000 元上调至每生每年 3000 元。2015 年，教育部、财政部要求建立和完善学生资助信息发布制度和年度报告制度，突出学生资助宣传工作重点，改进学生资助工作宣传方式，健全学生资助宣传工作机制，重视学生资助宣传工作队伍建设。2015 年 7 月，为进一步提升国家助学贷款政策实施效果，教育部、财政部、中国人民银行和银监会就完善国家助学贷款政策提出了更详细的建议：学生在读期间（本科及研究生阶段）利息全部由财政补贴；贷款最长期限从 14 年延长至 20 年；还本宽限期从 2 年延长至 3 年；建立国家助学贷款还款救助机制；简化学生贷款手续；及时足额安排贴息及风险补偿金；完善国家助学贷款考核制度；积极开展诚信教育活动和征信宣传；加强经办机构和人员队伍建设；加大国家资助政策宣传力度等。

经过多年的努力，国家针对高等教育为非义务教育的特点，在普通高校建立起了国家奖学金、国家励志奖学金、国家助学金、国家助学贷款、师范生免费教育、学费补偿和国家助学贷款代偿、勤工助学、学费减免、“绿色通道”等多种资助形式有机结合，无偿资助与有偿资助共存，奖学助学与奖岗助岗并举的高校家庭经济困难学生资助政策体系。此外，国家还积极引导和鼓励社会团体、企业和个人面向高校设立奖学金、助学金，共同帮助高校家庭经济困难学生顺利入学并完成学业。

（三）当前高校经济困难学生资助政策体系

虽然高校资助取得了一定成果，但是高校资助不能满足现状，随着高校扩招，学生数越来越多，相应地，贫困生数也随之增加，在资助总金额没有明显增长的情况下，贫困生的问题得不到妥善安置会影响学校的教学质量和

招生情况，而且与整个社会的稳定与发展紧密联系。对大学生的资助工作，党中央、国务院非常重视，国家相关部门不断提出各种新规定和政策，努力完善高校学生资助工作，使整个资助体系更健全，帮助更多的学生有学上，帮助贫困家庭脱贫，改变生活环境，构建社会主义和谐社会。

1. 国家奖学金

国家奖学金用于奖励二年级以上（含二年级）的全日制本、专科（含高职）在校生中特别优秀的学生，每生每年 8000 元，全国每年奖励 5 万名学生，所需资金由中央负担。同一学年内获得该奖学金的家庭经济困难学生不可兼得国家励志奖学金。

2. 国家励志奖学金

国家励志奖学金用于奖励资助全日制本、专科（含高职）在校生中品学兼优的家庭经济困难学生，资助面约占全国高校在校生总数的3%，每生每年 5000 元，所需资金由中央和地方政府按比例负担。

3. 国家助学金

国家助学金用于资助全日制本、专科（含高职）在校生中家庭经济困难学生的生活费用开支，对学习成绩没有严格的要求。

国家助学金由中央与地方政府共同出资设立，用来资助本、专科（含高职、第二学士学位）在校生中家庭经济困难学生的生活费用开支，对于学习成绩没有严格的要求。国家助学金的平均资助标准为每生每年 3000 元，具体标准在每生每年 1500 ~ 4000 元范围内确定，可以分 2 ~ 3 档。中央高校国家助学金分档及具体标准由财政部等有关部门确定，地方高校国家助学金分档及具体标准由各省（自治区、直辖市）确定。

4. 国家助学贷款

1999 年，在市场经济新形势下，国家助学贷款展开试点工作，助学贷款是通过金融手段、财政手段相结合的方式推行的，是由政府主导，金融机构向高校经济困难学生提供的无须担保或抵押的信用贷款，用于解决学生在校期间的学费和住宿费用。国家助学贷款有两种模式：一是校园地国家助学贷款，即通过就读学校向经办银行申请；二是生源地信用助学贷款，即通过户籍所在县（市、区）的学生资助管理机构提出申请。每学年贷款金额原则上不超过 8000 元，贷款期限最长不超过 20 年。贷款学生在校期间的贷款利息全部由市财政和学校补贴，毕业后的利息由学生本人支付，并按约定偿还本金。

5. 基层就业学费补偿贷款代偿

国家对自愿到艰苦地区或中西部地区基层单位从事第一线工作、服务年限在3年及以上的中央部门所属全日制普通高等学校应届毕业生实施学费补偿或国家助学贷款代偿。补偿代偿金额每生每年不高于8000元，根据毕业生在校期间每年实际缴纳的学费或获得的国家助学贷款确定，可分3年补偿。

6. 应征入伍服兵役国家教育资助

国家对应征入伍服义务兵役、招收为士官的高校学生实行学费补偿或国家助学贷款代偿。服义务兵役前正在就读的高校学生（含新生），按国家规定保留学籍或入学资格、退役后自愿复学或入学的实行学费减免。对退役一年以上，考入高校的自主就业退役士兵学生，实行学费减免。

7. 师范生公费教育

北京师范大学、华东师范大学、东北师范大学、华中师范大学、陕西师范大学和西南大学六所教育部直属师范大学的公费师范生，在校期间不用缴纳学费、住宿费，还可获得生活费补助。有志从教并符合条件的非师范专业优秀学生，在入学两年内可按规定转入师范专业，高校返还学费、住宿费，补发生活费补助。其他高校师范类专业学生可向所在院校咨询相关政策。

8. 新生入学资助项目

中西部生源家庭经济特别困难的新生可申请入学资助项目，解决入校报到的交通费和入学后短期生活费，就读本省院校的新生每人500元，就读省外院校的新生每人1000元，学生可向当地县级教育部门咨询办理。

9. 勤工助学

勤工助学是现行贫困生资助体系中重要的辅助内容之一，主要是配合助学金这种资助形式来解决贫困生的生活困难问题。学生在学有余力的前提下，可以利用课余时间参加高校组织的勤工助学活动，通过劳动取得合法经济报酬，改善学习和生活条件。

二、建立健全高校家庭经济困难学生资助工作

随着我国经济社会的发展，以及国家对解决高校经济困难学生问题的探索，高校资助政策体系得到了逐步发展，越来越得到受助学生和社会的认可。资助主体不断完善，形成了由政府、金融机构、社会组织和团体及高校自身等多方面组成的整体；资助方式逐步多元化，并向相对有偿资助方式发展；资助力度进一步加强，受助主体不断壮大，资助金额逐渐增加；资助目标更

加合理和明确，逐步呈现出资助育人的“双线资助”模式。这些进步都离不开政府、社会各界、高校及相关工作者的认真探索和努力付出。

（一）资助体系更加完善

自2007年5月国务院下发《意见》之后，当年6月，财政部、教育部等部门相继出台了一系列文件，包括增设专门针对家庭经济困难学生的国家励志奖学金、推行生源地助学贷款等新的资助方式，资助主体形成了政府、金融机构、高校自身、各种社会团体力量等多样化的局面，同时资助对象的波及范围越来越广，我国确立了以国家助学贷款为主，国家奖学金、国家助学金、勤工助学、困难补助、学费减免、“绿色通道”等多种方式并存的混合资助体系。

（二）资助力度进一步加强

国家高校学生资助政策体系的完善，不仅在制度上基本保障了每一名考入大学的学生都能上得起大学，有效地维护了高校稳定，而且有力支持了高等职业教育的改革和发展。国家高校学生资助政策的有效落实，让家庭经济困难学生都能平等享有接受高等教育的机会，推进了我国在较短时间内实现高等教育大众化，高等教育毛入学率从1998年的9.8%提高到2010年的26.5%。2007年资助政策的实施，既在制度上完善了资助体系，又在物质层面加强了资助力度。资助人数的增长和资助金额的增加，以及国家财政投入占资助总金额比例的逐渐上升，无疑都体现了党和政府高度重视家庭经济困难学生上学问题，也反映了我国教育公平的国家基本教育政策进一步得到落实，这有利于和谐、公平社会的构建。

2008—2014年，国家共资助全国普通高等学校经济困难学生2.69亿人次，累计资助金额达3413.1亿元。资助学生人数从2009年的3106.04万增长到2014年的4064.25万；资助金额由2009年的369.65万元增长至2014年的716.86万元。同时，在2009—2014年全国普通高校学生资助金额中，财政总投入为1522.67亿元，约占总投入的49.2%；其他资助投入（包括学校从事业收入中支出，金融机构国家助学贷款及社会团体、企事业单位和个人捐助等）1572.83亿元，约占总投入的50.8%。在财政资金中，中央财政投入911.91亿元，约占比60%；地方财政投入610.76亿元，约占比40%。财政投入高校经济困难学生资助金额由2009年的156.74亿元增长至2014年的

366.65 亿元，增长了约 1.4 倍。其他资金投入高校经济困难学生资助金额由 2009 年的 190.46 亿元增长至 2014 年的 350.21 亿元，增长了约 1 倍。

2007 年我国开始构建全国资助体系，投入资金持续快速增加。2012—2017 年，一共有 2.433 亿人次贫困学生得到资助，总金额高达 4666.36 亿元。2012 年的资助金额为 547.84 亿元，2017 年的资助金额为 1050.74 亿元，6 年间资助金额增长 91.80%；2012 年资助人次达 3842.7 万，2017 年资助人次达 4275.69 万，6 年间资助人次增长 11.27%。

2012—2017 年我国高校学生资助经费中，国家财政拨款达到 2289.13 亿元，占总金额的 48.77%；银行发放助学贷款、高校事业收入提取、社会团体、企事业单位及个人捐助等其他各类资金共计 2404.22 亿元，占总金额的 51.23%。在国家财政拨款中，中央拨款 1407.39 亿元，占财政总投入的 29.99%；地方拨款 927.81 亿元，占财政总投入的 19.77%。财政总投入由 2012 年的 272.62 亿元增至 2017 年的 508.83 亿元，增长 86.64%。银行发放助学贷款，高校事业收入提取，社会团体、企事业单位及个人捐助等其他各类资金，2012 年为 275.21 亿元，2017 年增至 541.91 亿元，增长 96.91%。

可见，2012—2017 年，贫困生年均获资人次高达 4055 万，年均获资金额 782.16 亿元。由此可见，国家的资助力度很大且逐年加强。

（三）资助目标和资助理念更加全面、合理

教育公平是社会公平的基础，学生资助工作的目标是把“资助”与“育人”相结合，最终实现教育公平。资助政策体系不仅有帮助家庭经济困难学生缓解经济压力的内容，也包含育人的倾向，比如，热爱社会主义祖国，拥护中国共产党的领导，遵守宪法和法律，遵守学校规章制度，诚实守信，道德品质优良，勤奋学习，生活俭朴等都是学生申请国家奖（助）学金的必备条件。资助政策还特别强调了政策导向作用，既注重增加教育投入，又注重改善教育结构，在国家奖（助）学金的分配方面，适当向国家发展比较薄弱的专业和专业性强的高校倾斜，引导学生学习农林水地等专业，做到具体问题具体分析。

另外，国家实施助学贷款代偿政策，鼓励部分高校毕业生到西部地区或偏远山区的基层单位就业，既解决贫困生的就业问题，又促进人才资源合理分布。现行国家高校学生资助政策的有效落实，让经济困难学生及家庭得到了实惠，增强了大学生对党和国家的热爱之情，有力地维护了社会的和谐与

稳定，让家庭经济困难学生能够安心学习、奋发图强、报效祖国。然而，任何一项政策在实施过程中成果和问题相伴而生，全方位、多角度考察现行的高校家庭经济困难学生资助工作的现状，仍有一些值得研究和解决的问题。

（四）我国高校学生资助立法

1. 我国高校学生资助立法的必要性

（1）保障公民受教育权

一般认为受教育权属于生存权、发展权范畴，即公民通过接受教育可过着健康又具有文化性质的生活，同时受教育权又是保障公民将来生存权、追求幸福权、参政权等权利的基础。从权利的属性来看，受教育权属于积极权利，即要求政府积极采取措施增加人民福利之权利。国家在保障公民受教育权方面，既负有消极义务，又负有积极义务，即一方面应尊重公民的受教育权，不得随意侵害、剥夺，另一方面应提供相应的保障和服务。对于公民受教育权的实现，国家负有物质性给付、服务性给付和制度性给付三方面的义务。物质性给付义务主要指金钱、实物给付义务，其中金钱给付义务具体体现为减免学杂费及发放助学贷款、助学金、奖学金、生活补贴、科研创新基金等。因此，政府通过"奖""贷""勤""助""补""免"等方式资助高校家庭经济困难学生，使其顺利完成学业，不是可有可无的"恩赐""施舍"，而是履行物质性给付义务，保障公民受教育权的体现。

另外，政府负有资助高校家庭经济困难学生的职责已被宪法和其他相关法律确认。《中华人民共和国宪法》第四十六条规定公民有受教育的权利和义务。《中华人民共和国教育法》第三十八条规定了国家对困难学生的资助义务，第四十三条第二项明确了获得奖学金、贷学金、助学金是受教育者的权利。《中华人民共和国高等教育法》规定了高等学校资助的形式。《中华人民共和国职业教育法》（1996）第三十二条、第三十七条规定对经济困难的学生、残疾学生酌情减免学费制度，设立职业教育奖学金、贷学金制度，对上岗实习的给予劳动报酬。《普通高等学校学生管理规定》（2005）规定，"申请奖学金、助学金及助学贷款"是学生在校期间依法享有的权利。《社会救助暂行办法》第六章专门规定了教育救助。为保证物质性给付义务的具体落实，仍需要相应组织、管理、程序等配套制度，即政府还应履行服务性给付义务和制度性给付义务。其中，完善的法律制度是物质性给付义务具体落实的重要保障。由于缺乏系统性、专门化的法律规范，我国高校学生资助存在资助管理机构不健全、资助经费保障责任不具体、评审制度不完善、监督机制与责任体系不健全等法律问题。这些问题直接影响高校学生资助工作的有序开展、资助资源的合理分配、资助评审的公平公正，最终会影响教育公平和公民受教育权的实现。因此，加快高校学生资助专门立法，是保障公民受教育权的重要举措。

（2）依法履行行政给付义务

从历史的角度看，行政的概念、内涵经历了从自由法治国到社会法治国的历史转变。自由法治国时期的行政强调对公民权利的消极维护，即局限于保护公共安全、秩序以及避免危险。而社会法治国时期的行政不再局限于消极地维护公民权利，而是寻求积极作为，促进社会福利发展。正是在此背景下，给付行政（服务行政）应运而生，并不断发展。给付行政系指国家为人民提供利益，为人民创造最大的福利的服务行政，在现代国家中，其地位不断提升，并扮演着重要角色。从范围上来看，给付行政有广义、狭义之分。广义上的给付行政是指行政主体为实现特定的公共目的，为一定的个人或组织提供支持或补助（社会救济金、助学金、扶贫款、补贴），或建设公共设施，或为公众提供其他服务或利益，从而保障和改善公民生活条件的行政活动，具体包括行政物质帮助、行政供给、行政补贴三种形式。狭义上的行政给付亦称行政物质帮助，是指行政主体在公民年老、疾病或者丧失劳动能力等情况下，以及在公民下岗、失业、低经济收入或者遭受天灾、人祸等特殊情形下，根据申请人的申请，依据有关法律、法规、规章或者政策的规定，赋予其一定的物质权益或者与物质有关的权益的具体行政行为。

具体到高校学生资助来说，其一，在现代社会，高等教育是公共产品，政府是主要提供者。对高校家庭经济困难学生予以资助，帮助其顺利完成学业是政府的职责所在。其二，现代政府的职能是维护社会公平正义，资助家庭经济困难学生是促进教育公平、保障受教育权的体现。

另外，简政放权，深化行政体制改革，推动政府职能转变，是建设服务型政府的重要途径。从行政法的角度来理解服务型政府，它要求政府坚持依法治国方略，为人民提供高效、优质的服务，保障国家和社会公共利益，尊重和保障公民合法权益。服务型政府理念在高校学生资助领域的体现，是政府不断加大对高等教育的投入，既包括制度性保障，也涵盖物质性投入。制定统一的高校学生资助法律规范，推进高校学生资助法治化，依法落实政府资助之责，是行政给付义务的具体体现，也是打造服务型政府的应有之义。

综上，从行政行为的分类来看，高校学生资助属于广义给付行政，政府是资助资金的主要提供者，学生属于受益相对人。推进高校学生资助专门立法，要明确政府在高校学生资助中的职责，使政府依法履行行政给付义务。

（3）推进高校学生资助法治化

法治是现代国家治国理政的基本方略，是推进国家治理体系和治理能力现代化的重要抓手。教育治理体系和治理能力现代化是国家治理体系和治理能力现代化的重要一环，落实法治的基本理念、原则、要求是实现教育法治化的必然要求。

首先，教育行政权力的行使必须有法律依据，即“权力法定”。其次，推进教育的改革和发展及行政决策和管理都要于法有据，要摒弃和改变以往那种“黑头不如红头，红头不如笔头，笔头不如口头”的非法治思维和非法治方式，即“依法行政”。最后，有权必有责，用权受监督已成共识。为防止教育行政权力的滥用，加强内外部监督是必要手段，即“权力监督”。高校学生资助是政府的一项重要职责，近几年虽取得许多成就，但法律问题仍较突出，比如资助管理规范零散、资助管理机构不健全、资助经费保障责任不具体、评审制度不完善、监督机制与责任体系不健全等。因此，需要加快我国高校学生资助专门性立法进程，将高校学生资助纳入法治轨道，以法治思维、法治方式破解资助难题，推进高校学生资助法治化。

另外，推进高校学生资助专门性立法也符合法政策学的要求。《国家中长期教育改革和发展规划纲要（2010—2020年）》指出，要“加快教育法制建设进程，完善中国特色社会主义教育法律法规……加强教育行政法规建设”。十八届四中全会对加快重点领域立法，依法保障公民权利作了详细部署。2015年12月，教育部发布《〈国家中长期教育改革和发展规划纲要（2010—2020年）〉中期评估——学生资助中期评估报告》，基于评估的主要结论，提出的首个对策建议是“加快学生资助立法”“以法律形式规范学生资助工作”。

综上，在全面推进依法治国、依法行政的背景下，推进高校学生资助专门立法，有利于保障公民的受教育权，依法履行行政给付义务，推进高校学生资助法治化。

2. 我国高校学生资助立法的法理分析

（1）学生资助多种法律关系并存

与一般社会关系相比，法律关系是法律所构建或调整的、以权利与义务为内容的社会关系。厘清高校学生资助法律关系，是高校学生资助立法研究的重要线索，是研究高校学生资助相关制度的窗口，也是分析我国高校学生资助相关法律问题的工具。根据高校学生资助立法的调整对象，高校学生资助法律关系具体分为国家与公民，国家与资助管理机构，资助管理机构与高校、学生，国家与金融机构、学生，高校与金融机构，高校与学生等多层法律关系。

第一，国家与公民的法律关系。高校学生资助制度的本质是以国家力量保障公民平等地实现法律所赋予的受教育权。国家负有为公民提供资助的义务，公民具有享受国家提供的资助的权利。其背后的法理是受教育权的国家保障义务。因此，国家与公民之间是行政给付法律关系。

基于行政给付法律关系，国家负有物质性给付义务、服务性给付义务和制度性给付义务，具体体现为资助经费保障、组织保障、制度保障等。另外，高校学生资助的受益者，一方面享有受资助的权利，另一方面负有诚实守信的义务，应对资助申请材料的真实性负责，以及必须按照贷款合同约定按期还贷等。

第二，国家与资助管理机构的法律关系。国家是抽象的，更多的是主权象征意义，其权力则由政府具体执行。政府是国家权力的执行者，具体管理国防、外交、科技、教育等各项事务，某种程度上管理是政府的代名词。在高校学生资助法律关系中，国家虽负有资助义务，但并非学生资助工作的具体管理者，而是通过立法赋予各级资助管理机构相应职权。国家与资助管理机构二者是法律授权关系。基于国家与资助管理机构间的法律授权关系，作为资助义务的主要承担者，国家对学生资助管理机构负有组织保障义务，如人员编制保障、经费保障、办公场所保障等。另外，各级资助管理机构的法律地位、职责权限也应予以明确。

第三，资助管理机构与高校、学生资助管理机构的法律关系。资助管理机构作为法律法规授权组织，有权参与制定、实施资助政策，组织管理高校资助推荐、评选、发放工作，并且对高校资助工作具有监督管理职责。资助管理机构与高校之间是监督管理关系。

学生作为资助的申请者，对于学校的资助审核决定，有提出异议的权利，并且对资助申请享有信赖权利，对于无故中断资助的行为，有向资助管理机构申诉的权利。资助管理机构有权受理学生的异议申请，复查高校资助审核决定，做出准予或不准予资助的决定。同时，对学生资助申请材料负有保密

义务等。

第四，国家与金融机构、学生的法律关系。我国国家助学贷款法律关系，主要涉及三方主体，即政府、金融机构和学生。与一般商业贷款合同相比，国家助学贷款则由两个合同组成，一是政府与银行签订的贷款合作协议，二是银行与学生签订的助学贷款合同。这两份合同具有目的公益性、强制缔约性、法律关系的复杂性、合同的涉他性以及合同的联立性等特点。

基于国家助学贷款法律关系主体多元以及国家助学合同的特点，不能笼统归纳助学贷款法律关系，而是要分主体、分阶段具体分析。国家助学贷款的流程，具体分为助学贷款的申请、审批、发放等环节。关于助学贷款的申请，根据目前的政策规定，学生应向金融机构提出申请，金融机构是审批主体，这种程序设计背离了高校学生资助的本质，忽视了政府应尽的审批职责。国家助学贷款是政府资助学生的一个重要形式，其本质仍是行政给付，相关行政主体应主动介入贷款申请的审批过程，即“学生能否享受助学贷款，实质是能否得到政府的资助，决定权应在某一个行政主体而不是某一个商事主体（如银行）”。因此，国家助学贷款审批环节体现的是公法关系，不是私法关系，应受公法调整。助学贷款执行环节，体现的则是私法关系。学生以政府助学贷款审批许可为据，与金融机构签订贷款合同，属于普通债权，受私法调整。另外，政府与金融机构签订的贷款合作协议，具有政策性、公益性，商业性较弱，实质仍属于民事法律关系。第一，助学贷款经办银行是以招投标的形式确定，并没有违背意思自治原则。第二，在贷款合作协议中，政府负有向经办银行补贴利息、免收经办银行利息营业税、支付风险补贴金等义务。因此，在高校学生资助立法中，国家助学贷款制度是一重要内容，第一，应明确国家助学贷款的法律性质，厘清各主体间的法律关系：申请者与政府之间的行政审批关系，应受公法规范；申请者与金融机构之间的民事法律关系，应受私法约束；政府与金融机构之间的合同法律关系，也应受私法调整。第二，在明确不同主体间法律关系的基础上，依法界定各个主体的权利、义务。

（2）组织规范与权利规范兼顾

高校学生资助立法的基本属性，是指构成该部法律规范的性质，它决定了立法资源的基本配置。基于高校学生资助面临的法律诉求，以及高校学生资助立法的综合性特征，其法律规范的属性应体现为组织规范与权利规范兼顾，实体规范与程序规范并重。职权法定是依法行政的核心理念之一，也是组织法控权的必然要求。当前，我国学生资助管理机构法律地位、职责权限不明是制约高校学生资助工作的一大难题。将学生资助管理机构定位于行政机关、教育行政机关的内设机构还是事业单位，以及高校内部资助管理机构的定位等问题，属于组织规范调整范畴，是高校学生资助立法的一大难点。另外，受资助学生作为受益相对人，其权利义务划分则更多体现的是权利规范内容。因此，学生资助法律规范的属性应兼顾组织规范与权利规范。

（3）实体规范与程序规范并重

实体与程序作为法律规范的一对“孪生兄弟”，在权利的保障、实现上缺一不可。程序规范有别于实体规范，它不是具体规定个人的实体权利和义务，而是用来主张、证明或实现权利义务的手段，或者确保被侵犯的权利得到保障。高校学生资助立法应具有综合性特征，不仅需要对资助管理机构及其职责权限、资助方与受资助方的权利义务、经费来源等内容加以规定，还需要对学生资助工作的程序、经费绩效审计监管程序、权利救济与责任追究程序等问题作出规定。因此，高校学生资助立法应体现为实体规范与程序规范并重。

第四节　新时代高校资助政策发展演变——资助育人

一、发展性资助是高校资助政策与实践的新要求

高校贫困生资助的最终目的，是将高校贫困生培养成为我国社会主义事业的合格建设者和可靠接班人。促进高校贫困生的健康成长与全面发展，是高校学生资助“帮困扶志”“资助育人”的价值归旨。高校要积极推进“发展性资助”创新实践，营造发展性育人文化，实现学生资助由“无偿资助”向“无偿资助与有偿资助有机融合”、由“解决基本生活保障”向“促进学生全面发展”的范式转换，最终达到资助工作的“育人”目标，实现资助效能最大化。

（一）发展性资助意蕴和特点

1. 发展性资助

发展性资助是一种新兴资助理念，意指高校学生资助工作的重点从以物质保障为主的“救济性资助”转向以实现物质保障为基础、满足学生多元需

求、推动学生全面发展为主的新型资助。发展性资助工作的重点更加强调“资助”和“育人”的全面结合，更加关注学生的全面和可持续性发展。

教育部部长陈宝生2018年3月在《人民日报》发表的《进一步加强学生资助工作》文章中指出：“学生资助的最终目的在于帮助贫困生成长成才，使他们共同享有人生出彩的机会，共同享有梦想成真的机会，共同享有同祖国和时代一起成长和进步的机会。学生资助必须坚持育人导向，将育人作为资助工作的出发点和落脚点，构建物质帮助、道德浸润、能力拓展、精神激励有效融合的长效机制，形成‘解困—育人—成才—回馈’的良性循环。”可见，发展和育人既是贫困生资助的出发点，也是落脚点。

发展性资助作为一种倡导性资助理念，不同的学者对其有着不同的理解和认识。桂富强（2009）认为，高校贫困生发展性资助，是指高校资助工作者在资助贫困生的活动中，以资助对象与资助体系的发展为目标指向，以公平与效率原则为价值追求目的，通过现代管理思想与管理方法来解决贫困生需求的一种资助观念形态。该理念的重点在于推动资助对象的发展，注重为资助对象最大限度的发展可能提供条件，从而实现高等教育的全面、可持续发展。

季枫（2014）认为，高校贫困生发展性资助，是在救济性资助的主体框架下，在充分满足贫困生保障性需要的前提下，以贫困生的成长成才为导向，最大限度地满足贫困生的发展性需要，促进贫困生在专业学习、思想品德、心理健康、能力素质等方面全面发展的资助形态。

王中对（2012）认为，家庭经济困难大学生发展性资助，是指高校以家庭经济困难大学生成长成才为导向，构建完备的资助方式，依据学生家庭经济困难情况、综合素质、自主设定的发展目标和行动计划，科学决策个性化资助包，并采取相应的教育引导措施，促使学生实现自由、全面和充分发展的资助。

通过对上述观点进行梳理可以发现，发展性资助是在旧有资助模式基础上的进一步补充和完善。发展性资助的首要任务仍是资助，依然需要以物质资助和经济帮扶为第一主体，并在此基础上重点着眼于贫困生更高层次的发展需求，推动贫困生全面发展。发展性资助强调借助现代化的管理方式，优化资助项目和确保资助制度建设与时俱进，保障受助对象长远发展，为受助对象自我发展进行精准帮扶和精准资助，保障资助体系的健康运行，保证资助工作的育人效益，从而实现资助效益和资助工作效率的最大化。

2. 发展性资助的特点

从本质上来说，发展性资助理念强调的是切实解决资助对象的发展可能与发展要求之间的不平衡和不充分的这一内在矛盾，最终目标要求是实现“人的全面发展”。发展性资助既突破了传统资助政策体系的局限性，又能够满足贫困大学生从低层次到高层次的各种需求。这既符合当前我国高等教育工作的发展性理念导向，也满足了“资助育人”的本质要求。与传统的救济性资助相比较，发展性资助的特点可以归纳为以下几个方面：

（1）主体性。主体性是高校贫困生发展性资助的首要属性。发展性资助不同于救济性资助，救济性资助强调资助工作者管理的主导地位，使受助学生处于被动地位，而促进受助学生知识、能力、素质的全面发展，是发展性资助工作的目标。因此，发展性资助应强调学生的主体地位，要充分尊重学生的受助意愿和实际需求，通过对贫困生实际需求的满足和引导，培养贫困生自主学习和自我发展的积极性和主动性。发展性资助的主体性主要表现在，高校资助项目的设置和申报、资助的实施以及资助效果的评估都应以学生健康成长需要为出发点，以实现学生自身发展作为资助目标。

（2）多样性。多样性是高校贫困生发展性资助的关键属性。与救济性资助由政府和学校作为资助主体、把保障学生经济及物质需求作为主要资助目标不同，发展性资助更加重视贫困生的多样化需求。高校贫困生发展性资助的多样性表现为：第一，受助学生需求多样。随着社会发展，受经济全球化和多元文化等因素的影响，高校贫困生也表现出不同的发展需求，单一的经济需求已不能满足其发展需要，精神和能力需求更加凸显重要地位，受助学生的实际需求呈现出多样化。第二，资助形式多样。高校贫困生发展性资助更加注重无偿资助、有偿资助、显性资助、隐形资助、项目化资助和承诺式资助等多种形式，这就要求高校贫困生资助要从贫困生成长成才的实际需要出发，为高校贫困生发展提供动力支持，通过实施有针对性的资助方式，促进贫困生全面发展。第三，资助主体全面多样。发展性资助改变了以往国家作为单一的资助主体的现状，其倡导构建由国家资助、学校奖助、社会捐助和学生自助相互融合的发展型资助体系。

（3）可持续性。可持续性是高校贫困生发展性资助的根本属性，与传统的救济性资助“单纯地发钱”以解决经济、生活的暂时困难有着明显的区别。可持续性主要体现在两个方面：

第一，高校贫困生发展能力的可持续性。高校贫困生发展性资助强调关

注贫困生的情感和心理需求，主要是根据贫困生成长成才过程中不同阶段的不同需求，发展、锻炼贫困生的实践能力、人际交往能力等综合素养，引导学生养成优秀品质，同时通过开展技能培训，培养贫困生的就业能力。第二，高校贫困生资助本身的可持续性。高校贫困生发展性资助以贫困生本人发展为目标，必然需要资助体系不断调整以适应贫困生的发展需求。贫困生需求的不断发展变化，必然会促进高校贫困生资助体系自身的不断发展和完善。

（4）动态性。动态性是发展性资助的必然属性。相较于救济性资助单纯的经济救助，发展性资助政策项目表现得更加灵活、符合现实需要。不同社会阶段资助政策实施管理的依据和出发点不同，随着社会发展，新问题、新需求不断涌现，相对贫困的内涵不断调整，学生资助作为保障教育公平的必要手段，其本身也需要依据实际做好动态监控和适时调整，以与受助对象的需求相吻合。

（二）发展性资助是从“扶困”到“扶智”“扶志”的思路转换

保障贫困生的基本生存并不是高校资助工作的最终目的，这只是高校贫困生资助工作的初级目标。高校贫困生资助工作的最终目的是提高贫困生综合素质，促进贫困生全面发展，为贫困生未来选择更高质量的生活打下坚实的基础。国家从战略层面上对教育扶贫提出了“扶智”与“扶志”的双重目标，并强调扶贫先“扶志”，扶贫必“扶智”。高校贫困生资助作为教育扶贫战略的重要内容，同样具有“扶智”与“扶志”的双重目标。“扶智”体现在保证每个贫困生不辍学，使其顺利完成学业，最大范围普及教育，提升知识素质方面；“扶志”更强调“助学”“筑梦”“铸人”的和谐统一。

高校贫困生资助工作如果不涉及“扶智”与“扶志”这一核心，仅仅把高校贫困生资助工作的价值目标停留在物质和经济资助层面，那么即使解决了贫困生的暂时经济困难，也无法解决贫困生思想、心理等层面的困难。大量的事实和数据表明，如果把贫困生资助仅仅停留在经济资助层面，将使贫困生无法真正成长为信念执着、品德优良、知识丰富、本领过硬的高素质专门人才和拔尖创新人才。

1. 从“扶困”到“扶智”的转换

“扶困”主要是指从物质上帮助贫困生，这是高校贫困生资助工作的首要功能。国家资助政策体系范围内的各类奖、贷、助、补、免等措施，以及社会各界对贫困生的各种物质和经济资助，都属于“扶困”的范畴。“扶困”

作为人发展的最低层次的需求，在实现人的高级需求过程中是不可逾越和无法替代的。

“扶智”主要是对贫困生能力的帮扶，是发展性资助理念的重要目标。能力是个体实现自身价值的重要依据，也是社会用来衡量人才的重要标准。随着社会的发展、经济结构的调整，个体的综合素质和业务能力越来越被社会看重。贫困生要想在社会发展中实现自我价值，就必须全面提升个人综合能力。

高校贫困生资助政策过去往往关注贫困生经济条件的改善，却忽视了贫困生更具有可持续性的能力的培养。如今，从“扶困”到“扶智”的转换，就是要求在为贫困生提供经济援助的基础上，为贫困生提供更多的能力提升机会，以推动贫困生不断发展坚实的专业素养，最终具备更加全面的职业素养。

2. 从“扶困”到“扶志”的转换

从“扶困”到“扶志”的转换，如同从“扶困”到“扶智”的转换一样，是发展性资助政策的创新体现。“扶智”与“扶志”的差别在于：“扶智”是对贫困生能力的帮扶，而“扶志”主要表现为对贫困生的精神引导。“扶志”同样是现有资助模式下容易被忽视掉的关键性因素，它是发展性资助不可或缺的重要内容。“扶志”主要包含心理疏导、感恩教育、诚信教育、励志教育等内容。这是因为，一方面，贫困生极易因为环境而产生自卑、敏感等心理障碍，甚至会出现抑郁和焦虑等不利于其健康成长的负面情绪，这就要求高校在贫困生资助工作过程中时刻关注其内心世界，为其提供必要的、及时的心理援助；另一方面，过量的物质集中帮助，会使部分贫困生产生严重的依赖心理和“等靠要”思想，不利于贫困生的发展和资助效能的优化。因此，高校贫困生资助要把感恩教育、诚信教育和励志教育等融入日常工作，要注重激发贫困生的内生动力，阻止贫困代际传递。

（三）由救济性资助转向发展性资助的创新实践要求

1. 救济性资助模式的功效及局限性

近年来，我国高校贫困生资助经费日渐充裕，受资助的学生规模大幅增长，高校贫困生资助政策体系日渐完善，物质资助功能得到充分保障。资助政策社会效果明显，帮助了数千万高校贫困生顺利入学并完成学业。高校贫困生资助政策有力地支持了教育事业的发展，促进了教育公平，维护了社会

公平。但伴随着我国经济的快速发展和社会转型，以及高等教育改革和学生群体的发展变化，这种以经济扶持为主、重视对贫困生“问题管理”的救济性资助模式，忽视了贫困生的情感需求、个人兴趣及创新创造能力，在实际操作过程中逐渐暴露出一些问题。这些问题突出表现在以下几个方面：一是育人功能不强，资助目标单一。大多数高校的贫困生资助工作仅仅停留在经济资助层面，对贫困生的心理和能力关注度不够，超越经济层面的资助育人功能没有被关注或者没有充分发挥出来。二是学生解困能力不足，自助意识薄弱。救济性资助模式的重点是给予贫困生一定的经济或物质帮扶，将资助的钱或物直接发放到学生手中，这种无偿资助弱化了资助的价值功能，甚至导致部分学生产生了依赖心理，出现了“等靠要”的消极心理，缺乏主动自助的思想精神。

2. 发展性资助创新的实践要求

“育人是资助工作的灵魂。”资助育人最根本的要求就是要关心、关爱贫困生，通过人性化的资助使其体验到尊重、独立等。发展性资助实现了资助功能由“保障”到“发展”的过渡和转型，使得贫困生精神需求和发展需要不断得到满足。高校贫困生资助工作必须牢固树立“育人”意识，为落实资助育人目标提供实践途径。

其一，在资助目标方面，把“扶困”与“扶智”、“扶困”与“扶志”结合起来，既要帮助贫困生摆脱相对的经济物质困难，还要消减他们因为经济物质困难而带来的生活、学习、心理和人际交往等方面的诸多影响，最终使他们获得与其他学生一样的发展机会。因此，在贫困生资助的理念上，要坚持“扶贫”“扶智”和“扶志”的融合，既要给予贫困生恰当的物质资助，还要引导贫困生自己积极面对困难，提升个人能力，通过自身奋斗实现物质和精神双重脱贫。“扶困”“扶智”“扶志”是发展性资助的三个功能性要素，三者之间相互关联，缺一不可。只有以“扶困”为前提，才能体现出贫困生资助体系设置的初衷，进而保证教育公平。“扶智”则强调以贫困生的内在需求为导向，全方位、多渠道提供不同层面的帮助，主要目的是促进贫困生全面发展。而“扶志”则能充分保障“扶困”的经济效能，杜绝资助资源浪费。

其二，在资助资金来源方面，发展性资助充分考虑了社会发展与国家人力资源发展的需要，能够充分吸引社会企事业单位参与捐助，鼓励受助学生自助，从而改变国家资助资金来源单一且压力逐年递增的现状，形成国家资助、学校奖助、社会捐助、学生自助等资金来源渠道多元共存、相互支撑的良性发展局面。

其三，在资助项目设置方面，发展性资助把育人作为终极目标。为了实现这个目标，需要针对贫困生日益增长的多元化需要，从物质帮扶、精神激励、能力拓展等方面构建不同的资助项目，引导贫困生实现个体全面发展，构建资助育人长效机制。

其四，在资助结构方面，一是应以学生为本，树立隐性资助理念，尊重学生隐私，彰显人文关怀；二是要着眼发展，倡导有偿资助理念，通过助学贷款和勤工助学等渠道确保应助尽助；三是要实现无偿资助与有偿资助、显性资助与隐性资助的有机融合，建立权责对等的新型资助模式。

其五，在资助实施效果方面，既要帮助贫困生解决经济困难，又要努力培养其感恩意识；既要促其全面发展成长成才，通过自身努力阻断贫困代际传递，又要鼓励受助学生在“自助”的基础上承担起“助他”的社会功能，最终推动高校贫困生资助形成“解困—育人—成才—回馈”的良性循环。

二、精准扶贫视角下的资助育人

2013 年 11 月，习近平总书记在湖南湘西花垣县十八洞村考察时首次提出了“精准扶贫”，他强调，扶贫要实事求是，因地制宜，要精准扶贫，切忌喊口号，也不要好高骛远。2015 年，中共中央、国务院印发《中共中央 国务院关于打赢脱贫攻坚战的决定》，对“精准扶贫”做了更为深入的阐释和部署。教育是脱贫致富的根本之策，要确保贫困家庭的孩子也受到良好的教育，学生资助工作尤为重要，在确保基本保障型资助，实现不让一个学生因家庭经济困难而失学的基础上，随着资助政策的不断完善，资助体系的不断构建，新时代背景下，学生资助工作的目标也发生了变化，党的十九大报告明确提出要让每个孩子都享受到公平而有质量的教育。这个目标为高校学生资助工作指明了方向，也提出了更高要求。在此背景下，精准发展型资助成了新时期高校学生资助工作的奋斗目标。

（一）精准扶贫的概述

随着国家不断地推进扶贫工作，精准扶贫的思想已经成为扶贫工作的重要指导理念。传统的扶贫工作相对来说比较粗糙简陋，不能够真正确保每笔资助资金都落实到真正贫困的对象身上。当前，对扶贫工作的要求越来越高，

要求确保精准地识别贫困对象并对其展开帮扶工作。精准扶贫的思想主要分为以下三个方面：第一，实现对贫困对象的准确识别，这是能够实现精准扶贫的基础。随着时代的发展，工作人员能够采用更加科学、专业的方式、方法来准确地识别贫困对象，确保每一个帮扶对象都真正生活困难，从而保证扶贫工作的顺利展开以及有效进行。第二，精准帮扶，这是精准扶贫的有效展开方式。工作人员完成贫困对象的识别工作之后，就需要按照政策的要求对贫困对象进行精准帮扶，实现政策的落实。第三，精准管理，确保扶贫工作能够顺利展开。工作人员要有认真的工作态度，对贫困对象进行实时监督和管理，确保每一笔资金都能够被准确地发放，真正对贫困对象起到帮扶作用，并且能够长期对其进行帮助。

目前精准扶贫的思想理念对于高校开展资助育人工作有督促和鼓励作用，能够使高校资助育人工作有实现的方向，能够给予贫困学生更多的关怀和帮助。高校的工作人员要能够准确地认识到资助育人工作的意义和发展方向，不断利用精准扶贫思想优化资助育人的方式和理念，探索更具校园特色的扶贫工作方式，提升资助育人工作的效果。

（二）“精准扶贫”视角下的高校资助育人工作的意义

1. 加强教育的公平性

精准扶贫是对于高校资助育人工作的政策要求，也是资助育人工作落实的指导依据，尤其是现在，我国把更多的视线放到了教育工作当中，实现教育的公平已经成为现代社会的时代需求，不仅有利于营造更加和谐良好的社会氛围，还能够为国家提供更多的优质人才。精准扶贫政策能够保证高校资助育人工作展开的公平性，使那些家庭困难的学生都能受到经济补助，为实现我国教育的公平性提供动力。

2. 确保高校人才培养的展开

高校的任务就是保证学生接受教育，并充分地挖掘他们的潜力，提高他们自身的能力，使他们能够为国家做出更多的贡献。但是，受经济限制，高校开展资助育人工作，往往会影响高校最初的教育计划，而利用精准扶贫的方法能够暂时缓解这一问题，使学生都能够享有学习的权利，在促进学生个人进步的同时，能够提高学校的教育水平。

3. 提高高校资助育人的工作效率

在传统的高校资助育人工作开展过程中，总是会出现管理制度不健全或是体系不完整而造成高校资助育人工作停滞的情况，严重地影响工作的效率，造成经济补助不能够及时发放到贫困学生手中，也就使得学生的生活和学习受到影响，甚至会影响学生学业的顺利展开。但是，落实精准扶贫的政策之后，能够对高校资助育人工作进行更加明确的指导，准确了解每个贫困学生的全部信息，相关的管理也能够有所依据，从而有利于提高高校资助育人工作效率。

（三）“精准扶贫”视角下的高校资助育人工作的展开

1. 树立精准资助育人的理念

首先就是高校要能够准确地识别贫困的对象。贫困学生认定一定要结合多方面的因素进行综合性的评定，除了要对学生家庭的实际情况进行了解外，还要通过学生身边的同学进行进一步的了解，结合他们的生活水平等进行资料的整理，为贫困学生建立基本信息电子档案，以为后续的工作提供依据。其次就是要提升学生精准扶贫的意识理念，使学生都能够主动地参与到资助育人的工作当中。大学生作为资助育人工作的帮扶对象，一定要准确地认识精准扶贫的理念，主动参与到资助育人的工作当中，主动地向教师寻求经济上的帮助，甚至是心理上有什么困惑也应该及时地说出来，寻求别人的帮助。最后就是要保证对于学生的资助育人工作，除了要进行经济资助以外，还应该对学生心理方面进行帮助，使学生能够全方面地得到帮助。

2. 强化资助管理工作的团队建设

想要有效地开展高校资助育人工作，就需要提升相关工作人员的专业素质，并且强化团队的建设管理。针对这一方面的工作，高校要注意以下几点：第一，要建立一个专门的资助育人管理的机构或部门，这样便能够有一个专门的机构对资助育人工作进行统筹策划，保证资助育人工作能顺利、高效地展开。第二，要强化专职性的资助团队。高校在开展资助育人工作时，一般都是由各班的辅导员组织，缺乏专业性，时间也不充足，这就需要学校建立一个专职的资助团队，与辅导员积极地进行工作交接，二者相辅相成开展工作，以保证资助育人工作的顺利展开。此外，还要重视培养工作人员精准扶贫的意识，确保高校内的相关政策都能够正确落实。第三，可以组建大学生兼职资助工作团队。高校在培养学生精准扶贫思想时，可以通过构建由学生和教师一同组成的兼职资助团队，来帮助学生更多地切身体会资助工作的开展过程，加深学生对于精准扶贫的感受与了解，保证扶贫工作高效进行，这

也能够进一步促进扶贫对象的精准识别。

3. 建立动态化的资助管理系统

精准管理工作对于提升资助育人工作的效率和质量有着很大的帮助。在日后的发展中，高校应该建立一定的动态化的资助管理系统，利用信息化的方式来实现对学生信息的整理与归纳，在保证学生基本信息安全性的同时确保资助育人工作的准确性。建立动态化的管理系统，能够对学生各种相关的信息进行统一整理，能够帮助学校资助育人管理机构的工作人员更加了解学生的具体信息，也能够提高学生信息的准确性。另外，学校要对动态化的资助管理系统进行定期的整理和维护，及时更新学生的相关信息，这也有利于提高资助育人工作的效率和准确性。

4. 鼓励社会主体参与资助工作

想要更加高效、有质量地开展高校资助育人工作，前提就是要保证资金充足。一般学校的资助资金都是由国家拨款，因此国家的相关部门要制定一些政策，鼓励社会上的企业和个人采用更加多元化的资助方式对高校的贫困学生进行资助，丰富高校资助育人工作的资金。另外，高校也可以积极地与企业进行合作，推出一些措施，帮助学生顺利完成学业，让学生在企业中通过实践来实现资金的补充，这不仅能够保障学生的基本生活，提高学生的实践能力，增强他们的职业技能，促进学生综合能力的提升，还能够有效地解决学生毕业后的就业问题，给学生更加有力的保障。

三、立德树人新形势下的精准资助

（一）内涵与意义

2016 年两会期间，时任教育部副部长的杜玉波在答记者问中强调，“十三五”期间，我国学生资助工作的总体思路是：以实现“家庭经济困难学生资助全覆盖”为目标，以建立“精准资助”工作机制为抓手，紧紧围绕“立德树人”这个根本任务，不断创新资助育人途径和方式，努力开创学生资助工作新局面。通过分析“十三五”期间我国学生资助工作的总体思路，我们可以发现，精准资助是实现资助目标的有效途径，是工作的具体办法和机制，精准资助有利于保证每一个学生都平等地接受教育，通过经济资助、精神资助和能力培养资助实现高校立德树人根本任务，培养社会主义合格建设者和接班人。立德树人从字面意思来看即立德和树人，党的十八大提出，“把立德树人作为教育的根本任务，培养德智体美全面发展的社会主义建设者和接班人”，这是教育工作的根本任务，也是教育现代化的方向目标。立德树人在高校的实践就是教书育人，保证每个学生都能够公平地接受现代化知识和素质教育。目前，家庭经济困难学生人数约占高校在校生总人数的 20%，家庭经济困难学生基数庞大且差异较大，为了帮助这部分学生解决后顾之忧，使其在校园中快乐学习、健康成长，我们必须针对地区差异、致贫原因差异、家庭经济困难学生个体差异等，将他们分层分级，做到精准认定、精准帮扶、精准管理和精准育人，将精准资助工作理念融入高校教书育人工作的各个环节、各项举措和教育活动，切实做好国家精准扶贫工作，确保高质量打赢脱贫攻坚战。

（二）当前高校精准资助的困境与问题

“精准扶贫”是近年来国家反复倡导的重要思想，高校学生是未来社会发展的中坚力量，如何在高校中实现“精准扶贫”，用教育的力量防止贫困代际传递，切实打赢脱贫攻坚战，这也必然成了高校亟待思考和解决的问题，而解决的关键在于高校精准资助工作。现有的高校学生资助管理工作仍以“不让一个学生因家庭经济困难而失学”为目标，这就将资助工作重心放在了经济资助上，而忽略了家庭经济困难学生的心理和能力培养，单纯满足家庭经济困难学生的经济需求，容易导致一部分学生形成“依赖心理”，这部分学生思想消极，缺乏目标和生活、学习积极性，不利于养成健康人格、形成积极的理想信念、培育优良品德和培养较高的素质能力。单纯的经济资助工作已经无法满足当今社会的发展节奏及学生多元化的发展需求，构建高校资助育人工作新机制迫在眉睫。

在高校现行的资助工作中，我们发现主要存在以下三点问题：一是认定方面，单纯凭借高等学校学生及家庭情况调查表和学生自述家庭经济情况进行困难生资格及等级认定，没有考量区域差异及致困原因等，认定标准缺乏科学性及客观性；二是帮扶方面，单纯开展经济型资助，却没有经济型资助的标准与实施细则，实际工作中很难做到客观、理性，存在部分优秀学生或与辅导员关系紧密的学生重复接受资助而真正需要资助的学生得不到相应资助帮扶的问题；三是管理方面，对于家庭经济困难学生的管理缺乏长效机制，没有形成动态管理数据库，新致贫或脱贫学生数据没有在数据库中更新，导致资助工作不准确，有时还会因为操作不当、保护学生隐私意识不足而导致

数据泄露，影响学生在校正常学习、生活；四是育人方面，单纯为完成高校资助工作任务，达到各类“奖、助、贷”指标，而忽视他们的实际诉求，工作中缺乏有效心理疏导、诚信感恩教育和素质能力等方面的培养。这些问题都很可能导致家庭经济困难学生虽然得到国家资助但无法顺利完成学业，难以在社会中寻找到自身定位，这也与高校立德树人根本任务背道而驰，因此，我们需要在现有资助工作基础上总结经验和教训，在立德树人新形势下不断探索高校精准资助育人机制，坚决打赢脱贫攻坚战。

（三）立德树人新形势下高校精准资助育人机制的探索

1. 精准认定

高校贫困生资格及等级认定，主要依托盖有学生家庭所在地乡镇或街道民政部门印章的高等学校学生及家庭情况调查表，以及各高校所收集的家庭经济困难学生基础数据，虽然在操作中涉及民主评议与院校评定决议，但现实中各环节工作人员对于申请贫困认定的个体学生情况不了解或者了解信息片面，认定标准与实施细则缺乏客观性与操作性。这要求我们量化、细化、客观化认定标准，多维度立体全面了解学生家庭实际情况，建设困难生情况数据库。在此基础上，需要与银行、民政部门等单位的合作，共享学生信息数据，从生源地信息、家庭成员信息、固定资产、工资及消费水平等多角度量化学生困难指数，再加权计算困难程度分值，形成困难程度测评模型，保证认定结构的客观、科学与精准。2018 年教育部等六部门制定了《教育部等六部门关于做好家庭经济困难学生认定工作的指导意见》，新的高校家庭经济困难学生困难认定制度，简化了手续，高校将不再单一地以过去相关部门的证明为主要依据，学生不需要再在调查表上盖章，而是以申请学生的个人承诺及签字为依据，结合具体情况进行困难认定。盖章可以省，诚信却不能丢。该文件要求，填报虚假信息的，一经发现，不仅会被取消认定和受助资格，而且会留下个人诚信不良记录，承担相应责任。

2. 精准帮扶

家庭经济困难学生致困原因多样，他们的同一性在于经济困难，但经济困难常易引发多种问题，如心理困难、学业困难、发展困难等，且个体差异较大，所以在精准认定的基础上，还须以学生需求为导向，开展形式多样的资助帮扶教育活动。这要求我们在经济资助工作的基础上，注重思想政治教育、学生身心健康发展以及理想信念教育。习总书记强调“扶贫先扶志”，我们在开展精准帮扶时除了经济帮扶，还要给予学生更多的人文关怀与思想政治引导，鼓励学生将个人发展与国家发展相结合，立大志，立远志。在关注学生经济情况、学业发展的同时更关注学生个体差异，在“大水漫灌”的基础上开展“精准滴灌”，依托前期调研家庭经济困难学生数据、日常谈话及观察情况，针对不同类型学生采取个性化资助帮扶，促进帮扶精准化，真正解决好学生的思想问题和实际问题。

3. **精准管理**

高校资助常规工作都有一定的时间节点，但这并不代表资助工作只局限于这个时间节点，对于高校贫困学生的资助工作，应该是长效且深入的。高校精准资助工作长效机制必须建立在对贫困学生的精准管理上，特别是贫困学生的基础数据，必须实时更新，例如新增贫困学生及脱贫学生数据，以及学生家庭经济困难程度的变化等，每年至少更新一次。此外，贫困学生的在校表现、学业发展情况等，也需纳入精准管理，从学生入学困难资格及等级认定，到分类资助帮扶、过程反馈和榜样典型挖掘等，建立全过程动态管理机制，这有助于及时反馈资助工作实效，发现存在的问题，并针对特别情况及时调整和改善资助帮扶措施，实现动态管理，科学、高效地开展长效精准资助工作。

4. **精准育人**

党的十九大报告提出，注重扶贫同扶志、扶智相结合。习近平总书记强调，扶贫先扶志，扶贫必扶智。现在我国资助工作的目标已经从基本保障型资助发展为精准发展型资助，从确保不让一个学生因家庭经济困难而失学发展为帮助困难学生成人成才的高质量资助工作，这也是高校立德树人根本任务的体现和需要。正所谓“授人以鱼，不如授人以渔”，高校在开展常规资助育人工作的基础上，要鼓励学生在实践中长才干、增本领，通过鼓励学生参与各类实践活动，让学生在实践中达到知行合一，在实践中培养独立自主能力和自立自强精神，提高自身专业素养，促进自身综合素质能力的发展，同时，引导学生在实践中体味诚信意识的重要性，感知感恩教育的力量，使学生在自身受助发展的同时投入高校、社会资助育人工作，帮助更多的贫困学生群体脱贫，实现个人发展，促进资助育人长效机制的构建与完善。

第四章

新时代高职院校资助育人工作

第一节　精准资助育人

精准资助是精准脱贫的重要组成部分。在确保经济资助的基础上，全面推进就业实践，让贫困生有为、有位，让他们昂扬自信地走在实现美好生活愿望的征途上，是我们教育工作者的责任和担当。

在国家不断加大政策扶持力度的背景下，社会各界积极广泛参与，高校精准资助育人工作也不断改革创新，工作水平有了明显提升。但由于受多方因素的影响，高校资助育人工作在推进过程中仍然面临着诸多现实困境。在分析和把握诸多影响因素的前提下，高校要不断强化认识，总结实践经验，认真探索出精准资助育人工作的方法和路径。

一、强化精准资助育人理念

1. 巩固以人为本的资助育人理念

教育的对象是学生，教育工作者要树立以学生为本的教育发展理念。自“以人为本”的科学发展观被提出以来，我们开展教育工作便有了更加清晰、明确的方向。扎实开展资助育人工作，需要我们攻坚克难，需要社会多方积极有效配合，从理念到目标再到行动，不断强化认识，逐步建立以人为本的育人模式。巩固以人为本的资助育人理念需要把握好以下几个方面：

一是坚定育人方向。教育的发展一切以学生为中心，作为接受教育的主体，学生有必要结合党的大政方针充分了解国家的各项资助政策，深入学习相关理论政策，从而坚定理想信念和价值追求。坚持把以学生为工作中心作为促进学生发展的前进方向，在资助育人体系下努力将育人观念植入工作的全过程，让高校资助育人体系回归其本质意义与本真功能。高校在开展资助育人工作时，要从学生本身出发，在实施物质扶贫的同时，还要注重加强对学生精神的扶持，牢固树立学生自由而全面发展的理念。

二是明确育人目标。在资助育人工作开展的各环节，高校应该尽全力做到以生为重、以生为先、以生为主，促进学生的全面发展。在日常教学和思想引导过程中，高校应充分尊重教育教学规律和学生身心发展规律，围绕学生的身心全面发展，完善相应的支持措施，在资助育人工作的方方面面始终贯穿育人目标，着力解决“为了谁”的方向目标和价值追求问题。当资助育人工作者始终立足于受助学生群体实际开展工作时，以生为本的理念才会深刻反映在育人的成效中，从而才能在更大程度上帮助学生实现全方位发展。

三是把握育人核心。以人为本，实现学生自强自立。首先，资助育人工作者应该尝试走“进”学生，用“心”沟通。通过关注学生的学业和日常生活，尝试走“进”学生内心世界，充分了解学生心理健康状况，针对存在心理困惑的学生，要积极疏导其心理困惑，提供相应的咨询和服务，与受助学生建立良好的信任关系，帮助其端正生活态度，引导其树立正确的价值观念。通过开展形式多样、内容丰富的活动，引导学生从“心”出发，用“心”沟通，对学生做到关心、爱心、耐心、用心，既提升学生自身综合素质，又引导学生健康成长，实现全面发展。其次，以尊重学生为前提，加强素质养成教育。提升服务育人的能力和水平，构建“以学生为中心”的发展型资助育人体系，充分尊重学生在学习和生活中的发展需求。要通过诚信、感恩系列教育，强化受助学生的社会责任感和担当意识，加强素质养成培育。

2. 引入学生参与的资助育人理念

创新资助项目，鼓励学生参与。受助学生在资助工作中处于主体地位，在开展资助育人工作时，应积极引导受助学生参与进来，充分倾听、尊重他们的心声，在涉及自身利益的问题上保障学生的话语权，增强学生的主体角色意识和对政策的认同感，在资助项目的具体实施中使其找到归属感和满足感。由于高校学生家庭经济状况不同，学生民族、所学专业、性别等方面均存在差别，因此在针对资助对象确立资助项目时，相关工作人员应充分考虑以上现实因素，结合学生主体地位，引导、鼓励创新，开展有特色、有意义、有内涵的资助育人项目，促使学生思想从“被动”接受资助转向“主动”寻求发展转变，真正实现资助育人目标。

拓宽实践平台，激发学生热情。通过与受助学生交谈，可以明显感觉到他们对于改变当前窘迫的生活状况有着强烈的意愿和动机，部分学生提出想要参加一些实践性活动和项目来锻炼个人能力，但目前部分高校的资助模式缺乏让学生主动参与进来的内容和项目。为全面提升学生的综合素质能力，结合当下各高校的勤工助学项目，各高校可以尝试创新资助育人模式，拓宽学生参与实践的平台。根据受助学生的专业特点、能力特长、兴趣爱好，结合高校发展的实际需求，充分整合校内外资源，进一步深化校企、校地合作，多渠道、宽口径地拓宽学生实践平台。针对受助学生，增加勤工助学岗位，为受助学生提供实习实践机会，将助学岗位向服务型、实践型、就业型岗位转变。例如，在教师的指导下，组织部分学习能力较强的受助学生参与到教师的研究课题中来，使其负责部分研究及材料整理工作，这样既能帮助教师分担研究任务，又能提升学生自身学习和研究能力。学生参与勤工助学、社会实践，既给用人单位提供了人力支持，又可以满足学生物质经济方面的需求，增加学生的社会实践经历，提高学生技能水平，从而有效帮助受助学生顺利完成从学习者向职业人的过渡。

3. 树立以需求为导向的资助育人理念

以需求为导向，是深化和落实高校资助育人理念的重要表现形式。在开展资助育人工作过程中，相关工作人员应该时刻牢记育人的指导思想，准确把握学生的现实需求，科学、精准地实施不同的资助育人政策，这是学生实现全面发展的重要保障。树立以需求为导向的资助育人理念，需要重点把握内容、时间、层次三个方面。

首先，针对不同种类的需求开展对口精准资助。

一是针对有学业困难的贫困生开展学业帮扶。在大学阶段，大学生的主要任务是学习专业理论和技能，顺利完成学业任务。但在贫困生群体中，有相当一部分学生学业能力水平较低，学习效果欠佳。针对此类在学业方面存在困难的贫困生，高校可跨院系、分专业尝试建立以贫困生为主体的学习帮扶组织。该组织中包含两种角色：一种是学习成绩较好、能力较强的贫困生，这类学生可承担授课帮扶的角色；另一种是学习能力较弱、成绩欠佳的贫困生，这类学生可作为接受帮扶的对象。对他人进行授课帮扶的贫困生在帮扶他人的同时，既巩固了自身所学学业知识，又能获得一定的经济补助；成绩较差的贫困生也能通过此种形式得到帮助，提高学业水平，较好地实现贫困生内部互助的良性互动。

二是针对在思想和心理方面存在困惑和问题的贫困生，开展思想政治教育和相关素质养成教育。高校可以通过开展主题教育和素质拓展活动，端正受助学生思想，努力提高其道德水平，积极引导学生形成正确的思想观念和价值取向。高校应有效利用校内心理咨询室等平台，对在心理方面存在疑虑或者困扰的学生开展对口咨询和沟通谈话，对情况较为严重的学生，可与社会机构合作，进行专业性治疗。此外，还可鼓励学生参加课外竞赛，举办教育知识讲座，增强受助学生的自信心和感恩意识，培养、锻造学生自立自强的优良品质。

三是针对有就业困难的贫困生开展职业能力培训和职业素养教育。贫困生若要改变家庭经济状况，较为直接、有效的办法是提升自身能力，立足职业岗位获取劳动收入。在即将踏入社会的毕业阶段，集中师资和场地，对有迫切职业需求的贫困生开展技能培训和就业指导，能有效地为贫困生提供就业思路和平台，使其将知识和技能转化为财富，从而助其实现经济脱贫。另外，高校可在资助育人经费中划拨一定比例的经费，专门用于开展各类资助培训项目活动，实施就业指导培训，有条件地给予部分困难学生就业补贴。这样就把以往传统的高校单方面“给予”的资助模式转换成为高校和学生共同参与，以受助学生主动改变为前提的“能动”的资助育人模式。

四是针对地域或身体存在弱势的学生，给予更多的资助关怀。由于地域经济发展不平衡，部分经济欠发达地区的学生入学存在困难。高校招生录取过程中，应当结合实际情况，有计划地对教育资源稀缺或经济发展程度欠缺的地区适当给予优惠政策，为此类地区的学生提供更多入学接受教育的机会。优质的教育教学资源也应充分向经济、文化、教育欠发达地区渗透，这也符合教育公平的理念。对于身体残疾或存在局限的学生，高校应充分保障其在入学阶段的受教育权利，不能将此类学生拒之门外。

其次，需精准把握学生在不同时间段的需求。

第一，入学阶段。在学生入校之初，需要开展大量的统计、整理学生信息的工作，资助育人工作者可充分把握时机，对学生信息进行整理分类和摸底排查。一方面，为新生提供相应的物质资助，解决其经济困难问题，同时可通过入学心理测试，对学生的心理状况进行初步了解，对有明显心理问题的贫困生进行跟踪关注，有针对性地帮助其解决心理问题；另一方面，在对贫困生进行入学教育时，挖掘贫困生特长和潜能，培养其与他人沟通合作的能力，帮助其树立生活的信心。

第二，在校阶段。根据前期建立的贫困生资助档案卡，结合学生各类需求，有针对性地对学生开展各种资助活动，通过发放助学金、提供勤工助学岗位以及开展学业指导、心理教育、技能拓展等，提高受助学生的个人修养和综合能力。该阶段应注重加强与受助学生及其家庭的沟通，在工作推进过程的不同阶段要及时与受助学生家长交流，及时掌握受助学生的思想心理状况，以便实施动态管理，给予其更有针对性的帮助。

第三，毕业阶段。有效利用学校就业指导中心和众创空间资源，为即将毕业的受助学生提供职业面试技巧辅导和实习机会，为有进一步能力提升需求的学生积极创造条件。总之，资助育人工作应从时间发展角度准确把握学生从入学到步入社会各个阶段的不同发展需求，在其完成从学生到职场人过渡的重要人生阶段，准确发力，因人制宜，按需施助，积极引导学生实现全面发展。

最后，要认清学生的需求具有多层次性。由于经济方面受限，受助学生在多个方面的需求均不能得到有效满足。部分受助学生受困于焦虑的状态，无法满足基本的生活需求；在学习和生活方面，他们也会因物质生活的匮乏、理想与现实的差距，产生不平衡的心态和不安情绪，缺少安全感；在经济窘迫的现实状况下，不少学生内心敏感，容易产生自卑感和极端心理，因此在人际交往方面容易与他人产生矛盾和分歧，从而严重影响其社交需求的满足。他们渴望得到他人尊重，但又不愿向别人透露自己真实的经济状况，从而无法克服心理障碍，不能满足自身受尊重的需求。贫困生渴望实现自我发展，但是由于经济困难，他们的个人能力和发展机会都有所欠缺，自我实现需求不能得到保障。可见，贫困生的需求是多层次的，在当前高校资助育人体系的保障下，对受助学生的物质资助解除了部分贫困生在经济方面的担忧，也在一定程度上满足了其生理和安全需求，以需求为导向的资助育人工作的开展，使受助学生也可以实现更高层次的需求。

二、创新精准资助育人人才培养

1. 紧扣社会发展需求，改革创新人才培养模式

当前高校毕业生就业困难，对于贫困生而言，就业压力更为突出。不少高校在人才培养战略定位上逐步发生转变，以培养应用型、技能型人才为发展目标。结合社会经济发展趋势、行业发展动向和企业运营状况，高校可在人才培养方案中融入企业的特定培养目标，重视学生的能力、素质培养，将

课程设置、学时学分、素质教育等同市场需求和就业岗位变化紧密结合。高校要尝试以校企联合培养为桥梁，搭建校企共建合作的教育平台，充分调动企业参与育人的积极性。

2. 重视实践环节人才培养

为了改善受助学生的经济状况，提升其综合素质和能力，高校应该立足学校和地方经济发展需求，为学生开辟实习实践路径，向其提供实践型勤工助学岗位，将学生所学知识和实践活动有机结合，在为学生解决现实困境的同时满足社会对人才的需求。高校可充分借助勤工助学这一渠道，增设校内外服务性岗位，如助研、助管、助教等，贫困学生通过个人劳动付出获取合理合法报酬，在很大程度上可以改变学习、生活状况，还可扩展视野，培养自己的管理能力、人际交往能力和组织协调能力。另外，学校在与企业开展合作的过程中，可定时定量优先输送学习能力较强、综合素质过硬的贫困生参与合作项目的实践、实习。高校通过“产、学、研”深入结合，为受助学生参与社会实践带来更多可能，以提高学生实践能力，增强职业自信心。这样可较好地实现学以致用的素质教育培养目标。

3. 加强教学模式改革，采取多元化教学活动

在当前提倡将“应试教育”转变为“素质教育”的大环境下，高校作为教育的主要实施者，应鼓励教师积极转变教学思维，在原有的以教师为主体的单向授课教学模式的基础上，大胆尝试教学模式改革，重视学生在课堂上的主体地位，使学生不再局限于单纯的倾听者角色，而是集参与者、行动者、创造者多重角色于一身。学生在参与课堂内外教学活动期间，完成教师布置的任务，探讨解决知识难题，在巩固所学知识的同时，提升了自身实践能力。新的教学方式能够在形式上改变过去重知识教育、轻能力培养的情况，深入开展实践教学，加强教学的过程监管力度，从而真正做到学生所学知识与技能提升的有机结合。

4. 创新资助项目，鼓励参加学科专业技能竞赛

对在专业方面有兴趣或存在特长的受助学生，要充分挖掘其学习兴趣，鼓励其参加专业竞赛，组织教师对参赛学生进行辅导和培训。高校可组织各级学院设立竞赛管理组，通过设置相应的基金和奖项，创新资助项目，激励在精神文明、知识竞赛、学术科研、科技创新、文化创作等方面有突出表现的家庭经济困难学生，激发受助学生的积极性和主动性，培养、提升其职业技能水平，不断促进受助学生的个人成长，提高学生的社会实践能力、科技

创新能力和职业技能，有效地将资助育人与学风建设有机结合起来。

三、培育精准资助育人校园文化

1. 开展丰富的资助育人活动

高校作为思想高度活跃、包容、多样的社会育人场所，有着十分丰富的校园文化。开展资助工作，加强家庭经济困难学生思想素质教育，应充分利用校园文化建设这一平台，鼓励学生之间进行专业技能切磋、兴趣情感交流，多角度、多渠道帮助家庭经济困难学生建立起和谐的人际关系，提升沟通技巧，分享学习经验，减轻心理负担，全方位加强对学生的人文关怀。具体来说，可尝试开展如下校园活动：

（1）借助艺术普及活动，激发受助学生对“美”的追求。由于长期以来受家庭经济条件的制约，不少贫困生与艺术类活动接触甚少，由此形成的陌生感和距离感，使大多数贫困生对艺术只停留在欣赏层面，而没有勇气和信心参与其中。在大学生在校期间，学校内部可以定期举行各类校园活动，陶冶学生情操，从而得到广大学生的喜爱。学生对艺术类活动的追捧，源自人对美好事物的追求，贫困生同样有这种追求美好事物的意愿。资助育人工作者应结合这一情况，加强与学生社团、校外文艺组织的合作，尝试开展校园文化活动月、师生才艺交流茶话会等多种形式的活动，使艺术文化生活真正走进受助学生群体，培养其感悟生活、为追求美好生活而不懈奋斗的能力。这样方可让贫困生感受到自身得到尊重，不断提高贫困生的生活质量和自信心，激发其对“美”的人和事的追求，促进贫困生的全面发展。

（2）营造积极向上的学习氛围，坚持传授知识技术与提高学生素质“两手抓”。良好的学习环境对学生而言至关重要，高校要从软硬件设施和管理方面着手，学校实验室、图书馆、校园网应加大开放力度，始终保持良好的学习氛围和学习环境。高校可与学生社团和社会力量相衔接，通过开展“书香浸润校园”“好读书、读好书”“优秀经典诗文朗诵”“技能才艺展示”等活动，积极营造健康向上的学习氛围，借助丰富的活动内容，引导学生了解校园、了解行业、了解社会，培养学生勤奋好学的优良品质。

（3）发挥自强作风和榜样精神，开展舒心工程，让“爱”传递。让受助学生参与资助育人项目，积极培育其自我认同感和自我提升意识，是高校开展多项活动的出发点。近年来，部分高校通过开展校园“自强之星”评选、“勤工助学先进个人”评选等活动，挖掘了一批品质良好、作风优良的受助学生模范。高校通过举办国家奖学金获奖学生风采展、组织国家励志奖学金事迹报告会，树立良好的模范典型，以激励广大贫困生刻苦学习，培养其自信心，激发广大贫困生在生活上直面挫折，艰苦奋斗。另外，为了让受助学生进一步感受到“爱”的温暖，高校积极组织开展多项舒心、暖心工程，通过开展主题班会、心灵访谈、感恩讲座、心理咨询等活动，使受助学生真切地感受到来自周围师生的关爱和温暖，引导其掌握多种调整情绪的方法，引导其正确处理成才与贫困的关系。通过开展“送温暖”等活动，增进高校与学生、与学生家庭间的情感交流，使学生和家长更好地了解资助政策、体会资助温暖。

（4）积极开展校内外拓展活动，着力提升困难学生的综合素质。目前越来越多的学校青睐于组织素质拓展活动，通过这种真实的实践方式锻炼学生的综合素质。首先，部分拓展项目具有较高的难度，通过在拓展项目中参与和执行，学生可以有效地锻炼个人心理素质，强化社会适应能力；其次，顺利完成项目目标，能够极大地增强学生的个人自信心，充分激发学生无限潜能；再次，对存在惰性思维和懦弱心理的学生，实施针对性的项目训练，外在的压力和内在的自尊心迫使其突破自我，可以提升学生战胜困难、挫折的毅力；最后，通过项目之间的团队合作、共同努力，可使受助学生牢固树立集体责任意识和自信心。

2. 以法治思维开展资助育人工作

（1）资助育人工作需要一定的惩戒管理机制保障。首先，要规范引导不良行为。我们在研究贫困生接受资助的过程中，往往可以发现部分学生自身存在不良行为，如申请贫困资助名额时蓄意伪造认定材料、利用非正当手段作假、得到资助款项后挥霍浪费、拖欠或者拒还助学贷款等，这类行为严重影响了资助工作的进行，使相关管理人员在工作上陷入被动局面，也为高校甚至社会带来了一定的负面影响。引入必要的惩戒管理机制，可以在很大程度上整治学生的不良行为，及时制止学生错误做法，矫正学生错误思想和观念偏差。

（2）以法治思维开展资助育人工作，可以净化心灵和校园环境。对学生实施惩戒措施并非根本目的，工作中建立惩戒管理机制的重点在于加强对学生的警示作用，提醒学生明确把握是非尺度，及时纠正认知偏差和不良行为，这对促进资助育人管理工作整体的发展和整个校园秩序的净化具有重要作用。同时，要不断积极营造关爱贫困生的和谐校园氛围。在保障贫困生生活需求

的同时，应清醒地认识到学生还有“归属和爱”的需要。对学生不良行为的惩戒纠正是“法制”层面的具体措施，而实现互相关爱的和谐校园氛围，才是资助育人达到“法治”状态的奋斗目标。高校应注重以文化人、以文育人，深入开展形式多样的文化教育，高校师生应共同努力，积极营造温情互爱的和谐校园氛围，大力倡导艰苦奋斗、崇尚节俭的生活态度，注重伦理意识培养，师生间相互尊重、同学间互帮互助。特别是对于贫困生，要付诸更多的耐心和关怀，让其在校园真切感受到尊重与关爱，满足其“归属和爱”的需要，构建互爱、文明、和谐的良好校园环境。把规范管理的严格要求和春风化雨、润物无声的教育方式结合起来，加强教育立法，遵守大学章程，完善校规校纪，健全自律公约，加强法治教育，全面推进依法治教，促进教育治理能力和治理体系现代化，强化科学管理对道德涵育的保障功能，大力营造治理有方、管理到位、风清气正的育人环境。

四、构建精准资助育人课程体系

1. 开设资助帮扶课程

（1）丰富职业帮扶课程体系内涵。高校应从学生入学阶段开设职业帮扶相关课程，如在大一期间开设职业生涯规划课程，帮助受助学生树立正确的择业观，提前做好就业准备，在大三期间开设职业素养提升课程，为学生步入社会完成向职业人的转变提供帮扶支持。在此过程中，要避免空洞的课堂知识传授，而是要结合贫困生的不同个性特点和个人需求，有针对性地帮助、引导其确定自身事业发展目标，帮助其初步确立职业发展方向。针对受助学生个人差异，对其进行专业性的技术指导，制订个人成长计划，并细化计划的指标和措施，适时、适度作出合理安排和调整，加以学生之间相互监督、共同提升的监控机制作保障，逐步提高贫困学生职业生涯规划能力。

（2）加强实践技能课程训练。贫困生的实践创新能力较弱，个人技能水平有待进一步提升。依据这一现实状况，高校可从加强课程指导和课外训练入手：首先，立足贫困生的经济现状，在了解和掌握贫困生能力弱项的基础上，针对贫困生有计划地开设应用技能型素质教育课程，提高其应用技术水平和综合素质。其次，加强授课教学的改革和创新，讲授内容应充分贴近学生学习和生活实际，不断提升学生思考问题、分析问题的能力，实现课堂教学和技能实践齐头并进，鼓励学生利用所学理论知识灵活处理实践中遇到的问题，提升学生发现问题、思考问题、解决问题的能力和水平。从师资、经费、时间上加大对课程训练的支持力度，鼓励、支持学业成绩优秀、技能水平较强的学生参加科技文化创新、专业竞赛等活动，激发学生的创新热情。

2. 重视心理疏导课程

构建多层次的心理课程体系，打造完备的心理援助网络。一方面，应扩大现有课程规模，丰富课程内容体系。立足贫困学生这一群体，精准分析不同学生的心理状况特点，可以开设“资助育人”相关心理课程，结合国家和高校政策导向，深入挖掘感恩诚信、励志自强、节俭等主题，形成并完善具有国内资助工作通用指导意义的课程体系，帮助贫困学生解答心理困惑、舒缓心理压力。逐渐丰富课程内容，加强贫困学生的心理疏导和抵抗挫折能力教育，如采用实战演练、情景模拟等方式引导贫困学生进行心理上的自我认知、自我接纳和自我调整，增强他们的心理承受能力、自尊心和自信心，使他们更加积极、乐观地面对生活中的困难和挫折。另一方面，开辟心理任课教师线上课程辅导和援助形式。通过与学生深入交谈不难发现，不少贫困学生受自卑心理的影响，极少主动联系心理健康授课教师或心理咨询机构人员进行沟通咨询。根据此类情况，高校可尝试通过新媒体或者线上方式开展心理咨询相关服务，使一些不愿抛头露面、自尊心较强的贫困学生利用网络等新媒体方式寻求心理咨询和心理解困，任课教师也可结合课程内容对学生进行线上指导。同时，高校可结合课程特点和学生心理调查分析，扩充或更新课程网络资源，供学生进行线上自主学习。

3. 打造就业创业辅助课程

（1）制定专项提高职业能力课程模块。围绕贫困学生就业能力的提升，高校纷纷开设了相关职业素质教育课程，但此类课程包含内容较为丰富，由于授课过程中要统筹考虑内容整体性，就单独课程内容而言，并不能给学生提供过于翔实的讲解。高校可结合学生兴趣整合教师资源，有条件地开设专项提高职业能力课程，如对学生进行就业指导、个人内外素养提升拓展、面试技巧讲解等，提升贫困学生的求职能力和自信心。结合人才培养方案，开设对口培养的课程，加大对口培养的力度。贫困学生在完成该类课程的学习后，方可进入企业实习或工作，这也是提升学生职业能力的一种重要方式。在相关课程模块学习过程中，要注意引导贫困学生树立正确的就业观和价值观，鼓励其从小事做起、从细节做起，结合自身实际确立就业目标，端正就业心态。

（2）加强就业指导课程教学，优化课程师资配置。根据贫困学生在大学

学习期间不同阶段的学习特点，有计划、有选择地对其开展就业指导帮扶，开展形式多样的就业培训活动，耐心解答贫困学生对今后就业方向、岗位选择的疑惑，为其毕业上岗奠定良好的基础。目前，虽然众多高校均开设就业指导课程，但承担课程教学任务的大多为学校招生就业行政职员或兼任其他多种职务的管理人员，不同任课教师授课水平差异明显，对课程本质内涵的理解也参差不齐。根据教育部等相关部门要求，高校要充分重视就业指导课程教育，不断优化师资结构和课程管理，鼓励教师改进教学模式，在就业指导课程中把握整体，分类指导，重视对学生的个性化辅导；解放思想，创新教学方法和手段，在相关就业创业辅助课程中推陈出新，注重教学效果。

五、完善精准资助育人管理机制

1. 规范受助学生的认定

在资助育人工作的整个过程，对贫困学生的精准认定一直是工作开展的薄弱环节，精准认定工作在具体实施进程中存在诸多困难和阻力，这就要求高校逐步建立科学、规范、全面的家庭经济困难学生认定机制。建立完善的认定机构，需要建立学校—院系—班级三级认定机构，明确各层机构的任务和责任，从政策传达到指标落实等各个环节都要确保规范、有序。制定全面的认定标准，充分考虑家庭的其他经济负担、医疗费用、生源地城镇和农村最低生活保障线、就学地消费水平、家庭成员健康状况、家庭人口及供养关系、家庭收入、消费能力、资助需求、学生可支配收入、学生在校消费状况、学生的学习成绩、思想表现、已获得何种资助等，只有综合考虑各种因素，才能在最大程度上实现客观认定、公平认定。在秉承“公平、公开、公正”原则的基础上，在认定工作中应当培养相关工作人员的分析能力、数据处理能力，扎实开展民主评议和公示工作。政府要明确管理部门，加强监督管控，增强贫困生资料审核的科学性，维护和谐的资助环境。对高校而言，资助育人工作者要严格管理流程，定期对贫困学生的学业成绩、生活状态、心理健康、消费记录等进行观测和监督，及时、准确掌握学生的个人实际情况。对于申请贷款的学生，还要加强诚信还款教育，帮助其树立信用形象，建立良好的信用记录，主动积极地通过多渠道精准掌握学生的真实信息并及时更新。

2. 实现资助育人的发展性动态管理

资助育人是一项长期工程，伴随学生求学甚至求职的整个过程。高校资助育人工作者应该不断巩固发展性、连续性、长期性的资助育人工作观念，积极了解学生的真实想法，随时关注学生对资助政策的满意度，及时掌握学生的心理变化动态，在不同阶段实现对受助学生的跟踪管理。

首先，实现认定过程的动态性和灵活性。一般来说，随着客观生活环境和学生主观思想的不断变化，不同学生个体的实际情况会发生变化。因此，部分学生通过享受资助项目改变了生活状况，如有的学生通过接受资助实现家庭脱贫，有的学生通过勤工俭学改善了个人生活水平，此类情况应该及时登记在档案中，以便后期调整资助项目；部分学生在接受资助过程中出现了不良行为，如有的学生得到资助资金后挥霍浪费、盲目消费，有的学生违反校规受到行政处分等，针对此类行为，应该视情况考虑是否继续对学生进行资助；还有部分学生因为家庭或个人的突发情况出现严重困难，应考虑是否将其纳入资助范围。针对不同类型的学生，高校资助育人工作者要及时掌握他们的发展动态，实现精准定位，以便及时更新资助政策和措施。

其次，建立资助育人动态信息管理系统。当前的资助育人工作存在阶段性、滞后性的特点，为进一步巩固工作成效，应尝试建立并不断完善学生资助信息动态管理系统。利用系统数据分析对受助学生的个人状况进行动态管理，实现前期精准识别资助对象、中期精准判定资助方式、后期精准追踪资助效果。综合考虑、分析学生实际情况，运用系统平台实时监测学生信息，实现资助对象有进有出。同时，要建立线上线下相结合的监管机制，建立资助异常信息数据核查及通报制度，根据信息系统反馈情况，对学生相关情况进行走访、调查，确保受助学生信息真实、准确，一旦发现学生信息异常，要及时处理，保障整个资助育人环境风清气正。

最后，确立资助育人工作效果跟踪评估机制。为确保资助育人工作发挥最大效用，高校应对资助育人工作效果进行实时评价管理，根据受助学生在经济、心理、生活态度等方面的表现，做出相应改善决策。具体来说，应依托高校建立受助学生档案卡，定期、定量随机抽取一部分受助学生的档案，在完成相应的资助项目后，对其进行跟踪评估。借助微博、微信等新媒体平台及时掌握学生动态，也可通过家访的形式进行资格复查，一方面可检验该类学生在认定阶段是否合规、合理，另一方面可以更加充分、深入地了解学生个人实际状况，精准定位其发展需求。如在跟踪管理过程中遇到学习生活环境改善、综合素质提升的优秀受助学生，在征得学生本人同意的情况下，应充分挖掘其励志成才先进事迹，并将之作为典型加以宣传表彰，充分发挥

榜样的带动力量，鼓励更多受助学生积极实现自我价值，从而使得精准资助工作落到实处，更好地实现育人效果。

3. 逐步完善大数据共享机制

在社会经济发展水平较低、高校学生规模、学生需求较少的时期，高校内资助育人工作形式较为单一，资助资源较为固定，传统的分配方式能够做到一定的统筹性。但随着资助过程中不确定性和随机性因素的增加，传统的分配方式难以产生明显的资助育人成效。在当前社会发展形势下，借助大数据背景，采取量化积分模式实现资助资源分配，是大势所趋。具体来说，可以从以下几方面着手：

（1）动员社会多方参与，组建大数据共享网络。学生资助育人工作是一项庞大的系统性工作，单纯依靠高校力量难以实现工作效用最大化。在互联网高速发展的新形势下，开展相关资助育人工作可以有效联合金融部门、司法部门、社会保障部门等相关职能单位，以数据库建设为平台，以信息技术共享为手段，互通有无，通力协作，共同为高校精准资助育人工作服务。通过政府引领，在社会范围内构建“互联网+资助育人”理念；通过建立个人数据库，能够极大地提升资助育人工作管理的水平，也能在大学学习阶段甚至日后工作阶段对学生建立起约束管理机制，使学生自觉提升思想意识、规范自身行为。

（2）分时点、全方位构建学生数据管理平台。为保证资助育人工作的科学性，首先，在学生入学之前，高校可利用大数据平台从学生生源地相关部门获取学生家庭成员情况、家庭经济状况、消费水平情况、家庭受助情况等基本信息，依托数据进行分析和评定，初步判定受助学生的贫困水平。其次，在学生在校期间逐步充实、全面掌握其个人信息。可利用数据从三个方面把握学生基本情况：第一，学生消费情况，包括学生食堂就餐、超市购物、洗浴、缴纳网费、饭卡圈存等具体信息。第二，学生收入情况，包括学生在校期间获得奖学金、助学金、勤工助学酬劳、兼职酬劳等不同收入来源的具体类别以及数量。第三，其他在校表现情况，可以结合学生在校期间的综合表现和校方教育评价等进行分析。高校可利用学生绑定的“一卡通”或“校园卡”以及不同部门掌握的数据进行全面分析，全方位、多层次地掌握学生信息并获取有效数据。

（3）注重信息数据的时效性和统一性。学生资助信息管理平台可以根据学生的学习周期、学生困难程度、学生对资助需求的迫切程度，利用信息化手段对其进行量化积分排序，为保证排序的准确性和客观性，在下一个学习周期将再次结合学生状况进行量化积分排序，保证资助信息的时效性。为了实现学生信息在不同信息管理平台数据的统一性，高校应有效加强信息监管，采用技术手段实现数据之间的对比研究。

4. 改进资助育人管理方法

（1）构建资助育人工作大格局，将工作回归育人本质。在整体思路方面，要始终做到以学生为中心，将教育教学、科研建设、学生管理等方面的工作与资助育人工作充分、有机结合，实现资源利用的最大化，提升本校人才培养质量。在具体实施方面，要充分理解资助育人工作的内涵，转变工作管理方式，使各项资助工作回归到育人本质上。尝试使无偿的经济资助转为有偿的、育助结合性资助，将基本保障性资助转为发展激励性资助，将单纯的勤工助学资助转为丰富的创新创业资助等。如在校内建立用工服务中心，将助学基金的一部分用于日常学生用工的管理和维护，鼓励困难学生通过个人努力和付出满足自身需求。充分利用校外合作资源，鼓励学生参加实践性、拓展性、发展性的各类项目，解决个人困难，提升综合素质。

（2）全面推行和完善“座谈、电联、家访、备案、维护”五结合的工作方法。在对困难学生进行管理的整个过程中，高校资助育人工作者应该从实际出发，综合掌握学生信息，切实履行工作职责。具体到各工作环节，高校辅导员应发挥主力作用，积极组织学生干部深入课堂、宿舍、社团了解受助学生的一线动态，通过与学生谈心、座谈等途径，观察、了解学生的实际生活状态、个人消费水平、家庭经济困难程度；通过网络、电话等途径，向生源地相关职能部门了解当地居民的生活水平；通过家庭走访、电话沟通等形式，深入了解受助学生家庭生活状况，将受助学生的学习表现、消费水平、勤工助学等情况作为主要信息登记备案，公平、公正、公开地开展资助管理工作。在整个过程中，要加强对受助学生信息的跟进了解和维护，包括学生在校期间的综合测评表现、文体活动参加情况、专业学习情况、志愿服务情况、获奖情况、心理健康情况等，以便及时调整资助措施，为后期持续开展资助管理工作提供参考。

（3）创新贷款方式和还款机制。部分困难学生倾向于通过申请助学贷款的方式解决现实经济困难，此种方式能在较大程度上帮助学生解决燃眉之急，但就每年还款情况来看，延还贷款现象一直存在。在综合分析信贷投资风险和收益的基础上，相关信贷部门可以有计划、分阶段地尝试改变工作方式，

如试行担保贷款，一方面可为国家信贷部门降低资本风险，另一方面能从政策上约束学生个人行为，促使其及时还款，使得资助模式更加合理化、科学化。结合学生在校期间的综合表现和师生的意见评定，尝试对综合素质较强、品格良好的学生适当延长国家助学贷款的无息还款时间，既能减轻助学贷款学生的还款压力，又能维护银行的基本利益，还真正做到了从学生实际出发，实现了助学贷款机制的良性循环。

5. 强化落实资助育人工作制度建设

（1）从国家和政府层面来看，要在现有资助育人制度的基础上逐步优化细节规范。始终坚持以保障困难学生利益为政策的根本出发点，注重资助育人政策实施的效率和效果。综合考虑地域差异、高校类别及发展水平差异、学科专业差异及学生群体差异等因素，既要保障教育公平，又要有所侧重。制度建设应实现资助育人政策导向由单一、无偿的经济资助模式向拓展济困型、励志成才型、助业发展型等资助模式转变。积极探索和出台资助高校困难学生的相关指导性、纲领性文件法规，建立网络资助育人管理机制，既能对学生的行为进行有力监督，还能逐步规范资助育人工作者的工作方式和方法，为资助育人工作营造良好的法治环境，促使相关政策体系变得更加合理和完善。

（2）从高校层面来看，学校应不断加强制度建设。制定更加精准的贫困学生认定工作规范，有效完成初步的资助育人目标设立工作，配套制定完善的实施方案；严格规范学校至各院系的管理流程，在各环节确保信息通达和政策落地；加大对资助育人工作者的考核管理，保证人尽其用、物尽其用，更加清晰地彰显工作成效；完善管理机制，明确职责分工。细致划分困难学生的材料审核及助学贷款、奖（助）学金发放、还款等工作环节，在各环节培养专业的管理工作人员。同时，要建立资助育人工作项目统计保障机制，系统、全面地掌握学校资助项目的详细信息，避免资助资源的重复和遗漏。高校资助育人工作存在现实的特殊性，在工作落实的不同环节，会与金钱利益、学生权益、教育和社会公平产生密不可分的联系。为了最大限度地发挥工作成效，保障受助学生的切身利益，政府和高校要用法治思维指导资助工作，在相关法律和制度规范的约束下，严格执行、落实和开展资助工作；加强权力运行的制约和监督，防止专权、作假现象发生；对因自身主观因素给资助育人工作带来重大不良影响的个人，要依照法律法规严格处理；对存在伪造材料、弄虚作假的相关责任人，要严厉追究责任。

第二节　高职院校资助育人工作路径

一、高校管理育人

（一）学生管理工作

在国外，高校学生管理工作也叫作学生事务，工作内容包括招生、注册、专业选择、学生宿舍管理、就业以及学生健康服务、经济资助、心理咨询、法律服务、权益保护和社会活动等。我国学生管理工作是指高校专门设立相应的部门和人员，遵循我国教育规律，围绕学生的成长和成才而进行的有组织、有计划、有协调、有监督的活动，从而达到相应的学生管理目标。我国学生管理工作内容包括学生日常行为管理、思想教育、心理健康咨询、学生评优评先及学生资助、勤工助学、学生宿舍管理、学生社团及学生会活动等。

（二）管理育人的内涵

在厘定管理育人的内涵时，我们不得不分析管理育人的主体和客体。人们普遍认为，在学校中管理育人的主体就是学校的管理者、教师和其他教职工，因为他们每天都直接面对着一般意义上的管理育人客体——学生。其实，这样的分析显得过于武断和随意。结合管理和育人概念的分析理解，我们认为管理育人的内涵有以下几点：

首先，管理育人的主体和客体具有二重性。一方面，在管理育人过程中，学校管理者、教师和其他教职工等对学生具有主导性，但不能排除学生对学校管理者、教师和其他教职工的反作用；另一方面，管理主体和管理客体自身的外延具有不确定性，如一般意义上管理育人的客体——团体学生会或其他学生团体也发挥着管理育人主体的作用，而各种管理规章制度在约束管理客体的同时也对管理主体起着规范作用，这就使得这些规章制度在某种程度上成为物化的管理育人主体，而原本意义上的管理育人主体转变成了管理育人的客体。由此看来，这种主体和客体的二重性决定了在一定条件下二者是可以相互转化的。

其次，管理育人的时空具有延展性和连续性。其实，德育在管理育人实践活动中只占很小一部分。管理育人活动无论是在时间上还是在空间上，都具有无限延展性和连续性。根据马克思主义关于人的全面发展理论学说，人

类的进步是不断全面发展的过程。管理育人同样如此，并不是说管理育人的现实目标完成了管理育人的工作就终结了，其实我们所提出的管理育人理论与马克思主义关于人的全面发展理论是一脉相承的。当管理育人主体对客体施加有形或无形的影响后，管理客体不一定能当时产生预期的效果，但管理育人客体可能在不同的场合受到其他各种影响，也可能通过一段时间的自我反思和他人的影响而发生正向或反向变化。这就使得管理育人工作在不同的时间和不同的场合都在进行，不受时空的具体限制，因此，我们说管理育人的时空具有延展性和连续性。

最后，管理育人的成效具有不确定性。如何检验管理育人的成效以及如何确定是哪次活动产生怎样的效果都是很难的。这是由管理育人的核心——人的不确定性所决定的。由于人具有主观能动性，自身可以选择接受这样的或那样的思想和意识，而这些思想意识必然包含彼此矛盾和相悖的成分，因此很难保证一两次管理育人活动就能够产生预期的效果。而且在这个过程中，一些承担管理育人主体职责的人（育人对象的朋友、同学、亲人等）并没有意识到自己的主体身份和职责，即使他们能够意识到，也可能不会承担管理育人的职责甚至会产生负面影响，从而影响管理育人既定目标的实现。正如许多德育工作者感叹的那样：在学校辛辛苦苦说教五天，不如学生休息两天所接触的事物影响大。

综上所述，所谓管理育人，就是管理主体通过各种管理手段和方法，借助各种有利于育人目标实现的资源，对管理客体的思想观念、政治观点、道德意识施加影响，使之符合既定育人目标的动态过程。

（三）管理育人的内容

高校管理育人是一项极为庞大复杂的系统工程。因此，做好这项工程，不论是对高等教育的改革和发展，还是对培养社会主义事业需要的有用人才，都具有重大意义。这就需要全面的管理、精心的设计、较多的投入和大量深入且细致的工作。

1. 提高教育育人意识，增强教学管理责任

教师在教育活动中，首先，应有高度的教育教学责任感和事业心，不断提高自己的学识水平和专业技能，提高自己的思想政治和教育理论水平，认真履行育人职责。

其次，应树立教学管理的思想，做到热爱学生、关心学生、了解学生。

古人云“教不严，师之惰”，教师不仅要对学生严格要求，对自己也应当从严、从高要求。善为人师，一定要善于与人为师。在高标准、严要求的基础上，与学生交心知心，通过学生来提高自己。

再次，注意在严格管理的过程中探索一定的方法，对教学过程进行管理，而且敢于管理。在全面完成教学任务的同时，不忘实现教育教学的总目标，根据教育对象，把教育质量管理渗透到教育教学的整个过程和各个环节，在教学内容、教学方法、教学形式和教学组织上根据不同学生的特点，制订促进学生对知识的掌握和智能发展的教学管理计划，加强课堂纪律，保证教学秩序，提高教育质量。通过课堂教学管理，引导学生认真学习，激发学生内在潜力，调动学生自我学习的积极性和主动性。

最后，加强课后的监督管理，在课堂教学以外的其他教学活动或实践中，教师应根据各自课程的特点，采取一定的制度措施，制定适当的临时性教学管理规范，要求和督促学生按时完成学习任务，加强课后知识巩固，并对学生进行不定期抽查等，督促学生把理论与实践相结合，练就学生扎实的理论基础和过硬的实践技能。

2. 强化管理育人职能，发挥管理示范作用

管理者必须把党和国家的教育方针、政策与学校的具体实际相结合，把新的管理思想、管理技术和管理方法灵活运用到管理工作中去，运用学校管理制度认真而严格地进行管理，切实保证教育教学制度的贯彻执行，从而顺利实现管理育人目标。首先，管理者必须以身作则，带头遵守法纪法规，遵守和执行学校的规章制度。孔子曰：“其身正，不令而行，其身不正，虽令不从。”因此，管理者要“身正为范”，注意在被管理者中树立良好的形象，让被管理者在管理活动中在态度上由敬畏变为敬佩，在作为上由被动约束变为主动遵守，以提高管理效率，增强育人效果。其次，管理者在管理活动中必须深入实际，到基层中了解具体情况，熟悉管理对象。管理者只有深入具体的管理活动，耳濡目染，亲身体验，才能有针对性地做好管理和育人工作。毛主席就曾说过“没有调查，就没有发言权”。再次，管理者在执行制度过程中，要全面、广泛地宣传各项规章制度。规章制度的最终作用并不是惩处和惩罚，而是规范人们的行为，实现高校的人才培养目标。管理者必须按照教育方针始终如一地做好正面宣传，形成一种制度规范的育人气氛，引导广大学生对自己的行为进行规范，鼓励和督促学生为成为全面发展的合格人才勤奋努力。同时，管理者对学生不明白或不理解的规章制度要耐心细致地进行

解释，让学生能够心悦诚服地接受管理。最后，管理者在严格执行管理时要认真履行育人职责，要坚持把思想政治工作贯穿管理全过程，善于运用实例，采取多形式、多渠道进行教育管理，尽可能使其深入人心。对于学生学习、生活中出现的问题和困难，尽可能地帮助、协调、解决，使学生提高认识和清除顾虑，促使学生自我管理，自我提高。

3. 树立全员育人观念，形成全员育人合力

高校的根本任务是育人，要做好育人工作，就必须营造良好的育人条件。高校育人条件除了基本的物质条件外，也包括在校的各种教职员工在整个育人活动中的作用。高校教职员工的分工不同，使得他们在育人过程中自觉或不自觉地承担着不同角色，由于教学、管理和服务的目标是一致的，都是为了培养社会主义现代化建设的合格人才，因此，必须努力提高全校教职员工的育人意识，在全校范围内形成一个强大的育人合力。首先，在教职员工中开展职业道德教育，要求每个人爱岗敬业，尽职尽责，增强全心全意为人民服务的意识，发扬无私奉献的服务精神。其次，开展教职员工的行为规范教育，使他们带头遵纪守则，倡导求真务实、团结互助，增强他们的时间观念和效益观念。最后，把管理育人融入一切日常工作，努力探索全方位、多形式的育人手段和方法，由此推进管理育人工作进一步深化，为管理育人目标的实现奠定良好的基础。

4. 增强管理育人本领，提高管理育人队伍素质

高校的管理育人队伍一般由学校的管理干部、辅导员和其他后勤工作人员组成。坚持管理育人要立足于建设一支政治素质好、办事效率高、工作作风硬的管理育人队伍。因此，如果轻视管理育人队伍的建设，就不可能形成有效的管理，就无法实现预期的育人目标。这要求做到以下几点：一方面，抓好管理育人队伍建设要把提高队伍人员的政治素质放在首位。加强管理育人队伍的思想政治工作，坚持用中国特色社会主义理论武装头脑，要联系实际，特别是高等教育改革和发展的实际。坚持管理育人的正确政治方向，提高他们的政治素质，加强他们对管理育人重要性的认识，在增强自身政治建设和思想建设的同时增强他们的自觉性。另一方面，针对管理育人队伍的特点，抓住规律，把握规律，学习现代管理科学和思想政治教育学等学科的先进理论，并结合实际加以运用，从整体上提高自身的科学文化素质，用科学的方法来分析和解决问题，不断提高科学决策能力和育人工作水平。

5. 完善高校育人环境，实现管理育人效绩

高校管理育人工程要求高校必须创建良好的校园文化氛围和育人环境，以满足广大学生的物质文化和精神文化需求，激发广大学生的求知欲和创造欲，促进他们的个性发展和自我完善。一方面，高校管理育人工作者必须重视环境效益。实践表明，人对环境具有很强的敏感性，人创造环境，同样环境也在创造人。人在积极影响自然和社会的过程中，自然和社会也在改变着人的自身，发展着人的个性。也就是说，管理育人工作要引导学生主动建立适宜自己成长的环境，引导学生去改变环境、创造环境，投身于变革环境的活动，并在亲身实践中形成和造就新自我。另一方面，创建育人环境还必须十分重视硬件建设，提供良好的育人条件。在现代科学技术高度发达的今天，要培养出适合时代潮流的社会主义事业接班人，高校就要具有超前的意识，创建良好的育人环境，包括现代化的教育设备、高级语音教室、电化教学和一流的科研实验室等，使得广大学生能够在活泼、健康、和谐、向上的环境中学习、生活，最终实现管理育人根本目标的效绩最大化。

（四）管理育人的举措

新公共管理强调商业管理风格、顾客至上和市场竞争，高职教育作为准公共产品，以培养高质量技能型、应用型人才为办学宗旨，随着教育的不断深入改革以及学生思想的日益变化，学生管理工作面临着巨大的困难和挑战，传统的高职院校学生管理模式已无法适应当前形势下人才培养的需求。因此，借鉴新公共管理理念的技术和方法，引入“顾客至上”“以人为本”的管理理念，提倡目标管理方法，创新学生管理工作方式，是解决当前学生管理工作种种问题的新方法，也是时代与社会发展的客观要求。

1. 构建“以人为本”的管理体系

（1）树立以学生为主体的管理理念

在学生管理工作中，要树立以学生为主体的管理理念，明确学生的主体地位，关注学生的价值观、道德及人格发展，以促进学生的全面发展，提高学生的综合素质能力。具体包括以下三点：

一是要尊重学生。“以人为本”的管理理念是和谐师生关系的活力所在。在学生管理工作中，传统的强制管理已经不利于学生的健康发展，只有尊重学生，才能为学生营造一种宽松、和谐的发展氛围，使他们能够自由表达自己的想法，产生自我管理的意识。在实际工作中，尊重学生的关键在于管理

者不仅要了解学生，更要时刻从生活上关心他们，与他们真诚地交朋友，加强彼此之间的沟通和了解，通过换位思考来引导学生的健康成长。

二是要开展学生自我管理和自我服务工作。学生是教育的主体，自我管理的目的是激发学生的自主管理意识，培养学生的综合素质能力。在开展自我管理过程中，学生只有通过不断的自我认知、自我激励、自我修正、自我创新，才能最大限度地克服自身存在的不足，从而提升自身综合能力。比如，通过一系列的社会实践和勤工俭学活动，学生可以培养自己的独立自主能力，通过处理班级、社团、宿舍等人际关系，学生可以积累未来工作中处理人际关系的经验；通过参与不同专业或技能竞赛，学生可以培养自身的心理承受能力。在“以人为本”的学生管理工作中，学生工作管理者除了要促进大学生进行自我教育、自我管理外，还要引导他们进行自我服务和自我规划，使他们成为自己的“掌舵者”。在自我服务的过程中，学生只有通过不断的自我认识、自我激励、自我教育，才能最大限度地提高自己。因此，在引导学生走向正确道路的同时，要加强学生的自我服务工作。

三是要在日常教学中实践。在传统的教育模式中，学生接受专业知识时非常被动，在教学活动中教师有着至高无上的权威，学生缺乏主体意识，教师教授的内容，学生基本上全盘接受，没有发挥主体性。因此，高职院校要将“以人为本”的教育理念贯彻到日常教学中，在课堂上培养学生的主体意识，把学生被动的“要我学”思想转化为主动的“我要学”思想，这就要求教师改变教学方式，将单向传输的教学方式改变为师生交流、互动的双向过程。比如教师在上课时，应在课前让学生提前预习和收集资料，在教学过程中，采取学生讲述、同学间相互讨论的形式，整个教学环节以学生为主导，教师起到纠正错误、解答疑难问题的作用，以此促进教学质量的全面提升。

（2）培养学生的价值观和心理素质

大学阶段是学生价值观养成和发展的重要时期，在学生管理的过程中，对其进行社会主义核心价值观的教育，让学生加深对“中国梦”的理解，与学生加强互动，帮助迷茫的学生获得准确的方向定位，培养学生正确的价值观；通过正确的引导和组织公益活动，培养学生的责任心及正义感；通过宣传身边为理想而奋斗的人物的事迹激励学生，培养学生的自信心；通过组织内容丰富、形式多样的校园活动，培养学生开拓进取、勇于创新的精神。

（3）建立科学的学生管理制度

在高职院校中，要想让学生管理工作高效顺利地开展，务必要建立并完善学生管理制度。制定高职院校学生管理制度时应当结合高职院校学生的特点，充分体现高职院校的办学目的和办学要求，加强相关管理工作理论的体系化建设。虽然学校制定的管理制度无法符合每一位学生的实际情况，但是，我们应当不断改进和完善现有的规章制度，在跟随时代前进步伐的同时，最大限度地满足学生管理的和每个学生的需求。完善、严谨、符合学生需求的管理制度，应当是在实际工作中通过解决各种问题不断完善和改进的。

同时，学生管理制度要做到有法可依、有规可循、科学严谨、奖惩分明，而不是随意的、仓促的。随着管理理论的进步，高职院校要在学生管理制度中引入新公共管理理论中“以人为本”的服务理念，从管理学生转变为服务学生，形成师生之间相互沟通、相互协助的管理关系，而不再是强制性地管理学生。这种新型的管理模式是高职院校学生管理制度进步的核心。在学生管理工作中，制定一套科学、严谨、可行的、符合学生特点的学生管理制度，不仅能促进学生管理工作高效、顺利地进行，而且能够提高学生的综合素质和专业技能，以提高学生的就业竞争力。学生管理制度的建设和健全，要从以下几个方面着手：

一是要努力营造和谐的校风和优良的学风。和谐的校风和优良的学风是学生管理工作顺利进行的基础，好的校园文化环境，有助于学校对学生进行更有效的管理，也更容易达到预期的管理目标。因此，建设好的校风和学风尤为重要，一方面，在学生完成课堂学习的同时，学校要积极组织和举办各项学生活动，院系、团委、学生会、社团都应有符合自己特点的活动，且至少每学期组织一次，如办公室可以组织演讲比赛、辩论赛等，体育部可以组织一系列体育比赛等，还有各社团可以举办各类活动等，培养学生良好的兴趣爱好，提高学生的综合素质能力。另一方面，学校应举办不同类型的学术文化讲座，营造浓厚的学术氛围，一个好的学术氛围不仅能提高学生的文化素养和审美能力，更能增强学生的自制力，使他们能够愉快地、自觉地在学校参与各项学习活动以及第二课堂。综上所述，和谐良好的校风和学风，能让学生逐渐养成良好的生活习惯和学习习惯，提高学生综合素质能力和文化素养，这也将给学生管理工作创造一个良好的环境，将管理由强制转变成引导、教育，将教师管理变为学生的自我管理。

二是要完善学生综合素质评价体系，提升职业发展能力。教学工作中的课程体系建设、教学内容及教学环节的设计、教学环境以及师资配置等，都是影响学生综合素质养成的主要因素，而这些又与评价内容、评价标准和评

价方法相互对应。因此，过于单一的评价体系已经不能适应学生综合素质的培养，它必须以社会对人才培养的需求为基础，由企业专家和专任教师共同设计，保障学生综合素质评价的实用性和准确性。在学生综合素质评价内容上要确保全面性，涵盖综合素质教育的每一个环节，评价实施应与人才培养同步，突出过程的重要性，做到过程与结果相结合，体现职业能力培养的目标。评价体系的建立应以“校企合作”为基础，反映行业的需求，实现评价主体多样化、评价方法多元化，以推进学生综合素质的培养，提升学生职业发展的能力。

三是要努力开创学生管理工作全校齐抓新局面。学生管理工作并不能仅仅依靠学生工作部、团委等学生工作系统来完成，而是要与学校其他部门联合起来，共同协作，才能引导学生提高综合素质能力。因此，高职院校应该建立相应的工作制度，使每个部门都能明确自己在学生管理工作中所扮演的角色和应该完成的工作以及必须承担的责任，在学生管理工作中相互配合、相互协作，努力建立一个学生管理工作全校齐抓管理的新局面。

四是要强化学生管理工作安全机制建设。无论是本科院校还是高职院校，学生管理工作中最重要的工作就是安全工作，学生安全工作关系到家庭和社会稳定，安全问题是涉及每一个学生家庭的重大问题。学校必须建立相应的学生管理工作安全机制，要细化到学生在校学习和生活的方方面面，杜绝所有安全死角，以确保学生在学校能够安全、愉快地生活和学习。在具体工作实施中，要将学生安全工作责任落实到人，并通过学生工作部、后勤、保卫处以及各系部的互相配合对学生进行安全教育，做好学生安全教育工作。强化学生管理工作安全机制建设，是高职院校长期稳定发展的保障，也是高职院校学生管理工作顺利开展的基础。

五是要建立良好、有效的后勤服务保障机制。一个良好、有效的后勤服务保障机制，能够为学生营造良好的学习生活环境，对稳定学生情绪、进行更有效的管理有重要作用。建立良好、有效的后勤服务保障机制，可以从教室、食堂、学生宿舍等方面着手：改善教室环境，提高食堂就餐质量，对学生宿舍进行人性化管理。一个好的后勤服务保障机制，对维护学校正常教学和生活秩序的稳定、第二课堂活动的开展、学生宿舍安全管理等学生管理工作的正常开展，起着基础性的作用。

（4）构建具有高职院校特色的校园文化

校园文化不仅仅是物质文化，更不只是简单的校园活动，校园文化的建设包括物质文化建设、制度文化建设、行为文化建设和精神文化建设四个方面，是学校历史内涵的体现，更是学校内在发展的灵魂，影响着学生的价值观、思维方式和综合素质。校园文化建设要坚持社会主义核心价值观，加强校园环境建设和人文素质建设，提倡校企合作，企业文化进课堂，产业文化进校园，将高职院校建设成文化育人的地方，形成适合学生健康成长成才，符合社会用人需求的校园文化。

2. 实施目标管理方法

在学生管理工作中运用目标管理法，不仅可以规范学生管理工作，提高学生管理工作的效率，而且有利于学生的身心发展，能够促进学生养成良好的学习、生活习惯。

（1）构建科学、合理的目标

运用目标管理法制定学生管理工作的目标，要根据学校管理的目标以及学生的实际情况，以培养应用型人才为基础，对实际环境进行深入分析，保证可行性、可衡量性，并要防止轻视学生自我管理的倾向，目标制定得过低或者过高都会导致其失去意义。学生管理工作目标的明确清晰，需要学校管理者和学生管理人员的共同参与。

（2）明确目标实施主体的权利和责任

要落实目标管理工作，首先要明确目标实施主体的权利和责任，明确每个项目的负责人，将责任层层分解。明确校级负责人、院系责任人、学生工作处、团委、辅导员的责任分别是什么，做到职责明确，事事有人做，人人有事做，既要保证工作的顺利进行，又要减少“踢皮球”现象。

（3）注重目标过程控制

在目标实现过程中，管理工作者要对目标进行合理的控制，并根据学生实际情况做好预防措施，确保及时发现和解决问题，当管理目标与实际情况出现差距或者分歧时，及时做出纠正或调整，充分发挥管理工作者的管理作用，加强服务意识，提高管理工作的效率和质量。

3. 提高辅导员工作水平

辅导员在学生管理工作中扮演着十分重要的角色，是学生管理队伍最主要的组成部分，辅导员不仅是直接管理者和执行者，也是学生的引导人和朋友，他们要负责学生在学习和生活上的大大小小各种事情。因此，努力提高辅导员的工作能力，使他们胜任这个工作烦琐却又责任重大的学生管理者岗位，是提高高职院校的学生管理工作质量的重要举措。

（1）完善辅导员考核机制

在考核方面，要完善辅导员考核考勤制度，强化考核评比力度，并将考核结果与辅导员的职务聘任、各类评比、津贴等挂钩，做到有奖有罚，奖罚分明。对于考核结果不合格的辅导员，应当给予一定的处罚或解聘，以此在工作中形成一种竞争性的环境，以竞争来激励辅导员不断进步，不断提高自己的工作水平。同时，对于考核结果为优秀的辅导员，要及时进行表彰和奖励，为学校其他辅导员树立榜样，激励他人进步。另外，学校应加强对辅导员的培训，按不同专业背景对他们进行分类培训，并结合每个人的特点进行有针对性的培训，通过培训来提高他们的工作能力和自身素质，引导学生树立正确的人生观和价值观。

（2）提高辅导员选拔要求

由于学生管理工作涉及很多方面，因此在招聘辅导员的时候应将专业背景作为选择的重要依据，比如专业为思想政治教育专业、心理学专业、教育学专业、管理学专业等的应聘者要优先考虑。另外，高学历的应聘者也应该优先考虑。高学历的辅导员在专业管理及综合素质等方面都具有一定的优势。另外，在辅导员的配备上，辅导员与学生的人数比例不能大于1∶200，以保证每个院系每个班级都有辅导员。在辅导员年龄上，虽然目前高校辅导员呈年轻化趋势，但是经验丰富、年龄“较大”的辅导员依然要保持一定的比例，即要保持老、中、青辅导员一定的比例，以充分发挥不同年龄阶段辅导员的不同特色。

（3）培养稳定的辅导员队伍

从辅导员的流动性来看，高职院校应该培养一支高素质且较稳定的辅导员队伍。保持辅导员队伍的相对稳定性，对高职院校学生工作来说至关重要。因此，为了能让优秀的人才长期安心地工作，首先必须要增强辅导员对其职业的认同感，通过建立辅导员职业规划和职业晋升通道，尽可能通过激励留住优秀辅导员，并鼓励他们成为学生管理的专家，成为学生管理的中坚力量，以建立一支专业化、职业化的辅导员队伍。

二、高校思想政治教育育人

（一）新时代高校思想政治教育内涵

党的十八大后，众多有关高校思想政治工作路径和方法的论述，可以提炼为课程、校园、文化、"大思政"格局、信息技术、活动形式等多方面的育人理念。具体体现在以下几方面：

第一，课堂教学是主渠道。高校在着重强调"用好课堂教学这个主渠道"的同时，对不同的学科应实施不同的学科理论知识讲授方法，从而达到教育的目的，保证高校不同学科共同发展的整体性。习近平指出，逐步推进我国哲学社会科学学科体系的构建，构建哲学社会科学成果评价管理制度体系、丰富学术话语体系，形成有中国学派、中国风格的话语权思想政治语言体系，也可充分体现国家的话语权。要"完善教材体系"，推出高水平教材、教辅，同时对以往的统编教材提出更高的要求，充分体现"教材是国家事权"，必须在教材的使用上拥有坚定的政治立场。

第二，校园文化是重要的隐性教育资源。高校在新时代要更加注重文化建设对思想政治教育的重大影响，将其视为一种潜移默化的、重要的隐性教育资源。同时，习近平明确指出，要强化校园文化的育人作用，因此，高校要积极创建校园文化，积极开展不同形式的校园文化活动，促进学生身心的健康发展，鼓励学生积极参加高水平的校园文化活动和各类有意义的社会实践活动。

第三，"大思政"格局是重要的育人环境。习近平将高校思想政治教育拓宽到全党和全国层面。大学生是思想政治教育的核心，高校要始终坚持以学生为出发点，充分发挥学校、家庭、社会等多方资源优势。党的十八大召开后，政治生态、营商环境、社会风气得到明显改善，从而为高校的思想政治教育提供了参考，为高校改善育人环境提供了良好的条件。

第四，对信息技术的新要求。利用先进的网络信息技术手段，将思想政治工作与网络信息技术高度融合，构建高校思想政治工作联网线上体系。互联网信息技术革命是新时代下的主要趋势，高校思想政治工作也应做到推陈出新，与时俱进，将新的技术手段转化为推动高校思想教育开展最强有力的动力，使传统的思想政治工作方法得以创新，使教育教学工作变得生动有趣。

第五，构建多样化的活动形式。充分发挥家长、校友、企业、社会等多方资源优势，通过家校座谈会、家访等方式，充分调动家长的积极性，使其参与到学生思想政治教育的过程，使家长从"自愿参与"向"自觉参与"转变。在与高校合作挂牌的企业建立实践学习基地，开展企业讲座论坛进校园等活动，充分发挥企业育人的资源优势。根据高校实际情况有针对性地共建教育基地，组织学生参观纪念馆及爱国主题教育基地，开展寒暑期社会调研

等实践活动，最大限度地发挥社会多层次的教育资源，形成思想政治工作“从零到整”，学校、家长、企业、社会共同教育的发展体制。

（二）习近平关于新时代思想政治教育重要论述

习近平总书记在全国高校思想政治工作会议上提出，做好高校思想政治工作，要因事而化、因时而进、因势而新。把思想政治教育贯穿教育教学全过程，实现全程育人，全方位育人。要加强思想道德建设，大力弘扬民族精神和时代精神。具体有以下几个方面：

第一，教育强则国家强。高等教育发展水平是一个国家发展水平和发展潜力的重要标志。实现中华民族伟大复兴，教育的地位和作用不可忽视。当今我国对高等教育的需要比以往任何时候都更加迫切，对科学知识和卓越人才的渴求比以往任何时候都更加强烈。党中央作出加快建设世界一流大学和一流学科的战略决策，就是要提高我国高等教育发展水平，增强国家核心竞争力。

第二，我国独特的历史、独特的文化、独特的国情，决定了我国必须走自己的高等教育发展道路，扎实办好中国特色社会主义高校。我国高等教育发展方向要同我国发展的现实目标和未来方向紧密联系在一起，为人民服务，为中国共产党治国理政服务，为巩固和发展中国特色社会主义制度服务，为改革开放和社会主义现代化建设服务。

第三，我国高等教育肩负着培养德智体美全面发展的社会主义事业建设者和接班人的重大任务，必须坚持正确的政治方向。高校立身之本在于立德树人。办好我国高校，必须牢牢抓住全面提高人才培养能力这个核心，并以此带动高校其他工作。

第四，我们的高校是党领导下的高校，是中国特色社会主义高校。因此，必须坚持以马克思主义为指导，全面贯彻党的教育方针。要坚持用马克思主义理论武装头脑，为学生奠定科学的思想基础；要坚持培育和弘扬社会主义核心价值观；要坚持促进高校和谐稳定，培育理性平和的健康心态，加强人文关怀和心理疏导，把高校建设成为安定团结的模范之地；要坚持培育优良的校风和学风，使高校发展做到治理有方、管理到位、风清气正。

第五，思想政治工作从根本上来说是做人的工作，必须围绕学生、关照学生、服务学生，不断提高学生的思想水平、政治觉悟、道德品质、文化素养，让学生成为德才兼备、全面发展的人才。

第六，要教育、引导学生正确认识世界和中国发展大势，认识和把握人类社会发展的历史必然性，认识和把握中国特色社会主义的历史必然性，不断树立为共产主义远大理想和中国特色社会主义共同理想而奋斗的信念和信心；正确认识中国特色，全面、客观地认识当代中国、看待外部世界；正确认识时代责任和历史使命，为学生树立正确理想，进行信念教育，激励学生自觉把个人的理想追求融入国家和民族的事业。

第七，做好高校思想政治工作，要因事而化、因时而进、因势而新。要遵循思想政治工作规律、教书育人规律、学生成长规律，不断提高工作能力和水平。

第八，传道者自己首先要明道、信道。高校教师只有坚持教育者先受教育这一原则，才能更好地教书育人，要加强师德师风建设，坚持教书和育人相统一，坚持言传和身教相统一，坚持潜心问道和关注社会相统一，坚持学术自由和学术规范相统一，引导广大教师以德立身、以德立学、以德施教。

第九，办好我国高等教育，必须坚持党的领导，牢牢掌握党对高校工作的领导权，使高校成为坚持党的领导的坚强阵地。党委要保证高校的正确办学方向，掌握高校思想政治工作主导权，保证高校始终成为培养社会主义事业建设者和接班人的坚强阵地。

第十，提高思想政治工作者自身素质，要拓宽视野，抓好教育培训，强化实践锻炼，健全激励机制，整体推进高校党政干部和共青团干部、思想政治理论课教师和哲学社会科学课教师、辅导员和心理咨询教师等队伍建设，保证教育队伍的充足性。

（三）新时代对高校思想政治教育方法的新要求

高校思想政治教育是一项系统工程，决定了高校人才培养质量、渠道，以及人才培养的重要作用等。因此，高校思想政治教育必须发挥思想政治教育的基本规律，结合学生自身的成长规律，采取科学的教育方法，创造良好的政治教育环境。具体来说有以下几点：

1. 坚持以学生为中心

高校思想政治教育从根本上讲是将学生作为教育主体，关心学生，为学生服务，致力于提高学生的思想水平、文化素养等，让学生得到全面发展。

（1）围绕学生

围绕学生，就是将学生作为教学主体，制定具体教学目标，改变传统的

教学观念，开展多种形式的教学活动。同时，确定教育对象是人，落脚点和着力点也是人，一切环节都是围绕人开展的。以学生事务为抓手，关心、帮助学生解决思想问题和实际问题。围绕学生的关键在于“因材施教”：首先，要善于把握学生的需求点、兴奋点，增强其获得感、共鸣感。高等职业教育工作者在具体工作中绝不可空洞说教、单向灌输，而是要结合具体事务与学生沟通、交流、合作，通过科学管理、真诚服务和因材施教的方法，实现动之以情、晓之以理、明之以法、帮之以义的育人效果。其次，引导学生树立正确的发展目标，让每个学生明确自身适合的且愿意为之奋斗的方向，从而提高大学生的职业能力。最后，高等职业教育工作者要终身学习，提高自身业务水平及思想水平，让自己做到始终能和大学生站在相同立场，贴近大学生的真实想法，了解大学生的生活情况，了解大学生的真情实感。在建立科学化管理制度的同时，使大学生提高自身的存在感与认同感，相对减轻大学生心理层面的负担与压力，更好地优化以学生为中心的教育环境，提高育人效果。

（2）关照学生

关照学生，就是掌握学生的需求，分析学生个体之间的差异，解决学生不同程度的实际问题。当代大学生需要被尊重，尊重人才是教育人的前提。高等职业教育工作者首先要做到充分尊重学生，让学生有自尊、自信，将教育者与学生放在平等的层面，将思想政治教育渗透到学生心坎儿里，使学生更容易理解与接受，这样的教育方法可以起到更好的教育效果。同时，教育工作者应当获得学生充分信任，在具体事务上做到“因事而化”“一事一化”，做到急学生之所急，想学生之所想，解学生之所困，只有教育方法得到学生的认可，才能与学生形成思想上的共鸣。关照学生的关键在于“因人而异”，要充分了解学生自身差异。同时，高等职业教育工作者要对学生的兴趣爱好、家庭状况、人际关系等进行深入了解。不同的家庭成长环境对学生心理的影响存在很大差异，应及时关注，采取跟踪式教育方法，这就要求教育工作者开展教育时采用因人而异的教育方法，从而增强思想政治教育的针对性和实效性。此外，要解决学生难题，深入学生当中，切身站在学生的立场考虑问题，了解学生在学习和生活中存在的问题。比如建立和完善困难大学生资助机制，建立以奖、助、贷、勤、补、免为主体的多元化资助体系，帮助贫困学生完成学业；完善就业指导体系，密切关注不同地区的人才需求度，了解不同学生的不同就业意向，动员高校、家庭乃至社会全员参与就业，从根本上解决就业难的问题；完善心理测评体系，建立跟踪式心理普查机制，时刻了解学生心理动态，切实提高教育的渗透性。

（3）服务学生

服务学生，首先要为学生提供多种形式的教学服务，建立新的实践平台，创造良好、和谐的校园环境。要优先利用好思想政治课堂这个主渠道，教师是关键。这就要求教师要提高亲和力和针对性，为学生的成长成才提供服务。充分考虑学生的接受能力，坚持理论和实践相统一，解决学生关注的实事热点问题。同时高等职业教育工作者要始终坚持以学生为中心的工作态度，在具体事务具体分析的前提下，更好地创新教育方法，开拓平台载体，提升自身工作效能，努力把学生纷繁复杂的事务安排得井然有序。服务学生的关键在于“因地制宜”。教育工作者要利用案例互动教学，将互联网线上线下渠道相结合，创建良好的校内外学习环境。由学生入学到毕业的一体化管理模式，能够进一步扩大网络思想政治教育的发展空间，加强高校主流媒体的吸引力和影响力，用学生喜欢的方式发挥学术讲座、论坛的作用，特别是要加强互联网教育工作载体建设，增加学生互动、社区、主题教育等形式，运用学生容易接受的形式开展教育工作，实现社会资源的优化配置。

2. 坚持目标导向

习近平总书记在全国高校思想政治工作会议上的重要讲话提出了“三个正确认识”，把认识中国特色和国际比较作为目标导向基础，把认识时代责任和历史使命作为目标导向的根本，把认识远大抱负和脚踏实地作为目标导向的重点。

（1）正确认识中国特色和国际比较

引导学生正确认识中国特色和国际比较，就是要求高等职业教育引导学生了解社会发展趋势，明确我国今后的发展方向。大学生是社会主义建设的重要组成部分，在学习过程中，树立社会主义远大目标，是社会主义发展新时代对大学生的最基本要求。

在课程安排上，高校不仅要注重我国传统文化教育，也要将传统文化与外来文化相结合，开展多种形式的专题讲座、增加政策性课程授课，进而适应社会的发展，加快教育方法创新。

（2）正确认识时代责任和历史使命

正确认识时代责任和历史使命，就是要求高等职业教育引导大学生认识时代赋予大学生的历史使命，从而为中华民族伟大复兴目标的实现提供支持。大学生所处的国际环境，决定了其承担的历史使命的特殊性和艰巨性。大学

生要担负起实现国家“第三步战略”和实现中华民族伟大复兴“中国梦”的历史责任。

因此，首先，必须使大学生牢记时代责任与历史使命。要引导大学生牢记使命，勇于承担。其次，要教育大学生将个人理想与中华民族利益统一起来。大学生的理想既是对自己未来的美好设想，更是对国家兴旺的期许。只有将个人发展与国家需要结合起来，个人理想的价值才能得以实现。大学生要勇于创新，乐于奉献。同时，高校要培养学生的创造力，挖掘其潜在力量，激发学生的创新活力，使其为“中国梦”的实现贡献才智。

（3）正确认识远大抱负和脚踏实地

正确认识远大抱负和脚踏实地，就是要求高校要教育和引导大学生理性地认识并立足于国情，树立为中国特色社会主义事业奋斗的理想，保持踏实肯干的优良作风，实实在在地实现这个崇高的理想。高校立身之本在于立德树人，因此要坚定不移地坚持社会主义办学方向，重视对学生的历史唯物观、责任感和使命感教育，改革和创新工作的方式方法，增强引领性、协同性、实践性、亲和力和针对性。

为此，高校必须充分利用并不断完善传统课堂的教育教学形式，同时，要坚持把思想政治元素融入专业课课堂，把德育元素贯穿教学各环节，使各门课程同向同行，相互协同，充分调动各种资源，构建理想信念“大教育”格局。要充分运用网络技术、各种自媒体平台，致力实现理想信念教育与信息技术相结合，提升学生参与的积极性。大学阶段，就是要激发大学生勤奋学习的动力，增长实现其理想的正能量。教师是大学生成长成才的“引路者”，因此，所有教师和教育工作者更要积极有为，与学生共命运，使学生树立正确的价值观，树立伟大的发展目标，从而为社会主义伟大事业做出更大的贡献，促进学生的全面发展。

3. 遵循规律育人意识

在学生成长成才的过程中，高校始终要遵循育人规律，在提高学生自身学习能力的同时，遵循思想政治工作规律，将多种教育方法与理念相结合，不断增加教育方法的新意，进一步扩大育人工作的影响力，使其融入学生学习、生活，并将“三全育人”融入育人体制，从而不断提高教育水平。

（1）遵循教书育人规律

遵循教书育人规律，即高校要发动全员的力量实现全员育人。高校的中心工作是教书育人，教书育人不仅要重视学生对知识的学习，更要教会学生如何做人做事，重视对学生全方位素质的培养，尤其是人文修养与科学素养。高校是人才培养的平台，首先应将思想理论教育融入传统教学实践，不断扩大高校思想政治教育的影响力，从而达到全员育人的目的。教书和育人，两者是相关联的，互相影响，要辩证地去分析。教书就是为了育人，育人则是在利用教书展现其重要作用。遵循教书育人规律首先要保证基本教学目标的实现，要充分发挥课堂教学的重要作用，不断加强和改进思想政治课的内容，扩大思想政治教育的影响力，使其更具有针对性地促进大学生的全面发展。而其他的课程，则需要在完成原有教育目标的基础上，也承担起育人的责任，与思想政治理论课相结合，不断扩大协同效应。思想政治课决定了育人的成效，同时，教师丰富的知识、良好的教学方法以及创新的教育理念等，都会起到重要的影响作用。

高校要根据当代学生思想观念，采取新的教育方法，充分调动学生的主观能动性。在加快改革创新的同时，不仅注重学生的知识学习，也要加强对学生的思想政治教育，扩大教育效果。受我国应试教育的影响，一些高校仍存在重视学习成绩、轻视育人的现象。部分教师仍认为只要完成教学任务，其他事情就与自己无关。高校思想政治工作，不仅需要思想政治教师的努力，也需要全校教职工共同努力。任课教师在教学活动中，为学生讲授知识，以身作则，用自己的实际行动去影响学生。而高校管理人员应树立新的管理模式，转变传统的管理理念，增强对学生的服务意识，增强自身的素质修养，满足学生的需求，创造更好的校园学习环境。后勤部门工作人员也应提高自身的道德素养，在工作中保持高度的热情，为学生提供热情的服务，提供强有力的后勤保障。只有全员合作，才能共同实现教学水平、服务水平的提升，从而为高校思想政治工作的开展提供支持。

（2）遵循学生成长规律

遵循学生成长规律，就是尽可能地达到全程育人的目标。高校的思想政治工作从根本上说是做人的工作，就是要将学生放在第一位，进一步地提升学生各方面的综合素质，促进学生全方位发展。现阶段的大学生大多数是“95 后”，甚至是“00 后”，学生的成长环境各不相同，由于家庭、社会环境等差异，学生的价值观和行为习惯也存在不同程度的差异。因此，只有掌握了不同学生的不同个性、特点及问题，才能更好地完成教育目标。

只有遵循学生自身的成长规律，结合学生成长的不同特点，才能充分调动学生自身的主观能动性，使学生始终保持良好的学习态度以及道德品质，

磨炼学生的意志，培养学生的品格，有利于更好地达到教育效果。

高校需尽可能地去引导大学生树立正确的价值观和正确的价值取向，提高自身综合素质。在学生发展过程中，教师应及时跟进，便于工作及时、准确地开展。例如，在新生入学阶段，一些学生在陌生的环境中难免出现些许不适情况；在毕业离校阶段，一些学生存在较大的就业压力，甚至对未来感到迷茫。在这些重要阶段，高校如果无法对学生的情况及时跟进并采取相应的对策，就很难把握学生未来的发展方向，在此过程中，学生自身也会产生较大的心理压力，这对高校的思想政治教育工作非常不利。因此，高校教师应先做好学生思想的引领者，再做学生成长成才的引路人，帮助学生释放内心的压力，使学生在积极向上的环境中成长。

（3）遵循思想政治工作规律

遵循思想政治工作规律，就是高校要尽可能地实现对人才全方位的培养。根据时代的发展需求，高校应在马克思主义经典理论的指导下，全面适应社会对人才培养的需要，从社会教育、环境影响、实践活动、自我修养等不同方面，不断提高学生的思想政治素质。进入21世纪后，高校思想政治教育方法呈现出特色化发展趋势，更接近学生生活，更关注人文精神，更注重学生心理健康。由此可见，创新高校思想政治教育方法，高校需要了解思想政治工作规律，加快改革创新，以达到全方位育人的目的。

第一，建立健全全方位的思想政治教育领导体制。加强党政工团学之间的合作，不断发挥高校全部教育人员的能动作用，尤其发挥党委领导的带头作用，加强各部门之间的合作，将多种手段相结合，拓展德育渠道，全面提升高校大学生的凝聚力及科学文化素养，强化思想道德教育，从而使大学生得到全面发展。

第二，打造一支有实力的师资队伍。高校应该根据人才培养计划，对教师队伍实施更严格的管理，不断提升教师自身能力水平。高校教师要承担起教育的责任，做到对每个学生负责，并与思想政治教师相互配合，为学生成才提供有力帮助。

第三，建立校园文化育人平台。建立全新的课堂学习基地，开展多种多样的校园文化活动，培养学生的意志力；建立网络思想政治课堂，占据网络思想政治授课新阵地，发挥隐性德育资源的优势。在重大事件、节日期间，扩大教学宣传力度，构建积极乐观的校园环境，将思想政治教育融入日常生活，将道德教育转化成学生的自觉性行为，使学生明确道德教育的重要性。

第四，加强校企合作，建立“大思想政治教育”模式。加强校企合作，有利于全面提高大学生的综合素质。在学生进入顶岗实习阶段，让学生学习优秀的企业文化，不仅能够提高学生的工作能力，还可以提高学生的积极性，强化其就业意识，增强学生的社会责任感。良好的校企合作环境更有利于高校思想政治教育方法的创新，能够充分发挥多种资源的合力作用，更好地带动学生自身全面提升。

（四）增加思想政治教育育人功能的有效途径

1. 树立科学的高校资助工作思想政治教育理念

理念是人类文明之光，没有理念的社会只能在黑暗中摸索，没有理念的高校办学必定是盲目的。

（1）坚持以人为本的思想政治教育理念

人的主体性是现代人最重要的观念之一，对人的主体性的呼唤与弘扬已成为这个时代的最强音。高校应确立以以人为本为核心思想的政治教育理念，并将其贯穿于整个资助工作过程。以人为本的教育理念，要求高校在思想政治教育中充分尊重大学生的主体地位。

开展资助工作时，教育者应首先通过多种渠道了解学生的家庭情况。在此基础上，学校应充分考虑学生在校期间的实际需求，实现对这些学生在经济层面、精神层面和心理层面的帮扶和引导，在公平、民主的氛围下对他们进行思想政治教育，这样的教育过程才是真正地坚持了以人为本。

高校学生资助工作的资助对象即家庭经济困难的学生，这是一个具有特殊性的群体，因此教育者要始终坚持以人为本。教育者在对这些家庭经济困难的学生开展思想政治教育前，要全面了解和掌握学生的思想和生活实际。只有这样，教育者才能体会和理解学生的行为特点、思想动态及心理特征，并通过沟通拉近与学生之间的距离，用信任获得学生的价值认同。同时，根据他们的年龄、心理等特征来选择有针对性的教育内容与形式，解决这些学生的经济贫困和精神贫困问题，最终实现帮助他们成长成才的目的。

（2）坚持全面性与针对性相结合的思想政治教育理念

家庭经济困难的学生既有共性，又各有各的特殊性。高校在资助育人的过程中，应针对其共性与特性，采用全面性和针对性相结合的育人方法。一方面，要加强全面性教育这一基本准则。它要求思想政治教育工作者必须做到两点：一是育人工作要面向全部的家庭经济困难学生。无论学生来自哪里，

家庭经济困难程度如何，也无论学生获得了多少资助和奖励，只要他们被认定为贫困生，就都应确认为帮扶对象，应该获得各个层面的教育和引导。二是思想政治教育的内容应符合家庭经济困难的学生全面发展的需求。思想政治教育的内容丰富多元，涵盖范围广。学生在完成学业的基础上接受思想政治教育，满足了学生全面发展的需求。因此，高校在对学生进行思想政治教育的过程中，不能偏重某一方面内容，而忽视其他方面内容，只有坚持全面性，才能更好地帮助家庭经济困难学生实现全面发展。另一方面，高校思想政治教育工作总会涉及不同的问题和挑战。这是因为我国是一个多民族国家，地区间发展也不平衡，加上人本身存在个体差异，家庭经济困难学生群体中的个体各有各的不同。教育者不能简单地统一教育方法，应坚持从学生的社会、家庭、成长经历等具体情况出发，有针对性地帮助学生解决困难，即做到精准育人。在育人过程中也应该有针对性地开展工作，采取符合学生实际情况的思想政治教育内容、方式和方法，真正实现高校思想政治教育工作的育人功能。

2. 加强高校资助工作中思想政治教育队伍建设

高校学生资助工作思想政治教育功能的实现，离不开职业化的工作队伍。高校资助育人工作是集学生管理、心理疏导、权益保护、思想教育和信息化平台建设于一体的系统工程。

目前，我国各高校均已成立相关资助机构，由专人负责资助工作，资助育人工作也成为各高校教育者必做的专项工作，这就大大地提升了资助育人的效率。因此，高校务必要建立一支专业化、高素质、有热情的资助工作队伍，确保高校思想政治教育工作的有效开展。

（1）完善资助工作机构，建设专业资助育人队伍

随着资助政策的不断深入、资助制度的全面推进、资助体系的不断完善，高校必须按照教育部有关文件精神的要求，根据本校学生资助工作的实际情况，设立专门资助机构，并组建一支专业化的资助育人工作队伍，以严肃工作纪律，提高工作效率。专业资助育人队伍应符合以下几点要求。首先，资助育人工作人员既要掌握国家高等教育的方针、政策及教育理念，还要熟悉我国高校学生资助政策。无论是对政策体系的微变，还是对工作技术的更新，都要具有相当的敏感性，即能够第一时间转变理念，宣传引导和答疑解惑。其次，资助育人工作人员应具有一定的思想政治教育经验和职业素养，对受助学生的心理变化、思想转变见微知著，能够运用思想政治教育的方式和方

法，帮助家庭经济困难的学生树立健康、积极、乐观向上的人生态度和价值取向。最后，资助育人工作人员要极具耐心，资助育人工作是一项整体性工程，从构建体系到完成育人，有着工期长、杂务多的特点，管理者也是服务者，有恒心、有责任心才能确保任务的顺利完成。在工作中管理者更要细心，资金分配和育人工作都来不得一点马虎。专业、独立的资助机构及专业化的资助队伍，是确保资助育人功能高效实现的前提。

除了专门的资助育人机构工作人员以外，还应该将高校各院系负责宣传引导和执行资助政策的工作人员纳入资助育人队伍，如高校辅导员等。辅导员平日里与学生接触最多，每天都在处理学生大大小小的问题，对学生各个方面的状态最为了解。作为资助育人工作中的一环，他们是整个资助育人过程和思想政治教育过程中最重要的、最有影响力的因素。从某种程度上讲，他们作为资助工作的执行者，在宣传资助政策、执行资助政策的同时，要兼顾学生心理健康、思想品德教育等方面的工作。把这些人纳入资助育人队伍，可以在整个资助育人的过程中实现资助和育人双重功能的结合。

（2）完善资助育人队伍的选拔和培养机制

高校学生资助工作具有很强的政策性和规范性，因此，在实际工作中，高校在选拔资助育人工作人员时，除了要考量其是否具备常规的工作技能、是否具有良好的个人素质，还要考量其是否具备一定的专业素质，比如对资助政策的理解能力、解释能力以及执行能力等。另外，在选拔资助育人工作人员时，还要考查他们能否在将资助政策落到实处时，有决心、有能力将家庭经济困难学生的思想政治教育工作方式方法融入其中，让受助学生明白和理解国家资助政策的重大意义和目的，从而实现资助育人的目的。

随着当今社会的不断发展，国家的资助政策及高校家庭经济困难学生所面临的问题和需求都会不断变化，这就要求高校在开展资助育人工作时要把握社会发展的节奏，建立有效的培养机制，比如定期推选一些优秀工作者进行深造和交流，提高个人在资助工作和育人工作方面的专业能力；定期为他们提供到其他高校交换学习的机会，使他们通过经验交流，不断提高个人的工作能力和水平。另外，高校还可以建立一定的激励机制，对于在资助育人方面有突出贡献的工作者，给予奖励，将其作为先进典型进行宣传推广等，以此提高资助育人队伍的工作积极性，鼓励他们积极提高自己的工作水平，以更好地做好资助育人工作。

(3) 构建高校与家庭的思想政治教育联动机制

家庭经济困难学生因家庭而“特殊”。这些家庭的脱贫问题，核心在于减轻家庭的因学负担和确保学生受教育成功并顺利就业。

高校作为资助工作的主体承担者，应该充分利用家庭教育的优势，与受助学生的家庭建立良好的思想政治教育联动机制，共同努力，做好受助学生的思想政治教育工作。比如，当家庭经济困难学生出现一些心理或者其他方面的问题时，高校可以通过与学生家长充分沟通，挖掘学生出现问题的真实原因，然后通过双方的共同教育和引导，帮助这些学生走出困境。

受助学生的家庭既是资助工作的对象，也是思想政治教育工作的承担者。面对受助学生遇到的一些问题，高校应考虑家庭因素，及时联系家长，共同做好学生的引导工作。比如，在学生入学之初，高校应对家长宣传国家相关资助政策，阐述校方资助体系、流程；学生在校期间高校应建立贫困生家庭动态管理档案；在资助工作中，高校应保障贫困生和在校生的权益。

3. 优化高校资助工作中思想政治教育内容

社会科学技术的快速发展，要求高校必须及时更新和优化家庭经济困难学生的思想政治教育内容。部分传统的教育内容已经不能解决学生的实际需求，只有贴合学生的实际情况，符合当今社会主流价值观的教育内容，才能真正起到引导和教育家庭经济困难学生的作用，最终实现学生个人的全面发展，确保思想政治教育的实效性。

(1) 加强家庭经济困难学生的自立自强教育

自立自强是当代大学生应该具备的优秀品质之一。自立，就是在学习和生活中有担当、有能力，靠个人的努力去解决各种各样的问题。自强，就是当遇到困难和挫折的时候，始终保持乐观的心态，用积极向上的态度、坚强的意志品质去面对和解决问题。培养高校学生自立自强的品质，一直是高校思想政治教育内容的一部分。实际上，高校家庭经济困难学生相较于普通学生，面临的困难更多，面临的挑战更大，更加需要对其进行正确的、积极向上的引导，培养其自立自强的品质，激发他们内在的信念、决心，使他们敢于面对困难，敢于担当，从而通过不懈的努力，实现个人进步和成长。

从实际调研中可以看到，一些家庭经济困难学生受各方面因素的影响，存在不自信、自卑、过度依赖、悲观、遇事退缩、心理压力过大等多种问题。为了更好地解决这些问题，高校在资助工作中也应该加强家庭经济困难学生的自立自强教育。比如，高校辅导员在日常工作中，应该多关注那些家庭经济困难学生的思想动态，多鼓励，多肯定，增强他们的自信心；在组织集体活动时，鼓励他们积极参加，挑战自我；当他们遇到困难的时候，引导他们勇敢坚强，培养他们积极向上的心态，提高他们独立处理问题的能力等。

（2）强化家庭经济困难学生的诚信教育

诚信自古以来就是中华民族的传统美德，是做人之本。“人而无信，不知其可也”“诚者，真实无妄之谓”，都是讲诚信的重要性的。随着当前信用社会的发展，诚信已经成为社会各个领域的立足之本。诚信就是中国现代社会人们合理行为能够产生的精神内质。

诚信是高校思想政治教育的立足之本，任何知识和能力的培养都离不开诚信这个前提。从横向来看，国家资助的前提就是诚信，认定贫困生的标准中首要的一点也是守信。但是，当前高校资助工作中学生不诚信的现象屡见不鲜，比如考试作弊、虚报个人家庭经济情况等，一些家庭经济困难学生还存在不还或不按时归还助学贷款的情况。在资助育人活动中强化诚实守信教育，将其内化为受助者的自身行为准则，高校应做到以下几点：首先，在全校范围内树立诚信典范。高校可以在各个院系推选出一些在诚信方面做得很优秀的模范代表，并大力宣传，使其发挥典范作用，对其他学生尤其是家庭经济困难学生进行引导。其次，针对家庭经济困难学生开展“诚信”主题活动。家庭经济困难学生往往具有一定的特殊性，高校在学生资助工作中，要充分考虑学生自身的具体情况和实际需求，定期开展诚信主题活动，宣传诚信理念并使学生将诚信逐渐内化为自身固有的品质。这类活动的形式非常多，比如辩论赛、集体签名、征文、网络话题讨论等。学生通过参加这些活动，会慢慢意识到诚信的重要性，并将诚信作为自己的行为准则。最后，高校应着力宣传诚信的重要意义，并建立诚信档案。在当今社会，没有信用的人很难立足，大到职业发展，小到日常消费，无一不需要诚信作为基础。在学生诚信档案的建立方面，部分高校已经走出了第一步，取得了不错的效果，值得借鉴。高校在资助过程中，可以将学生在校期间的各种表现量化为诚信度，将之作为学生就业时的筹码，为学生争取更好的就业机会，并以此激励学生做诚信人、为诚信事。

（3）加强家庭经济困难学生的感恩教育

党的十八大提出，高校要注重培养学生的社会责任感。教育部也指出，关心、帮助家庭经济困难学生是政府应尽的职责，但受助学生也要学会履行社会责任和义务。这就形成了一条可持续发展人才的培养途径和绿色资助工

作体系。资助资金在育人领域作用的最大限度发挥，就是通过开展学生的感恩教育实现的。国家的资助政策培养了学生的感恩意识，让他们明白，在他们的成长过程中，国家和社会给予了他们非常多的支持，高校和老师给予了他们非常多的帮助。作为家庭经济困难学生，他们应该心怀感恩。这样受助学生在成长成才后，将会不忘回报国家及社会各界对他们的关心和帮助，在他们遇到需要帮助的人的时候，不是冷眼旁观，而是愿意以一己之力去帮助他人。

高校在资助过程中对家庭经济困难学生感恩意识的培养，可以从以下几个方面着手。首先，营造良好的感恩氛围。高校可以在一些比较有意义的节日组织以感恩为主题的活动，让参加活动的学生可以从内心深处体会感恩的意义。其次，增强仪式感，促进感恩意识的强化。比如，家庭经济困难学生会接受多种形式的帮助，这些帮助应尽量以正式、庄重的活动形式来进行，以增强仪式感。仪式感会让受助学生形成深刻的印象，从而达到使学生常怀感恩之心的教育目的。最后，培养学生的社会责任感，组织公益实践活动。高校可以组织家庭经济困难学生参加各种社会及校内的勤工助学或献爱心活动，比如支教、照顾老人等，一方面可以锻炼学生的沟通能力、处理问题的能力，另一方面也可以使学生在活动中了解自己应尽的社会责任和应履行的社会义务。

（4）重视家庭经济困难学生的励志教育

大学阶段是大学生不断完善自我意识的阶段，遇到困难和挫折，很多时候他们并不能很好地解决。高校中的家庭经济困难学生往往要在生活中面对更多的困难和问题。一方面，他们要应对专业学习上的压力，另一方面，他们要承受家庭经济困难学生这个身份带来的心理压力。因此，对于家庭经济困难学生，高校在资助过程中要格外重视对他们的励志教育，用榜样的力量培养他们积极向上的心态，使他们坚强勇敢、不卑不亢，让他们明白只要通过自己的努力，任何困难都是可以克服的。当然，励志教育的方式有很多，比如组织播放励志题材的电影，开展励志书籍的读书会，或者树立校园励志典型人物等。这种显性的教育方式比较正面直观，但对受教育者的教育效果不能预测；相比之下，隐性的教育方式产生的效果可能更好一些，比如让学生以亲身体验的方式参与其中，将励志事迹编排成舞台剧目让学生参演，举办大型学校、家庭、社会的表彰大会，拍摄微视频等。活动的目的是以同理心影响学生的思想，提高这些家庭经济困难学生的抗挫折能力，使他们勇敢地面对生活，励志前行。

（5）增强家庭经济困难学生职业能力的培育

大学阶段是一个人知识积累、能力增长及三观确认的重要时期。一个人的职业道路选择很大程度上取决于他在大学阶段的能力储备。家庭经济困难学生通过高中时期的努力奋斗，进入大学生活，宽松自由的学习氛围和环境，以及身边各种各样的诱惑，慢慢地让部分家庭经济困难学生产生了茫然和懈怠的情绪，使他们在学习方面缺乏动力，在生活中松散懒惰，没有明确的努力奋斗目标。在大学这样一个对个人发展起决定性作用的阶段，高校在资助过程中，应加强对家庭经济困难学生的职业生涯规划教育，帮助他们树立正确的奋斗目标，加强他们的职业选择意识，培养他们的职业能力，帮助他们全面发展并顺利就业。具体工作可以从以下三个方面着手：

第一，在学生入学第一年即开展职业生涯规划教育，帮助家庭经济困难学生树立奋斗目标。家庭经济困难学生入学后，需要经过大约半年的时间适应大学生活，大一下学期开始，高校就可以开展专门针对家庭经济困难学生的职业生涯规划指导。首先，高校要让学生们了解自己在大学期间会学到的内容，未来可以从事的行业和职业，以及各行业和职业对于专业技能有怎样的要求等。其次，为了帮助他们实现自己的职业目标，高校还可以帮助他们细化个人的职业目标，将最终目标细化成阶段性目标。最终，通过高校的引导和启发，促进学生自发地为了个人职业目标的实现而努力学习专业知识，而不是茫然无措，虚度时光。

第二，学生在校期间，高校通过主题活动、专题培训及组建学生工作团队的方式，培养家庭经济困难学生的职业能力。首先，高校可以拿出一部分预算，为家庭经济困难学生提供专业课程如计算机知识、网络技能、交际技能等，或者其他能够提高动手能力和解决问题能力课程的学习机会。其次，高校在资助过程中，可以提供一些有技术含量的勤工助学机会，帮助家庭经济困难学生实现职业技能水平的提高。比如，为家庭经济困难学生寻求一些技术操作方面的“订单”，交给他们有偿完成，这样一方面可以缓解他们在经济上的压力，另一方面可以使他们的职业技术能力得到有效提高；高校还可以为家庭经济困难学生提供一些到企事业单位实习的机会，让他们提前积累工作经验，了解工作岗位对职业技能的要求，促进他们有目的、有计划地学习专业知识。通过在校期间职业技术能力的培养和锻炼，家庭经济困难学生能够在实践中认识到自己的优势和不足，主动地学习专业知识，不断提升自己的专业技能。

第三，就业时，给予家庭经济困难学生更多的关注。当前，应届毕业生就业难的问题一直存在，在这种大环境下，家庭经济困难学生并没有太多的竞争优势。高校在资助过程中，应根据家庭经济困难学生的自身情况，辅助学生补短板、强弱项，增强其信心，加强其实践能力和沟通能力。比如，对于参加过学校组织的在企事业单位实习活动的学生，应重点跟进他们在企业的实习情况，根据他们的实际表现，在毕业时向企业提供学生的在校表现记录和诚信档案，为这些学生进行就业推荐，争取让这些学生毕业后直接进入该企业工作；还可以集中几所高校的资源，开办高校家庭经济困难学生专场校园招聘会，为他们提供更多的就业机会等。

4. 创新高校资助工作中思想政治教育方法

（1）创新高校资助工作中思想政治教育方法的必要性

教育者要将教育内容有效地传递给受教育者，并实现教育目标，就务必采用合适的思想方法和教育手段，即思想政治教育方法。它是严谨的、科学的、实践性和操作性很强的科学手段。任何教育内容，如果没有正确的教育方法，就只能是空谈。只有通过一定的教育方式，将教育内容从教育者传递给受教育者，才能真正地实现教育的目的。一方面，社会的快速发展，带动校园环境的迅速变化，学生接触各种价值观、新思潮的途径非常多且具有即时性，学生们不同的生长经历、迥异的个性，形成了他们对事物的不同判断与见解，而传统的思想政治教育方式对家庭经济困难学生的引导和教育的实效性较差。另一方面，家庭经济困难学生的特殊性，要求高校在资助过程中必须处处留意学生的变化，不断地整合问题，有针对性地解决矛盾，真正起到引导和帮助学生成长成才的作用。高校只有及时掌握学生的思想状态，不断地创新方法，才能保证思想政治教育的实效性。

（2）利用共性，增强家庭经济困难学生间的相互教育

家庭经济困难学生确实有很多特殊性，他们相互间的不同形成了交往的隔阂；但家庭经济困难学生成长环境的相似性，又使得他们彼此更能理解和关注对方，对待事情能感同身受，易于沟通，因此其特殊性就变成了共性。学生之间因为相互信任而更加具有说服力，因此可以增加家庭经济困难学生之间的相互教育。具体包括以下两点：

一是增加家庭经济困难学生的集体交流活动。高校可以通过开展专门面向家庭经济困难学生的集体交流活动，促进学生们相互交流，引导他们相互引导和教育。在组织这种集体交流活动时，需要注意以下两个问题：

第一，活动的主题一定要积极、有意义。高校学生资助工作者可以在开展活动前进行需求调研，根据调研结果分析受资助学生目前急需解决的某些问题，然后根据需求选择参加的人员和活动开始的时间等。

第二，在开展这种交流活动的时候，要选定专门的负责人，以保证交流过程中的思想方向正确，确保交流的内容始终符合主题。另外，还要提前安排几个在某一方面表现比较好的同学，作为交流过程中学生们思考的引导者，使整个交流活动能够真正帮助学生增强信心、解决问题，用典型人物的力量感染学生，实现学生自我教育的目的。

二是增加家庭经济困难学生的集体实践活动。在学校建立家庭经济困难学生扶助机构，让更多的学生参与到学校的发展建设中来，增强其主人翁意识。组织家庭经济困难学生群体参加实践活动，让学生们在实践过程中共同锻炼、共同提高、相互鼓励、相互支持，从而培养其感恩意识、诚信意识，锻炼其坚强的意志品质，提升他们各方面的能力。

第一，组织家庭经济困难学生参加户外的拓展训练。参加由专业团队组织的拓展训练课程，可以有效地提升和强化学生的个人心理素质，激发他们的团队意识，使他们在实践中领悟若要达成目标，必须拼搏努力，克服困难，全力以赴的道理。这种体验式的实践活动，往往会给学生留下深刻的印象，其在活动中感受到的态度和观念，会深深地扎根在他们的心里，成为他们日后的行为准则。

第二，组织家庭经济困难学生参加爱心公益活动。高校可以与社会上的公益组织建立联系，定期带领家庭经济困难学生参加各种公益活动，比如去福利院做义工，去大型活动赛事做志愿者，给受灾地区做后期支持工作等，让学生在活动中学会换位思考，用心感受自己在受助的时候应该以怎么样的心态回报社会，回报国家；学习当自己成长成才之后应该以怎样的心态面对更多需要帮助的人、面对国家和社会对自己的期待。学生在公益活动的实践中，能够增强使命感和社会责任感，思考人生价值。活动结束后，高校还可以组织参加的学生进行分享，让学生们将自己的心得和感悟分享给大家。同时，听一听其他同学在活动中都有哪些收获。通过相互间的交流和分享，实现家庭经济困难学生彼此间的思想交流。

5. 建立高校资助工作中“精准育人”的思想政治教育工作体系

党的十九大报告指出，要优先发展教育事业，健全学生资助制度。高校要紧紧围绕和贯彻党的十九大精神，以“精准扶贫”思想理论为指引，结合

当代大学生群体的特点，有计划、有针对性地制订具有本校特色的资助方案，使学生资助资金发挥最大化效益，全面推进以“精准资助”为核心的高校学生资助工作。所谓“精准资助”，就是在资助工作中要“因地制宜”，即精准识别、精准管理、精准帮扶。在精准资助工作中，思想政治教育工作者应以社会主义核心价值观为引领，用高度的责任心、专业的工作态度、“因材施教”的精准方法，精准发挥思想政治教育的育人功能，建立“精准育人”的思想政治教育工作体系。

第一，整合家庭、社会、学校资源，形成合力，统筹规划资助育人方案，让社会、家庭、学生看到资金落实公平有径，育人实施真实有效。

第二，运用科学手段提高效率，第一时间形成资助体系和思想政治工作体系结合机制。一方面，在大数据的辅助下，资助工作的主体对象有时候是单独个体，有时候是具有相同特征的群体。同理，育人的对象也应该有针对性地划分为点和面，并以此细化育人方案，开展工作。另一方面，在精准资助落实过程中，增强学生的获得感、公平感、激励感等，精准运用思想政治教育方法对主体对象开展立德树人教育。

第三，精准检验资助效果，助力构建精准育人体系。学生受到资金资助、精神引领，是否学业无忧，是否能担当起责任，是否自立自强，是否感恩回馈等，既体现着资助的效益，即精准资助的效果，也展现了资助育人功能的实效。因此，建立跟踪式的育人机制是精准育人体系的重要组成部分，要形成“扶困助学—立德树人—感恩回馈”的资助育人体系。

三、高校就业教育育人

如何将社会主义核心价值观具体融入高校就业教育，需立足于我国高校就业教育开展的现状，探究基于核心价值观的就业教育发展对策，主要从加强就业教育理念认同、构建课程体系、师资体系和保障体系入手，为探索适合我国的就业教育发展道路提供一些有益借鉴。

（一）加强基于社会主义核心价值观的高校就业教育理念认同

1. 坚持以国家价值目标为根本

以国家价值目标为根本，坚持立德为先。社会主义核心价值观是当代中国精神的集中体现，国家层面的价值目标是核心价值观的最高表现，凝结着全体人民共同的价值追求。培育和践行社会主义核心价值观，必须以培养担当民族复兴大任的时代新人为着眼点。党中央高度重视落实和贯彻“立德树人”教育理念，党的十八大首次提出把“立德树人”作为教育的根本任务，要求教育要把握“育人为本、德育为先”的原则。党的十九大提出要培养担当民族复兴大任的时代新人，培养“又红又专”的社会主义建设者，培养有理想、有道德、有文化、有纪律的社会主义公民。“立德树人”是我国实行人才培养战略的核心，是提高教育实力和国际影响力的关键，是推进人才资源强国建设的动力。高校是实现“立德树人”的主阵地，而高校就业教育作为“立德树人”教育理念的一个重要体现，在就业教育顺应时代发展和教育改革的同时，要抓住社会主义核心价值观建设的根本，明确就业教育发展建设的出发点和落脚点，坚持落实德育为先的要求。

2. 坚持以社会价值目标为基础

以社会价值目标为基础，坚持价值渗透。社会主义核心价值观社会层面的价值目标指出，实现中华民族伟大复兴，是要构建一个自由、平等、公正、法治的文明社会，构筑一种新型的社会秩序，反映的是社会形态发展的核心价值诉求，这些价值观是形成文明社会良好秩序的价值基础。社会层面的价值目标要求高校用社会主义核心价值观引领就业教育和就业活动，把对学生的就业教育与新时代中国特色社会主义建设结合起来，把就业教育的重要性与实现全面建成小康社会目标、实现国家富强、中华民族伟大复兴“中国梦”结合起来。高校的就业教育建设也同样要在就业教育上实现良性教育，在课程方面，要将“自由、平等、公正、法治”的价值取向通过课程学习和实践渗透给学生；在就业教育方面，要帮助学生实现和谐就业，积极引导学生将自己的就业方向、专业知识和职业规划目标与社会发展需求有机统一，以期在实现自身价值的同时推动社会和谐发展。

3. 坚持以个人价值目标为依托

以个人价值目标为依托，坚持理想信念教育。大学生是实现中华民族伟大复兴“中国梦”的主力军，高校历来重视培育学生崇高的理想信念，同时重视引导大学生树立正确的就业理想。社会的发展给大学生就业带来机遇的同时，大学生的理想信念也随之改变，比如随着就业机会的增多，大学生更愿意选择到发达城市和地区、名牌企业就业或选择安逸稳定的“铁饭碗”工作，与之相反的是，虽然每年国家的援疆援藏支教、农村基层岗位都需要大量的高素质人才，但是选择从事此类工作的学生少之又少。为此，高校要积极培育和践行社会主义核心价值观，引导青年大学生树立为人民服务的理想

信念，使他们认识到基层工作的价值和意义并实际投身其中，实现适应国家需要、社会进步和个人发展的就业理想。大学生在就业过程中也应该审时度势，清醒、客观地看待自身的优缺点，提高自身就业能力、自身素质，根据实际情况及时调整就业目标。① 高校要贯彻“爱国、敬业、诚信、友善”八字方针，将其融入教育教学的各个环节，与思想政治教育融合，加强学生的理想价值教育，使学生实现职业生涯理想。

（二）构建基于社会主义核心价值观的高校就业教育课程体系

将社会主义核心价值观融入高校就业教育理论课程，是高校就业教育的宗旨。社会主义核心价值观融入高校就业教育，首要是融入思想政治理论课，加强学生思想政治教育，确保社会主义核心价值观为大学生所理性认知和接受。将社会主义核心价值观融入高校就业教育理论课，完成核心价值观由理论体系向教学体系的科学转化。②

1. 确立就业人才培养的课程建设目标

高校是培养和产生青年人才的基地，在实施人才强国战略中承担着重要责任。新时代下，社会对人才的需要是高校培养就业人才的“指南针”，为使高校就业教育育人目标与社会发展需求相适应，就业教育课程的建设要结合实际、结合新时代国情，就业课程内容、教学方式、培养标准要与就业市场需求相适应，服务于人才培养目标。首先，增强课程内容的实用性。就业教育课程的实用性主要是指，学生课程中所学的相关专业知识和理论在实际中对就业者的帮助程度和应用价值。完备的课程体系能够有效增强课程的实用性。其次，教学方式上推广体验式教学。以市场就业需求为导向，进行全面、多效的素质训练。最后，在培养标准上注重创新创业教育。以创业带动就业，强化学生的就业实践能力，实现缓解就业压力、培养与市场需求相匹配的人才的目标。

2. 建立以学生就业需求为导向的课程模块

就业教育课程要贯穿大学教育的全过程，遵循教育规律，注重大学生的自身发展需求，课程建设要与学生所学专业相互作用、相互促进，符合学生各个阶段的专业发展特点，贯穿学生各个阶段的学习生活。审视学生学科专

---

① 张天华，黄丽媛．基于社会主义核心价值观的高校就业教育对策分析［J］．沈阳师范大学学报：社会科学版，2017，41（5）：128－131.

② 同上。

业对应的就业领域，通过课程的实施，引导学生了解自己将要面对的就业岗位，并结合实际要求有针对性地开展学生的就业技能教育课程。以社会主义核心价值观为就业教育理论课程的纲领来优化课程计划、更新课程内容、增设心理辅导课程，及时拓展就业教育内容，在课程设置上突出马克思主义基础理论课程，明确主流意识。① 在此基础上，首先，在大一阶段应加强对学生的就业思想教育，坚持用科学的理论武装其头脑，立足核心价值观，开展树立正确世界观、人生观、价值观、就业观、职业道德观的理论课程，加强大学生就业意识的培养，使其树立正确的劳动观和远大理想，从事有益于社会的劳动，坚定为祖国的现代化建设奉献自己智慧和决心的信念。其次，在大二阶段应加强对学生的就业技能教育，开展就业形势分析、就业市场研究、求职技巧培养、职业技能培养等课程，培养学生强烈的事业心和责任感，使其掌握牢固的专业知识和技能。最后，在大三阶段，应开展就业实践课程，通过模拟真实就业活动、创业活动等课程，引导学生把握就业机会，积极投身社会实践，在实践中锻炼自己，从实际出发了解社会，充分解读当前就业趋势，培养学生脚踏实地的工作作风，使其摒弃安逸思想，积极进取，以此提高学生成功就业的概率。

3. 注重核心价值观与就业课程的内容融合

高校就业教育课程作为学生确立职业发展方向的风向标，要将社会主义核心价值观融入课程建设的全过程，在就业教育课程中加强学生对核心价值观的认同感。

首先，基于从国家层面标注的社会主义核心价值观的时代刻度，高校就业教育课程建设要着眼于高校转型的发展方向，立足于服务新时代中国特色社会主义建设，在课程教学中帮助学生正确分析就业形势和自身的职业发展趋势。就业教育课程在核心价值观引领下，除了要满足学生毕业即就业的需求外，还要以为学生在就业领域继续建功立业提供支持为核心目的，从而保证就业教育课程的可持续发展性和长远性。

其次，基于社会主义发展的价值取向，要时刻凸显社会主义核心价值观的主导地位，引导学生形成正确的人生观、世界观，培养其科学的职业观，使学生树立崇高的就业理想，服务社会，实现人生价值。在知识经济时代背

---

① 张天华，黄丽媛．基于社会主义核心价值观的高校就业教育对策分析［J］．沈阳师范大学学报：社会科学版，2017，41（5）：128－131.

景下，大学生不仅要成为一个就业者，更要成为职业领域的拓展者，为社会成员创造更多就业机会，促进社会和谐发展。

最后，从人全面发展的角度出发，将“先国后家”的中华民族优秀传统文化融入就业教育，深刻阐明当代践行社会主义核心价值观对国家发展、社会进步、实现人生价值的重要意义，使大学生充分认识到只有爱国才能承担时代赋予的使命、只有诚信才能营造良好的发展环境、只有敬业才能创造更大的人生价值、只有友善才能形成和谐的人际关系，使学生认识到践行社会主义核心价值观是国家发展和社会进步的需要，更是自身健康发展的重要基石，不断增强学生践行社会主义核心价值观的自觉性和责任感。

四、高校心理育人

（一）高校心理育人工作的政策引领

心理育人是新时代高校思想政治教育工作的重要育人要素，高校应积极发挥心理育人对时代新人的理想信念导向价值、道德人格塑造价值、积极行为激励价值、心理素质提升价值、健康心态培育与干预价值；应从完善心理育人工作机制、提高心理健康服务效果、注重心理思想政治课堂建设、增加心理育人活动吸引力、提高心理育人能力、构建心理育人协同体系等角度，促进新时代心理育人价值的实现。

2011 年，教育部发布的《普通高等学校学生心理健康教育工作基本建设标准（试行）》提到，高校在心理健康教育工作中要坚持以预防为主，通过新生心理普查、心理危机定期排查等途径和方式，及时发现学生中存在的心理危机情况。2012 年 11 月，党的十八大报告指出，要提高全体公民道德素质，加强和改进思想政治工作，注重人文关怀和心理疏导，培育理性平和、积极向上的社会心态。2016 年，习近平总书记在全国卫生与健康大会上强调，要加大心理健康问题基础性研究，做好心理健康知识和心理疾病科普工作，规范发展心理治疗、心理咨询等心理健康服务。

2017 年 2 月，中共中央、国务院印发了《关于加强和改进新形势下高校思想政治工作的意见》，明确高校应坚持“全员全过程全方位育人”原则，加强和改进思想政治工作。2017 年 12 月，教育部党组颁发的《高校思想政治工作质量提升工程实施纲要》明确指出，心理育人要坚持育心与育德相结合，加强人文关怀和心理疏导，深入构建教育教学、实践活动、咨询服务、预防干预、平台保障“五位一体”的心理健康教育工作格局。

2018 年 7 月，教育部颁发了《高等学校学生心理健康教育指导纲要》，明确指出高校要将心理育人作为立德树人的重要内容，将其视为提升思想政治教育工作质量的重要途径。高校要做到育心与育德相统一，利用人文关怀和心理疏导的工作方式，将育心和育德贯穿于高等学校育人的全过程。

国家关于心理育人的政策，从培养合格的社会主义建设者和接班人的高度确立了新时代高校心理育人的指导思想、总体目标、基本原则、主要任务、工作保障、组织实施，对于全面推进全员、全方位、全过程的高校心理育人工作具有指导意义。

（二）高校心理育人内涵

立德树人视域下的心理育人包含三重内涵：一是育人目标，即实现学生心理和人格健康发展，培养身心健康、人格健全的担当民族复兴大任的时代新人；二是育人内容，即培养学生哪些方面的心理品质，应与习近平总书记提出的时代新人应该具备的品质或特征相吻合；三是育人载体或方法，即通过心理的途径、方法或技术来育人，主要指通过心理健康教育、心理疏导等途径，应用心理学的相关技术与方法来达到育人的目的，为高校“如何培养人”提供重要的视角。综上，新时代高校心理育人要以马克思主义关于人的全面发展的理论为指导，在尊重学生成长成才规律和心理发展规律的基础上，把心理学原理与方法渗透到高校育人全过程，注重对教育对象的人文关怀和心理疏导，不仅帮助学生解决成长中的心理问题，更要培养学生良好的心理素质，使学生实现人格健全发展，培育其自尊自信、理性平和、积极向上的健康心态，实现“育心”与“育德”有机融合，最终将学生培养成可以担当民族复兴大任的时代新人。心理育人在把握和遵循学生成长规律的基础上，从关注学生的实际心理需求出发，注重对学生的认知、情感、意志、行为、人格与价值观等进行深层次的引导和干预，从心理层面推动和促进学生全面发展，培育学生良好、健康的心态。心理育人与立德树人之间具有内在关联，体现了育心与育德两者的内在统一：促进学生身心健康发展是立德树人的前提和基础，心理育人是落实立德树人根本任务、促进学生健康成长和全面发展的重要途径，心理育人的质量直接影响立德树人的成效；立德树人规定了心理育人的方向和内容，是心理育人最主要的价值生成，是心理育人重要的

价值旨归，两者的最终目标都是为了实现人的全面发展，培养担当民族复兴大任的时代新人。

（三）高校心理育人价值实现的路径探索

新时代下，高校应加强心理育人的顶层设计，遵循心理育人规律，加强对学生的人文关怀和心理疏导，深入构建一体化工作格局，实现心理育人的多层次推进，全面提高全体教师的心理育人能力，不断促进新时代高校心理育人质量的提升。

1. 完善心理育人工作机制，促进新时代心理育人规范化发展

完善高校心理育人工作机制是提高新时代心理育人质量的根本保障。一方面，教育主管部门要加强心理育人工作的顶层设计，对心理育人的经费、场地、人员配备等方面做出明确的制度规定和安排；针对当前心理育人的薄弱环节，应着力完善心理育人合力机制、管理运行机制、预警防控机制、心理危机快速反应机制、转介诊疗机制、家校合作机制等各类工作保障机制，确保高校心理育人工作得以有效开展。另一方面，应强化教师依法从教、依法执教的意识和理念，使教师在《中华人民共和国精神卫生法》的框架下开展心理育人工作，进一步厘清高校心理育人的工作边界与职责定位，明确工作内容和实施方式，遵守伦理道德规范，提高教师从事心理育人工作的法治意识。只有在法律允许的范围内对学生进行心理健康教育、辅导与干预，及时识别和转介超出工作边界范围的学生，才能更好地服务学生，帮助学生健康地成长成才，从而提高心理育人工作的规范性和科学性。

2. 提高心理咨询与危机干预实效性，促进心理育人服务质量的提升

高校应不断提高心理健康教育咨询中心的建设水平，除加强硬件设施的建设外，更要促进心理健康教育的内涵建设，更好地发挥其心理咨询、疏导、干预等服务功能，提高心理咨询服务的质量和心理危机防范与应对能力。一方面，提升心理咨询服务效果。在合力开展心理育人背景下，应积极促进心理健康教育教师的心理咨询与辅导员的谈心谈话相结合，积极促进家校合作与社会相关资源的整合利用。对有心理问题倾向的学生，进行有效干预与疏导，加强其与辅导员的双向互动，及时与家长沟通并获取家长支持；加强与专业医疗机构、社会心理服务机构的联动，及时评估、鉴别和转介有严重心理问题的学生。另一方面，完善心理危机防范和快速反应机制，这是提高心理育人质量的重要环节，应建立一个包括学校、学院、班级、宿舍在内的自上而下和自下而上的双向防范与快速反应机制。心理健康教育咨询中心应增强对学生心理问题排查的有效性，提高心理健康测评的覆盖面和科学性，确保心理健康筛查与评估的准确性。高校应进一步明确心理危机的干预流程，强化各个部门的协同联动与责任落实，畅通心理危机快速反应通道，全面提高心理危机防范和应对能力。

3. 增强心理思政课堂建设，促进心理育人教学的全覆盖

心理健康教育课程的教学是宣传与普及心理知识的重要途径，也是育人的重要平台和阵地，应该积极发挥心理课堂教学在心理育人中的主渠道作用。一方面，强化心理健康教育课程建设，找准思想政治教育的“映射点”。除了规范高校心理健康课程教材，采用灵活多样、喜闻乐见的教学方式，实现心理健康教育全过程、全方位覆盖外，更要注重挖掘心理健康课程中所蕴含的思想政治教育的“映射点”，如在心理课堂中引导学生正确看待群和已、得与失，帮助学生树立正确的成败观、恋爱观、学习观、友善观、诚信观和就业观等，把价值观教育渗透到心理健康教育课程中，最大限度地挖掘心理健康教育课程的育人资源。另一方面，加强其他学科的教学渗透，挖掘学科教学中隐性的心理育人元素。辅导员可利用主题班会或团体活动的契机开展心理育人活动；专业课教师则要增强心理育人意识，善于发现专业学科知识中蕴含的心理育人资源，把心理育人理念融入备课、教学以及课外交流的过程。同时，重视教师良好的心理状态和人格修养对学生成长的积极影响，发挥专业课教师心理育人的协同作用。

4. 增强心理育人活动吸引力，促进心理育人实践活动立体化开展

提高心理育人线上与线下活动吸引力，促进心理育人实践活动立体化开展。一方面，通过日常宣传活动，打造以心理健康教育为主题的精品活动，不断提炼心理健康教育活动特色，培育心理育人精品项目，提高心理活动吸引力。充分发挥校园活动作用，把心理育人有机地融入课堂、学生社团、社会实践、创业教育、实习支教、志愿服务以及校园环境建设等活动，渗透到学生的日常学习和生活中，潜移默化地对学生的心理和行为习惯产生积极影响，不断传播正能量，给予学生思想的熏陶、智慧的启迪和心灵的滋养。另一方面，把心理育人渗透到学生生活的“微空间”，打造线上线下心理育人“同心圆”。充分利用网络、广播、微信公众号、App（应用程序）等媒体资源，利用学生的碎片化时间，结合网络实时传播、无缝衔接的特点，通过视

频、音频等文化传播形式，积极创作以心理育人为主题的微电影、微课堂、微动漫和微公益广告等作品，积极营造心理育人的良好氛围，提高心理育人活动的吸引力。

5. 增强心理育人意识，全面提高全员心理育人能力

高校心理育人的理念应深入人心，只有提高全员的心理育人能力，才能为心理育人更好地发挥作用奠定坚实的基础。马克思在《关于费尔巴哈的提纲》中深刻指出："教育者本人一定是受教育的。"习近平总书记在全国高校思想政治工作会议上强调："必须坚持教育者先受教育。"教育者先受教育是思想政治教育的重要规律，也是心理育人的重要原则，它要求心理育人教育者首先接受相关教育，掌握心理育人的知识与技能。心理育人教育者队伍能力不足，是当前制约心理育人质量提升最大的短板。因此，必须全面提升心理育人教育者队伍的专业化水平，同时提高全体政治工作干部、专业课教师和学生朋辈等群体的辅助能力，使之成为心理育人的有益补充力量。心理育人教育者的相关能力应至少包含以下方面：掌握心理学、教育学、心理咨询和心理健康教育等相关专业知识；全面掌握学生心理发展规律，熟悉学生的个性心理差异和群体心理特点，不断研究新形势下学生的思想和心理动态；掌握心理育人的谈心谈话技巧、倾听与共情技能等。教育者应不断促进自身与受教育者的心理相容，在言谈举止、思想品质、个性品德等方面双向融合，形成心理上的和谐、情感上的相融和共鸣，引发心理育人的同频共振效应，从而发挥心理育人的最大效力。

6. 构筑"三全"心理育人模式，形成心理育人的合力

增强心理育人的合力，形成"三全"心理育人的新格局，突出全方位性、全程性和全员性的特点。第一，心理育人的全方位性体现为"两个渗透"：把心理育人全面渗透到课程、实践、管理、资助、服务等育人体系，形成育人合力；把心理育人渗透到学生学习、生活、社会实践、校园文化活动的方方面面，全面促进学生成长成才。第二，心理育人的全程性体现为"两个贯穿"：贯穿学生心理发展的不同阶段，不同年级、专业和群体采用不同的育人重点和方法，结合学生心理特点因材施教；贯穿学生心理发展全过程，实现对学生的认知、情感、意志、价值观、行为与人格等微观心理的教育与引领。第三，心理育人的全员性体现为"六个涵盖"，即涵盖心理健康教育专职教师、一线辅导员、行政人员、专业课教师、学生朋辈以及学生个体。不同的心理育人主体在心理育人的不同方面发挥着不同作用，要增进协同，形成合力育人的良好格局。

五、高校校企合作育人

（一）高等职业院校校企合作育人机制

1. 高等职业院校是校企合作育人机制的核心

鉴于目前的就业环境、创业趋势以及社会的综合发展情况，高等教育仍然肩负着人才培养的重任，高等学校尤其是高等职业院校，应以培养综合能力和实践能力高度复合的应用型人才为目标。高等职业院校在校企合作育人机制的构建中应该发挥机制的核心作用，注重人才质量培养，完善人才培养目标，加强师资队伍建设，主动与行业企业联系，紧跟时代步伐，以保证所培养的人才符合生产发展的要求。

2. 行业企业是校企合作育人机制的主体

澳大利亚 TAFE（职业技术教育学院）校企合作以“企业为主”，具有明显的行业企业主导特征，行业企业全程参与合作课程设置、师资建设和重要的教学质量评估工作，因而使澳大利亚 TAFE 的校企合作成为闻名全球的校企合作模式。在我国高等职业院校校企合作育人机制的构建中，行业企业也应成为发挥主体作用的重要要素，企业要与应用型高校积极做好对接工作，根据企业发展需求探求人才，只有企业参与到校企合作育人中，企业所需求的应用型人才才能真正地被培养出来。同时，企业应意识到自身作为现代社会发展的一分子，理应兼顾自己的社会责任，只有这样的企业，才能在历史发展的长河中处于永续发展的位置并实现自身价值。

3. 政府是校企合作育人机制的保障

校企合作育人机制发展到今天，已经不仅仅是教育界的问题，而是关乎社会发展的公共问题，因此从国家的角度出发，给予审视保障和宏观导向，是校企合作育人机制深度发展的“强心剂”。政府及相关教育部门应发挥保障作用，通过确立相关制度、协调和监督来保障校企合作育人机制长期稳定地可持续发展；出台相关法律法规，以保障校企合作育人机制的实施有法可依，运行更加合理合法；宏观协调校企合作育人机制的多方利益主体，联动多方进行共同治理，在保障各方利益的基础上优化校企合作育人机制；探索多渠道经费补给保障机制。

（二）高等职业院校大力加强内涵发展平台

1. 立足教育本质，完善人才培养体系

高校作为人才培养的最重要的阵地，有义务为社会的发展输送高质量人才，高等职业院校的根本任务就是为社会培养高素质应用型创新人才。只有人才的创新才能促进我国对核心技术的掌握，使我国拥有更多自主知识产权，提高经济发展的水平，提高我国自主创新能力，增强我国抵御外部风险的能力。校企合作育人机制是高等职业院校提升办学质量的重要途径，而学校与企业在人才培养上的互动更有助于培养应用型创新人才。学校与企业可以从人才培养定位、培养目标、培养规格、培养方案四个方面形成互动机制。

（1）人才培养定位是高校培养何种人才的问题。目前大多数高等职业院校建校时间短，办学经验不足，导致人才培养定位不明晰，依然走传统“精英教育”的学术性人才培养路线，不利于培养多样化人才。应用型高校作为应用型人才培养的重要阵地，负责培养面向地方、服务区域经济发展的应用型人才，因此，需要积极开展应用型教育。高等职业院校大多地处省会、地级市，合作的企业基本都是服务于本地区域经济发展的中小型企业，由此，双方在长久的发展定位上有一共性特征，即都是服务于本区域经济。人才培养目标是塑造学生的一种预期与规划，同时是教育的出发点和归宿，它贯穿整个教育教学活动过程，包括国家、学校、专业三个层面。

（2）高等职业院校人才培养目标的体系构建。《中华人民共和国高等教育法》从国家层面将高等教育的人才培养目标表述为：高等教育必须贯彻国家的教育方针，为社会主义现代化建设服务、为人民服务，与生产劳动和社会实践相结合，培养具有社会责任感、创新精神和实践能力的高级专门人才，发展科学技术文化，促进社会主义现代化建设。

不论高等教育的层次，其共性目标都是两个——培养高级专门人才和创新人才，但我国的法律条文并没有对不同类型的高校做出具体的规定，因此高等职业院校可以在共性目标要求之下规定具体实施目标。学校层面的人才培养目标是在不违背国家层面人才培养目标的前提下，根据不同学校的办学定位、办学条件、办学特色做出的更加具体的规定。随着高校办学自主权的扩大，高等职业院校完全可以根据本校具体情况制定人才培养目标。专业层面的人才培养目标是学校人才培养目标在学科专业的具体实施，是人才培养目标最基本的载体，不同类型高校的相同专业其人才培养目标也是不一样的。

在学校层面、专业层面人才培养目标的设置上，高校自身拥有很大的自主权，高等职业院校亦是如此。高校可以根据校企合作中企业一方对人才的要求或深入调研企业需求制定具体的人才培养目标，或邀请企业共同参与制定人才培养目标，从而更好地培养符合企业要求、时代发展的应用型创新人才。高校在与企业共同制定人才培养目标时，要把握相关原则，既要遵循《中华人民共和国高等教育法》关于人才培养目标的基本要求，也要与本校人才培养定位保持一致，并落实到具体专业的人才培养上，突出高校办学特色和专业特色。

（3）人才培养规格是确保高校人才培养质量的标准化规定。高等职业院校人才培养规格，既要考虑应用型高校人才培养的共性要求，又要考虑不同专业的个性要求。共性要求由知识要求、能力要求和素质要求三部分组成。知识要求是基础，包括工具性知识、人文社科知识、专业知识等方面的要求；专业应用能力和关键能力的要求构成能力要求，是共性要求的核心；素质要求是升华，包括基本素质和职业素质要求。个性要求需针对不同专业，制定有特色的切实可行的培养规格。高等职业院校要根据合作企业的具体情况，制定既有共性特色又有个性特征的人才培养规格，这有利于深化校企合作育人机制。

（4）高等职业院校人才培养方案的制订。优化高等职业院校教学质量就要做好专业顶层设计，即做好人才培养方案的制订。在校企合作育人机制下构建校企共建人才培养方案，可以优化高校的教学模式、教学内容，改革课程设置，可以持续将企业对人才的要求渗透在教育教学的各个环节，提高人才培养方案的可行性，同时对校企合作育人起到“指南针”的作用。陈平原教授曾说过，大学不像工厂或超市，不可能标准化，必须服一方水土，才能有较大的发展空间。因此，在人才培养方案的设定上，高校也应遵循各自专业的特殊性，制订符合本专业发展机理的培养方案。

2. 着眼应用能力，重置专业课程体系

高等职业教育与普通本科教育最大的区别就是更注重对学生在未来工作中应用实践能力的培养，因此高等职业教育专业课程的设置要区别于普通本科教育。在通识教育基础上，应加强应用实践教育，从而体现校企合作的必要性。具体包括以下几点：

首先，在专业课程设计上，高等职业教育更加注重与行业、专业领域知识的互动，以提升学生将所学专业知识在未来实践中运用的能力。因此，高等职业院校专业课程设计要以社会行业需求为导向，将行业企业所需知识融

于专业课程。高校与企业的合作可以使高校更加了解行业动态，在课程设计上更加贴合企业需求。其次，在课程目标制定上，依然以适应社会经济需求的应用型人才培养为主。这就要求高校积极进行社会调研、主动与企业沟通，将社会企业对人才的最新要求落实在高校专业课程目标上。最后，在课程实施上，要提升理论教学的应用性以及实践教学的有效性。高等职业院校的课程实施，更重要的是使学生掌握理论知识的具体使用方法，使学生将来在工作中能顺利地以理论指导实践活动。校企合作不仅可以为高校提供实践教学的场所，以此强化理论教学的应用性，同时可以提升实践教学的有效性。

3. 规范师资队伍，注重“双师型”教师队伍建设

中国“双师型”教师的发展之路只有二十几年的时间，而高等职业院校“双师型”教师的发展时间则更短，因此高等职业院校“双师型”教师队伍的建设有很长的路需要走。“双师型”教师要对自己有明确的自我定位，坚持不断地学习，不论是理论学习还是实践学习，并在实际教学和科研中真正发挥“双师型”教师的优势。高校在引进“双师型”教师时既要标准严格，又要灵活应对。

理想状态是高校引进既有扎实理论基础又有丰富实践经验的“双师型”教师，然而现实中高校并不一定能兼顾，因此需要高校灵活制定相关制度，以保证优秀的师资力量不流失。建设高质量、高品质的“双师型”教师队伍，有利于高等职业院校培养应用型人才，以更好地服务地方经济发展。关于“双师型”教师队伍的建设，王义澄于1991年在其文章《适应专科教学需要，建设“双师型”教师队伍》中提出几条途径：第一，带领学生参与实习实践和毕业设计；第二，派遣教师到工厂进行长期（半年或一年）学习；第三，参与当地政府重大工程项目；第四，主动承担企业的技术项目；第五，参加学校教学实习基地建设。从中可以看出，优秀的“双师型”教师队伍的建设离不开高校与企业的合作，校企合作不仅可以提升学校办学质量，同时可以为企业带去新技术、新思路，利于企业发展，从而达到双赢效果，服务地方区域经济。

在校企共建“双师型”教师队伍过程中，高等职业院校可到企业聘请相关专业优秀人员到高校做兼职教师，或者采取相关鼓励政策（如职称评选优先）鼓励专职教师到企业挂职，学习企业实践中的应用经验，加强专职教师的适当流动性。虽然企业主要追求利润最大化，但是企业应意识到参与高校“双师型”教师队伍建设对于企业自身来讲是一件低成本、高收益的“双赢”事件。教师到企业进行实践学习或者培训调研，企业为教师提供平台，对企业来说并没有太高的成本，相反，教师为企业带去的理论支撑，能为企业的发展提供扎实的理论依据，以便技术及时更新，使企业长久发展。优秀的“双师型”教师队伍能够促进校企合作育人机制更好地构建，而校企合作也能培育出更多优秀的“双师型”教师，两者相辅相成，共同进退，以达共赢。

（三）行业企业提供实习就业平台

企业参与校企合作育人，既可以让企业在短时期内得到经济方面的收益，也能为企业培养后备人才，提高企业现有人才团队的质量。因此，企业在校企合作育人中发挥主体作用，积极创建校企实训基地，强化社会责任感，有利于企业的可持续发展。

1. 参与合作培养，共建校企教学实训基地

随着各个专业日新月异的发展，学校课堂的理论教学已经无法很好地满足学生的需求，实践实训基地的建设能帮助学生得到最新的专业信息，使学生了解将来在工作中可能遇到的突发情况，让学生将学习的理论应用到实践中，提高学生的实际操作能力，这也是实现应用型人才培养不可缺少的方式之一。实训基地的建设要突破传统教育教学的单一培养模式，依托企业行业，借助各方优势，将课堂环境与企业现场环境有机结合，共同完成应用型人才的培养。这就要求企业明确：应用型人才的培养只有与高等职业院校进行合作才能完成，因此企业应积极投身其中，为建立校企教学实训基地提供相应的支持与保障。

企业应积极参与实训基地教学目标与教学内容的确立，教学目标既要符合高等职业院校对人才的定位和追求，又要保证企业能获得最大利润。教学内容一方面要保证学生的实际操作能力和教师的实践指导能力得到提升，另一方面要保证企业能融合科研成果以提升企业生产水平，体现教学实训基地服务社会的价值。教学实训基地也可作为教师进行科研工作的场所，其科研成果直接转化成教学内容；同时，企业应积极参与和高校联合开发的项目，由校方教师和企业工程技术人员组建研发团队，使双方都能紧跟行业发展趋势，提高教学实训基地的利用率。在针对实训基地的管理上，校企双方应明确各自的责任，共同管理课程、开发课程，经常对实训基地教学进行质量把控，对实验教学设备进行日常检查维护，对基地管理人员进行不定期培训，

以提高管理水平。

2. 深化自身价值，强化企业社会责任感

由于企业追求利润最大化，因此企业的社会责任感并非企业自觉自发地产生，而是在历史的发展、民众意识的提高等外推力作用下产生的。校企合作育人能在合理、有效的管理体系下为企业带来可观的利益（包括资产的增值、良好的人力资本等），这样从根本上解决了企业管理层所担心的校企合作影响企业效益等问题，让合作育人有良好的意愿基础，提升企业服务社会的意识和责任感。良好的社会环境、政府有力度的宣传、学生的积极参与，以及合理的法律规范或者双方达成的行为准则，都是有效引导企业履行自身社会责任的重要途径。

（四）政府部门着力加强宏观指导平台建设

加强顶层设计，完善法律保障机制。依法办学是校企合作育人机制运行的前提与保障；高校与企业分别属于社会的两个不同子系统，因此校企合作育人具有跨界属性，国家应立法保护双方的权力配置和权益分配，以及对权力滥用与误用做出法律界定。我国关于校企合作育人的法律文件只有一部比较成熟的《中华人民共和国职业教育法》，其中只对校企合作育人做出了简单描述，并未有具体的实施细则，其中，关于高等职业院校的校企合作育人的内容更是缺乏。德国双元制校企合作育人模式之所以闻名全球，与其完善的法律保障体系有着密不可分的关系。

德国高等教育管理体系是分权制管理，州政府拥有较大的自主权，因此德国联邦政府于1969年颁布、2005年最新修订的《联邦职业教育法》为校企合作育人模式的发展与改革制定了统一的原则。1972年发布的《联邦政府与州文化部长就职业教育领域教育条例和框架教学计划协商程序的协议》是以校企合作育人模式为对象的专项协议，是联邦政府和州政府协商校企合作基本问题的重要依据。黑森州在2010年发布的《关于普通教育学校和职业教育学校领域校企合作的公告》规范了本州两类学校与企业间合作时应注重的相关内容，涉及合作方式、合作组织管理等。各州学校关于校企合作的规定也不尽相同，《汉堡学校法》是德国首个明确提出校企合作的州学校法，从此学校与企业间的合作有了具体的法律依据。除此之外，《企业基本法》《手工业条例》《青少年劳动保护法》等法律规章，都从不同方面给予校企合作育人的各主体以法律保护，同样有助于对校企合作育人进行合法化管理。

基于此，我国高等职业院校校企合作育人的法律保障体系的建立可以从两方面进行探索：纵向体系与横向体系。纵向体系是从国家层面建立高等职业院校校企合作育人的法律总纲领，在各省市层面建立相应的法律法规，最后在高等职业院校层面制定实施细则。这样按层级出台法规条例，使各层级的任务职责更加详尽明了，管理效果更佳。因此，地方高等职业院校也应根据自己的独特性，制定相应校企合作育人的法规制度，使校企合作育人管理更加合法化。横向体系是指在校企合作育人方式上给予法律保障，例如，制定校企合作各利益相关者利益分配的相关法律，制定校企合作育人在科研方面的专利保护法律，以及制定校企合作育人的具体实施条例等。自党中央、国务院提出“引导部分地方普通本科高校向应用型转变”之后，校企合作育人也成为培养应用型人才的关键环节，完善的法律法规可以保障校企合作育人机制的良好运行，但目前与其配套的政策文件基本是一片空白。因此，关于高等职业院校校企合作育人的法律保障体系，不论是纵向体系的还是横向体系的，都需及时出台。

六、高校协同育人

立德树人作为教育的根本任务，其目的是培养人的价值追求，表现为一种系统性实践。马克思和恩格斯认为：“社会生活在本质上是实践的。凡是把理论导致神秘主义的神秘东西，都能在人的实践中以及对这个实践的理解中得到合理的解决。”立德树人不仅需要实践，更需要多方面力量同向而行、协同运作，以取得最大效益。面对实际教育过程中存在的问题，高校有必要从协同育人的视角，探究如何构建高校立德树人协同策略，并把握其运行的内在机理，全面提升高校立德树人的有效性。

（一）高校立德树人协同策略构建的价值意义

高校立德树人协同策略包含着丰富的内涵，在对协同理论概念进行科学把握的基础上，探究高校立德树人协同策略的理论依据、现实意义和价值目标，其目的在于形成协同策略构建的科学性、系统性认识，进而为高校立德树人协同策略的构建奠定科学的理论基础和前提。

1. 协同策略构建的理论依据

法国学者佩鲁在其著作《新发展观》一书中强调：“冲突与合作交织

在一起共同推动着社会发展，而新的综合与协作已经成为今天的根本，合作、协同、互助、和谐，一切综合地发展越来越被看作社会灵魂的一种觉醒。”

高校立德树人不是一个单方面施力的过程，它需要整合系统内的各个要素，构建一个同向运行的协调机制。协同论是高校立德树人协同策略构建的主要理论支撑。所谓协同，又可以称作协作、合作、和谐，就是指协调多个个体或者资源，使之协作一致地完成某一个目标。但是，它并不等同于寻常意义上的“合作”，协同更倾向于在动态交互的过程中，协调系统内部各要素之间、系统与外部环境之间的相互关系，营造一个和谐互助的环境，使各种要素形成一种合力，从而实现共同的目标。协同思想由来已久，但正式作为理论提出是在 1976 年。协同理论由德国著名物理学家哈肯提出，用以研究不同事物的共同特征及其协同机理，其主要概念和内容包括序参量、快变量与慢变量、协同效应、伺服原理和自组织原理。非线性的、复杂而开放的系统是协同理论研究的重点。该理论注重研究在外在参量及内在子系统的协同作用下这一系统按照自组织的方式从无序向有序转化的规律，并建立了一套完整的数学模型和处理方案。协同理论认为，事物所具有的宏观结构相对稳定，其所包含的众多子系统是按照一定的方式与原则协同作用、秩序运动的。尽管系统内部诸要素或系统之间的竞争是永存的，但是相较于竞争，协同才是我们应该关注的重点，竞争是协同的基本前提和条件。

一方面，竞争为系统发展造就了远离外部环境的条件，促使系统自组织演化；另一方面，竞争虽然会使得系统内部子系统能量此消彼长，但在一定程度上也推动了系统内部子要素的协同发展，实现了系统宏观结构的有序运动。系统的稳定发展正是系统内部子系统或系统之间竞争与协同的结果，当外界的控制参量达到一定值时，系统内部子系统或系统之间的相互运动就会由无序变得有序，这种有序的独立运动此时就会成为决定系统发展方向的主要运动，从而最大限度地克服并减少竞争的力量，使系统内的各个子系统同向运动，进而形成一种合力。协同理论具有普适性，其研究范围从微观到宏观，涵盖自然界和人类社会的各种系统，并从中抽象出不同学科之间的协同规律，提出一种用统一观点促进复杂开放、非线性系统良性发展的方法。近十几年来，协同理论获得发展并且被广泛应用于各个领域，这为高校立德树人协同策略的构建提供了理论借鉴和宝贵经验。

2. 协同策略构建的现实意义

高校立德树人与协同理论之间有很强的契合性。首先，高校立德树人是一个系统性工作，它内在地包含许多要素，而各个子系统之间又存在着相互配合、相互竞争的问题。根据协同理论，我们有必要对高校立德树人工作施加外在控制力，推动多方面教育主体同向而行，整合各种资源，促使立德树人系统内部的无序、竞争运动向有序的独立运动转化，从而构建一个较为稳定的立德树人协同体。其次，高校立德树人工作不仅是一项理论工作，还是一项实践性活动，系统内部各子系统或各要素主要是有较强自觉能动性的人，使系统内部各个要素实现有序运动，立德树人工作的实效性会更加明显。可见，二者的结合有内在的可能性，并且协同策略的构建对于解决高校立德树人过程中现存的问题也有很多现实意义。

（1）顺应时代发展需要

习近平总书记在庆祝改革开放 40 周年大会上指出："只有顺应历史潮流，积极应变，主动求变，才能与时代同行。"改革开放以来，中国对外开放步伐不断加快，这要求我们必须深刻把握国际国内发展基本走势，落实教育优先发展的战略地位，顺应时代发展的要求，积极推进教育现代化的发展。在借鉴世界各国教育优势的过程中，我们不难发现，西方国家对道德教育的重视、对理念的探索、对模式的研究，在历史上是一以贯之的。尤其近代以来，国家间的竞争日趋激烈，西方国家着眼于人才培养和教育实力的提升，纷纷采取各种形式以推进高等院校建设，增强国家综合竞争力。我国建设"双一流"高校，是提升我国高等教育综合实力和国际竞争力的重要举措，是建设高等教育强国和实现人力资源强国战略的必然选择，也是实现"两个一百年"奋斗目标和中华民族伟大复兴"中国梦"的坚实支撑。"双一流"建设的首要任务是人才培养，因此，通过协同汇聚一流资源、优化教育模式、提升教育效果，全面促进大学生的政治觉悟、思想道德、能力素质等多方面的发展，既是全面落实科教兴国、人才强国战略的需要，也是进一步顺应时代发展、增强国际竞争力的需要。

（2）维护意识形态安全

从意识形态工作的性质来看，它决定着立德树人的方向。总体上说，目前高校大学生主流意识形态表现出积极向上的良好态势，但是大学生在大学时期正处在思维活跃、好奇心重、接受能力强的阶段，经济全球化、政治民主化、文化多元化和信息网络化的发展，使得他们更容易受到多元文化、多

重价值观的冲击和侵蚀，如若没有正确、及时的引导，大学生的价值判断与选择极易陷入误区、偏离准线，甚至在关键问题上出现一些模糊性认识和错误观点。此外，随着大学生自主性的不断增强，部分大学生以自我为中心，过度关注个人利益和眼前利益，缺乏社会责任心，导致意识形态领域的安全受到严峻挑战。大学生是建设中国特色社会主义事业的人才资源和后备力量，“人生的扣子从一开始就要扣好”，高校作为大学生的聚集地，也是我们维护意识形态安全的主阵地，立德树人协同策略的构建，有利于高校内外的各个关涉部门、各种力量联合起来筑起大学生主流意识形态培养的安全防线，引导大学生树立坚定信仰与共同理想，将高校大学生的主流意识与国家、社会的指导思想统一起来，引导社会主流意识形态的发展方向，破除传统文化中落后思想和西方文化中腐朽思想给我国带来的意识形态领域安全危机。

（3）提升立德树人效能

新时代高校全面贯彻党的教育方针，将立德树人落实在课堂教学中、渗透在校园文化中、延伸到学生生活中，使学生的文化水平、思想觉悟、思想道德素质不断提高，立德树人取得了长远发展。但还有很多高校的实践局限于思想政治教育课堂，停留于理论层面，缺乏实践引导。构建高校立德树人的协同策略，可以调节立德树人工作的不平衡、不协调性，通过更多地关注并满足大学生多方面的需要，优化大学生的素质结构，促进高校学生全面、均衡发展。因此，将协同理论引进高校立德树人体系，是促进立德树人体系中多元主体互动的必由之路，只有使多元主体相互协调、相互促进，才能最大限度地利用各种教育资源，推动各个子系统由无序运动向有序运动转化，破解高校立德树人现存的条块分割、孤立无援、缺乏实践引导等问题，进一步提高立德树人工作的有效性和针对性。

3. 协同策略构建的价值目标

高校立德树人协同策略的构建，并非为了将各类主体、各种资源进行简单的组合，而是为了整合多方面力量，更好地落实立德树人工作，因此，协同策略的构建必须着眼于更高层次上的价值追求，致力于实现更高水准的目标。

（1）树立“以学生的全面发展和健康成长为中心”的教育理念

构建协同策略必须坚持“以学生的全面发展和健康成长为中心”，这是新时代一切教育工作的出发点和落脚点，教育理念的核心就在于尊重和理解学生，在于对学生潜力的挖掘与心智的启发。协同策略的构建，归根结底是为了提高立德树人的实效性。高校立德树人工作在实施过程中必须充分考虑每一个学生的特殊性，向着实现理论教学与实践教学并行、心理疏导与行为引导并重的教育模式转变，关注、关心每一个学生的成长需求。加强各个育人主体的育人意识、服务意识和管理意识，真正做到教育为了学生、服务为了学生、管理为了学生，从而在各类育人主体头脑中树立起“以学生的全面发展和健康成长为中心”的教育理念。

（2）树立“三全育人”的工作理念

“三全育人”工作理念，既体现了协同发展的育人思想，也体现了全面、系统的育人指导思想和原则。在参与主体维度上要做到全员育人，也就是要求参与立德树人工作的队伍（包括党政干部、共青团干部、思想政治理论课教师、哲学社会科学教师、辅导员、心理咨询教师的思想政治工作队伍；专业课教师和行政管理服务人员及家长、社会相关教育部门），密切分工，相互配合，同向同行。在时空维度上要做到全过程育人，即在学生的不同学习阶段，要根据其不同的特点及发展规律，分阶段、按计划开展育人工作，在遵循和执行教育政策的基础上，在学生发展的不同阶段设立不同的教育主题。在资源调配上做到全方位育人，即充分运用各种教育载体，使其相互补充、取长补短、协同发力，促进不同领域、类型和层次的育人实践活动相互作用、相互影响，形成多向互动的动态平衡关系和良性循环的育人格局。综合不同领域、不同育人主体的利益诉求，兼顾不同类型和层次的特殊要求，生成相对整合统一的价值追求和实践规范。要在互补、互动、综合的基础上，形成融通效应，实现目标、资源、策略、评价等各个要素的相互融通。

（3）形成环环相扣的责任体系

在协同理论指导下，高校对自身的权责协同体系要进行深化调整，以协同理论为指导，创新教育队伍的谋划、培养和发展体系，以权定责，以责固权，推动教育队伍的良性协同发展。通过构建健全成熟的教育队伍体系，保障立德树人工作发展的持续动力。责任体系构建的关键因素是把握自我性，明确责任与权限。首先要认识到各教育主体的自发性、主动性，正确认识教育主体自身要素的目标一致性和发展路径的趋同性。其次，强化分级队伍，形成合力保障。要着眼于教育队伍的广泛性和专业性，从人员分工具体化到队伍责任明确化，按照思想真、素质高和能力强的原则，不断优化各个层面的组织结构人员配备，并分门别类地形成责任考核体系且加以落实。

（二）新时代高校立德树人协同策略构建的方略

新时代高校立德树人协同策略构建所包含的要素主要分为三方面：①人员要素，是要实现全员协同育人，高校在实施立德树人工作时应统筹各类主体，使之同向而为。②时间要素，就是要实现全过程育人，关注大学生的阶段性发展和全程性发展。③空间要素，就是要求教育主体全方位综合运用各类载体，整合多方面资源，以促进大学生德智体美劳全面发展。人员要素、时间要素和空间要素在构建立德树人协同机制的过程中，既有不同的侧重点，又有内在关联，彼此缺一不可。具体来说有以下几点：

1. 全员：育人主体的合力凝聚

高校立德树人协同策略的构建必须重视和发挥各种育人主体的作用，凝聚各类育人主体的力量，强化育人意识和责任担当，凝聚共识，齐心协力，使各主体自觉在各自本职工作中对学生实施直接或间接的思想价值引领。

（1）把握育人主体的广泛性

全员，是指党和国家、高校、学生乃至家庭和社会都应该参与到立德树人的过程中来。高校立德树人体系的建设主体，具体来说主要包括四类：一是领导主体，主要指中国共产党和高校党团组织；二是教师主体，既包括专业的思想政治理论课教师、哲学社会科学教师、辅导员和心理咨询教师等人员，也包括其他专业课教师、科研人员和各级各类的行政人员，以及教辅人员、后勤管理部门的人员；三是学生主体，学生在立德树人教育过程中既是受动者，又可以发挥自我主观能动性，成为自我教育的主体；四是社会主体，主要包括学生个人成长的家庭、社区、工作以及社会大环境。

我国历来重视党对宣传工作和思想政治工作的领导，强调领导干部在教育工作中的重要作用。毛泽东曾提出，政治路线确定之后，干部就是决定的因素。同样，在育人工作中领导干部也是决定性的因素。形成在党委领导下的各方齐抓共管的育人新格局，要求领导干部在面临新的形势、出现的新问题时不但成为育人的理论专家，更要成为育人的实践专家，真正履行习近平新时代中国特色社会主义思想，勇挑责任，廉洁奉公，加强自身修养，在高校大学生立德树人工作中真正形成一支素质过硬的领导工作队伍。老一辈无产阶级革命领导身体力行，为我们新世纪的领导干部在如何提高自身素质、保持党员先进性、搞好育人工作等方面做出了光辉的典范。习近平总书记在十九大报告中指出了新时代党的建设的总要求，只有不断加强高校党的建设与干部队伍建设，确保立德树人的核心、关键决策地位，才能最终保证高校立德树人工作的有效推行。

对于高校立德树人工作的落实来说，建立一支专业化的教育团队至关重要。立德树人工作所包含的教育主体是绝对的，即专门从事立德树人工作的学校教育者，同时，育人主体是相对的，即其他在立德树人工作中起主导作用的人也可以称之为育人主体，只是该类主体所承担的任务和工作的范围相对小一些，因此立德树人工作的育人主体是绝对和相对的有机统一。因为各类主体在立德树人工作中所处的地位不同、所承担的职责不同，所以主体的教育理念、教育方法和手段各有不同，相较于专业化的教育团队而言，非专职的教育主体在很大程度上存在弱化育人责任感、缺乏育人积极性和主动性、忽视育人方法科学性等问题。中国社会的新发展和新时代大学生的精神需要，使高校立德树人工作需要应对更为严峻的挑战和更多复杂的问题，这也使得育人主体的重要性凸显，教师团队的专业化建设水平亟待提升。教育团队的专业化建设，一是要区别对待各类育人主体。针对各个行业的性质与任务分别发挥不同育人主体的优势，落实到位，明确职责，使育人工作更见成效。二是针对当前高校立德树人工作存在的问题建立专门的教育队伍。高校有专门的教师队伍负责立德树人教学工作，有专职辅导员对学生进行日常生活管理和情感沟通，有服务、后勤部门为学生提供生活保障，从传统意义上来说，高校是绝对的育人主体，此类主体有着特殊的工作性质和任务，承担着立德树人的义务和责任，这也是育人主体的专业性所具有的本质特征。需要注意的是，对育人主体的划分并不是绝对的，也就是说，高校作为专门育人机构，确实是发挥重要作用的育人主体，但并不否认其他主体也可以进行和实施立德树人工作，实际上它们仅仅是在工作范围与内容上存在差异。

马克思主义认为，人的本质是自我全面发展的主体、社会活动的主体、社会关系的总和，强调人的主体性发展。人的主体性就是人在创造历史活动中所表现出来的自主性、能动性及创造性，其中，人的主体性的最高层次表现是人的自主性。高校学生心智基本成熟，在接受教育的同时，也会自己选择吸收教育内容，成为对自我进行教育的主体。高校是一个半开放式的环境，人在其中不仅能认识客观世界，还能改造客观世界。从认识主体来看，改造客观物质对象的过程，需要相关的素质和能力作为媒介基础。由于人的主观因素和客观条件的不同，人与人之间便产生了一定的差异，使得人们在认识世界与改造世界的过程中形成了教育者与被教育者的角色。也正是因为人有

主体性，高校立德树人的育人主体不仅指高校思想政治课教师，还包括来自家庭、工作和社会大环境的教育主体，可见高校立德树人的育人主体具有广泛性。具体而言，对应个体的成长经历和职业发展过程，个体教育大致分为家庭育人、学校育人及职业育人三个层次，其中，家庭育人是基础，学校育人是重点，职业育人是关键。同时，习近平总书记强调，“办好教育事业，家庭、学校、政府、社会都有责任”“全社会要担负起青少年成长成才的责任。各级党委和政府要为学校办学安全托底，解决学校后顾之忧，维护教师和学校应有的尊严，保护学生生命安全”。

（2）实现全员育人的统合联动

高校之所以需要而且能够协同各类教育主体落实全员立德树人工作，主要有三方面原因：第一，全员协同育人具有根本需要。因为立德树人的教育目标是“生活”在现实中的，所以受教育者必然会与现实社会中的人进行交流和沟通，也必然会吸收到不同的思想观点和价值观念。尤其是在现代信息化社会中，海量信息良莠不齐，传播速度极快，缺乏辨别力的大学生极易受到不良信息的影响。因此，高校立德树人工作主体应协同一致，尽可能同向输出正能量信息，阻止负能量信息对大学生产生不良影响。第二，全员协同育人具有内在动力。因为立德树人是高校党团组织、思想政治理论课教师、辅导员和其他专业课教师等教职工的“天职”，对于他们来说，立德树人既是责任又是义务，所以全员协同运作，可以进一步加强对学生的教育引导。第三，全员协同育人具有外在压力。教育的根本任务是立德树人，最终的落脚点是培育具有社会主义核心价值观的社会主义建设者和接班人，它归属于国家政策，高等院校作为落实立德树人工作的主阵地，是政策的有力实施者。另外，高校教职工为了追求与自身相关的核心利益，也会不断提高自身道德修养和思想境界，协同其他教育主体共同促进学生的全面发展。总之，构建高校立德树人全员协同机制，就是要构建以党委主体为领导、以高校主体为核心、以社会主体为辅助，激励学生自己教育自己的工作机制。只有认真审视每一个育人主体的地位，发挥每一个育人主体的作用，使之同向而行，才能取得立德树人工作的最大成效。

2. 全过程：育人实践的有效衔接

高校立德树人工作并不是一蹴而就的，所谓全过程就是要将立德树人工作贯穿于学生成长成才和教育教学的全过程，这是一个纵向的相互关联的过程。纵向衔接主要包括职责维度的层级衔接和时间维度的阶段衔接。层级衔接指的是职责与任务的层层有效落实，阶段衔接指的是立德树人对大学生成长成才过程的全过程、全领域融入。

（1）层级衔接

在层级的纵向协同方面，要把握协同有序性。高校立德树人工作是一个典型的层级制教育管理分层体系，高校党委发挥领导作用，以学工部为统领的日常思想政治工作部门、肩负思想政治课教学主任务的马克思主义学院、肩负意识形态管理职责的党委宣传部、肩负党建育人职责的党委组织部、肩负师德师风建设职责的党委教师工作部、肩负思政课程推动职责的教务处等核心部门作为中间层，发挥承上启下的作用，学院作为落实立德树人根本任务的具体部门，处于第三个层次，肩负行政管理服务育人责任的其他部门处于第四个层次。每一个层次都指向大学生主体，发挥相应的作用。同样，在学院内部，立德树人工作的运行也有一个层级严密的过程，院级党委领导、学工部门、各系和各教研室作为中间层，学工部门指导辅导员、学生组织，各系、各教研室指导专业课教师，具体开展协同育人工作。在这种纵向的层级关系中，我们非常有必要重视协同作用。首先，层级协同要求各个部门之间尽最大可能地保证信息传递的及时性和畅通性，以确保不会因为层级协同导致信息传递出现错误、迟滞；其次，层级协同可以使各层级之间达成共识，通力合作，既可以避免被动执行，又可以避免各层级单位各管一摊各不相帮的结果；最后，层级协同也是一种有效的监督与激励策略，可以避免立德树人工作中的官僚作风，提高工作者的工作效率与积极性。

（2）阶段衔接

理论上，高校立德树人应当贯穿大学生学习生涯的全过程，在教育的维度上要实现“一体化衔接”。高校是学生成长成才过程中的重要一环，但并非终点，因此，研究、制定高等学校立德树人的工作进度，要以大学阶段为中心，同时考虑和社会的衔接。高校学生要将学校所传递的价值观念、道德观点和政治立场内化于心，外化于行。这本就需要一段时间，是一个逐步吸收深化的过程，而且每个时期的学生都有不同的接受能力和成长需求，因此协同策略的构建必须对不同年级不同水平的学生有所侧重。大学一年级是学生角色转变的阶段，中学与大学的教育环境、教育内容和教学方法都存在着较大的差异，因此对刚进入大学校园的新生应以适应性、感性化的教育内容为主，采取关怀式教育，使学生逐步建立正确的价值观，此时大学生应该以学习通识类课程为主，比如思想道德修养与法律基础课、马克思主义基本原理

课等，借以树立正确的世界观、人生观和价值观；大学教育的黄金时期是大二（大三）阶段，这是培养学生德才兼备的关键时期，此时的学生多侧重于专业课的学习，以期提高专业素养，因此高校应将立德树人教育融入各个专业学科的文化知识教育，以专业教师为依托，以学科内容为载体，致力于培育德才兼备的新型人才；而大三（大四）阶段是学生即将步入社会的一个阶段，此阶段的教育应重点关注学生的社会化，让学生从一个学习者转变为一个社会的实践者，此时立德树人工作的主要内容是对学生进行就业指导，开展思想引导，促进学生在社会中实现自我价值和社会价值，学生在此时应当自主学习有关就业创业的知识，为今后的社会生活打下基础。

高校立德树人协同策略的构建，还应该关注产、学、研一体化发展。产、学、研一体化已经成为高校发展的必然趋势，高校要构建产、学、研一体化协同育人策略，充分利用产、学、研过程中的立德树人资源，培养学生崇高的职业道德与务实、勤恳的作风。让企业参与到学校立德树人的过程中来，利用企业精神、科研精神等对学生进行立德树人教育，不断丰富新时期高校立德树人的内涵，拓展立德树人的路径。此外，高校学生在成长成才过程中难免会出现各种各样的困惑，甚至发展成心理问题，因此，各大高校有必要建立健全心理健康教育策略，选任专业的心理咨询教师，制定翔实、全面、可行的心理教育目标、计划，将心理健康教育贯穿于学生在校学习的每一个阶段，渗透到立德树人的全过程。

衔接是立德树人实践中最为关键的要素。立德树人的对象是发展中的学生，全过程育人机制的建立，要在合适的时间节点选择不同的、由低到高的教育内容，最大限度地满足学生的阶段性需求，同时又要一以贯之，借助教育内容的内在关联性实现立德树人工作的前后衔接。

3. 全方位：育人资源的深度整合

全方位教育指向育人的空间教育要素，其中又包含了载体和资源两个子要素。为了将学生培育成为德智体美劳全面发展的社会主义建设者和接班人，成为担当民族复兴大任的时代新人，高校全方位协同育人要从校内与校外、课内与课外、线上与线下多个维度锁定立德树人这一根本任务，高效运用各类载体，对资源进行深度整合，使线上与线下、课内与课外以及家庭、社会、学校多维度协同发力。

（1）载体整合与优化

第一，实现传统与现代的整合。传统载体主要包括思想政治理论教育、专业课教育德育资源、各种社会实践平台等。相对应的，现代载体是指文化载体、活动载体、传媒载体等在新的历史条件下不断创造出的更多包含着时代特征的、体现着时代需求的、表征着时代意蕴的载体。传统载体和现代载体对高校立德树人都至关重要，应合理利用，充分发挥其优势，使大学生更易于接受，增强思想政治教育的广泛性和渗透性。一方面，教育者要根据现实情况灵活运用各种教育载体。传统载体和现代载体都具有其自身的优势和劣势，教育者在实施立德树人工作时要充分考虑高校学生的特点，对两种载体进行有机筛选和搭配，选择灵活的教育方式，综合运用多种载体，进而达到教育的既定目标。另一方面，对新媒体载体要扬长避短与深度开发。2018 年中国互联网络信息中心（CNNIC）发布的第 42 次《中国互联网发展状况统计报告》显示，“截至 2018 年 6 月，我国网民规模为 8.02 亿人，上半年新增网民 2968 万人，较 2017 年年末增加 3.8%，互联网普及率达 57.7%”“我国网民以青少年、青年和中年群体为主。截至 2018 年 6 月，10～39 岁群体占总体网民的 70.8%。其中，20～29 岁年龄段的网民占比最高，达 27.9%；10～19 岁、30～39 岁群体占比分别为 18.2%、24.7%，与 2017 年年末基本保持一致”“截至 2018 年 6 月，微信朋友圈、QQ（腾讯）空间的使用率分别为 86.9%、64.7%，基本保持稳定；随着短视频和 MCN（多渠道网络服务）机构的兴盛，微博在粉丝互动和内容分发等方面的价值进一步强化，用户使用率为 42.1%，较 2017 年年末增长 1.2 个百分点，用户规模半年增长 6.8%”。

互联网的快速发展与普及，为高校立德树人工作营造了新的环境，提供了新媒体载体。新媒体和传统大众媒体相比较，其优势是转变了传统大众媒体一对多的传播方式，具有实时性、交互性、高度集成性等特点。相对于传统媒体而言，新媒体具有快捷性强、交互性好、信息量丰富、传播范围广等许多优势，突出呈现了大众传播的系列特点，彰显了信息时代的突出特征，而教育如何利用新媒体技术的资源优势与应有特点，是一个重要的问题。

第二，实现人与技术的整合。立德树人的前提是全面认识和了解新媒体技术所带来的机遇和挑战。首先，新媒体技术为教育者提供了更加全面、便捷的搜索途径，利用新媒体技术，教育者可以更加直观和全面地展示教学内容；其次，新媒体平台为传统课堂以外的教师和学生提供交流的新渠道，有利于师生研讨和交流，教学相长。新媒体环境带来的挑战为高校立德树人工作增加了难度和强度，新媒体渠道的开辟改变了学生的认知方式和认知立场，

此时教育者的角色不仅是信息的“把关人”，更是学生价值观、人生态度上的“引导人”。总体而言，新媒体自身特点给高校立德树人工作的客观环境带来的变化对施教与受教两个层面都具有双重影响，需要扬长避短。因此，教育的双向主体都应积极面对新媒体飞速发展所带来的挑战，把握机遇，不仅顺应网络技术和新媒体的发展趋势，而且要重视传统教育教学课堂的主阵地作用。另外，教育者在提升自己媒介素养的同时，还要掌握新媒体的运用，积极引导大学生合理使用新媒体技术，共同实现立德树人的目标。综合运用传统载体和现代化载体，协调线上线下立德树人教育工作，是信息化、科技化高度发展的必然要求，也是新时代背景下大学生的真切需要。

（2）资源挖掘与利用

随着现代社会的快速发展，传统教育模式课堂中的显性教育资源已不能满足现如今信息化的教学需要，为弥补教育资源的匮乏，积极推动对大学生的教育工作，充分利用和发掘校内各种优秀的隐性教育资源，就成了发展、创新立德树人教育模式的关键。

第一，挖掘专业教育中的隐形教育资源，高校立德树人工作需要融入教育教学全过程。首先，我国高校的办学宗旨是要办人民满意的社会主义大学，在高校日常教学工作中，立德树人教育要与各大专业知识与技能培养相结合，发挥专业教育中的立德树人功能，高校要充分发挥马克思主义理论课程和思想政治教育课程的基础作用，利用课堂这一阵地，从传统的“思政课程”向“课程思政”转变，将立德树人工作从思想政治理论课堂拓展到专业课堂和其他通识类课堂，进一步培养学生的政治素养，提高学生的道德修养和精神觉悟，学生只有兼具德与才，才能让自己的专业技能更有社会意义。其次，构建立德树人协同机制全过程。高校在关注专职马克思主义理论课教师和思想政治教育课教师能力的同时，要提高对其他专业课教师和通识课教师的要求，培育各类教师进行立德树人教育的自觉性和主动性。

第二，发掘高校管理制度中的隐性资源。学校的物质和文化环境、各类规章制度、教师的素养等，都是可利用的隐形资源。物质和文化环境蕴含着深厚的文化底蕴，是立德树人的源泉，这种环境会在课外潜移默化地影响学生；无规矩不成方圆，学校中的一切活动都要受到各项规章制度的约束，严格的管理蕴含着育人的功能；榜样的力量是强大的，教师的言谈举止和工作表现，无疑会影响到学生的行为表现，所以说师德深刻影响着学生价值观的养成。充分挖掘、协同运用校内的各种隐性资源，实现思政课与专业课、通识课之间的衔接，统筹课内课外育人工作，对构建全方位立德树人协同机制具有重要价值。

（3）内外联动与融合

高校是思想政治教育协同育人策略的主阵地，它在协同育人策略中发挥着主导作用，它的优越性是其他教育组织所无法比拟的，高校要不断构建和完善校内的协同育人策略和方针、协同育人资源和育人模式。前者在于聚焦教育资源跨境流动、全球共享的最新动态和发展趋势，以构建具有中国特色的、世界眼光的思想政治工作国际比较体系为突破，整合力量，全球布局，提高高校思想政治工作“引进来”与“走出去”有机协同的意识和能力。后者在于着眼信息化、智能化时代人机共存、人机协同学习形态变革，以及学生、教师与平台耦合互补的教学形态变革，推动思想政治工作传统优势与信息技术高度融合，探索开放式、泛在式、个性化的育人模式，实现多时段、多地点、多次数、多人群的全方位渗透、全领域覆盖。

第一，高校立德树人协同策略的构建要敢于创新和创造，建立跨专业、跨学科、跨区域的协同育人工作策略，实现更大范围的教育资源的共享。通过创设高校之间的校际协作平台和机会，交流、共享各个高校在教育理念、学科建设、师资队伍、硬件设施、文化氛围等方面的育人优势，改善各高校之间教育资源封闭、力量分散的现实问题，努力实现各高校之间优质教育理念的传播共享和教育资源的优化配置。鼓励各高校利用地缘优势，依托其建立区域联合培养策略，建立联合培养平台，进一步完善专家教授和学生的互访交流机制，促进组织机构的优化管理。校际优秀教育资源的共享，可以让各个学校取长补短，提升自我的教学水平，可以扩大优质师资的影响力，使更多的学生享受到优质的教育资源，发挥校际资源共享的育人效能。

第二，继续完善家庭、学校、社会的协同策略。高校立德树人的主阵地是学校内部，但高校要发挥自身在思想政治教育协同育人中的领导力，积极推动高校的家校互动策略，加强家校交流与沟通，实现学生成长成才信息的共享，营造和谐的家庭氛围，潜移默化地影响学生的思想。发挥除学校以外的社会立德树人的作用，充分挖掘和利用社会环境中的隐性教育资源。就目前的发展情况来看，大学教育已经成为社会发展的中心，大学校园是向社会开放的，在日常的校园生活中，大学生也是在社会领域中生活的个体，因此，他们就不可避免地会受到社会环境的多方面复杂影响。如果这种影响是正向的，那么对大学生的思想发展会起到至关重要的作用。因此，家庭氛围、道

德规范和法律法规、社会舆论等社会环境因素，也是社会隐形教育资源的有效载体，正确把握和利用这些社会环境因素，与立德树人相融合，潜移默化地影响大学生的思想道德观念、价值观等，与校内教育形成优势互补，可以增强大学生立德树人的实效性。

总之，高校立德树人协同策略的构建具有重要的现实意义。高校要进一步发挥在协同育人策略中的主导作用，不断实践和更新，积极应对高校立德树人协同策略构建中的问题，因时而变，顺势而为，发挥各个育人主体的作用，实现育人过程的完整衔接，整合各种教育资源，实现全员、全过程、全方位的立德树人，以构建完整、高效的立德树人协同策略。

七、高等职业教育工作者育人工作

（一）高校辅导员育人工作的重要意义

1. 高校辅导员育人工作的外部环境优势

第一，高校辅导员作为大学生日常思想政治教育和管理工作的组织者、实施者和指导者，承担着大学生的教育和管理责任，同时为大学生成长成才负责。一方面，作为高校最基层的组织——班级建设的组织者和领导者，高校辅导员育人工作具有思想引导、规则制定和文化建设的三重作用。另一方面，辅导员更需关注班风学风建设，班风学风是一个班级学生在学习生活中所产生的风气，不仅由所有班级成员共同营造，也影响着所有班级成员。当前受到某些不良风气的影响，部分学生产生了消极休闲、读书无用等思想，生活中盲目攀比，无法做到刻苦学习、树立远大的理想信念，因此在平时的生活中，辅导员需要为学生学习和生活营造一个良好的学习环境，转变他们的学习观念。

第二，教育引导学生、担当时代复兴重任是一代又一代教育工作者传承民族血脉的文化自觉。他们的专业素养和职业精神能够不断对学生产生影响，成为学生成长的“领航员”。

第三，学生对辅导员有着天然的信任与依赖感，对学生的思想政治教育，家庭、学校、社会都有责任，而学生对于辅导员的信任，也是辅导员开展教育工作的重要保证。

2. 高校辅导员队伍是“全员育人”的重要组成部分

现行高校辅导员制度中，辅导员按照 1 : 200 进行配备，负责学生思想政治教育、日常事务管理等工作，在实际工作中，辅导员很容易变成事务性工作的处理者、学生意外情况的“消防员”、评奖评优的“裁判员”，从而不能全身心投入学生的思想政治教育工作。高校辅导员的工作对象是一个行政班级的学生，并且事务性工作主要由其来处理，其面对的学生人数较少，便于详细了解学生的情况，有针对性地提供指导，深入、细致地开展学生思想政治教育工作。辅导员是大学生思想政治工作的重要组成部分，肩负着学生思想政治教育的任务。

3. 高校辅导员育人工作能够精准体现“全过程育人”

习近平总书记在2018年全国教育大会上强调，高等学校的根本任务在于立德树人，教师是人类灵魂的工程师，是人类文明的传播者，承担着传播知识、传播思想、传播真理，塑造灵魂、塑造生命、塑造新人的时代重任。教育部颁布的《高校思想政治工作质量提升工程实施纲要》提出课程育人、科研育人等十大育人体系，可以看出，高校在培养时代新人的过程中，必须要完成“课程思政”和“思政课程”的配合，完成两者的有机整合，辅导员作为“课程思政”的主体，是高等学校立德树人的有利抓手。

“全过程育人”主要从时间维度上构建育人脉络，强调育人要贯穿大学生学习、成长的全过程，要认真研究学生在高校入学时期、成长过程、毕业阶段的特点以及身心发展规律，遵循规律，帮助学生解决每个阶段可能遇到的实际问题，有针对性地做好对学生的指导规划与帮助工作。高校辅导员伴随学生从入学到毕业的整个大学生涯，辅导员的全程跟进，既保证了育人时间的重组，又抓住了大学生成长成才的重要时间节点，例如入学适应阶段、专业分流阶段、学业困惑阶段，在这些阶段有些学生可能面临心理压力，需要辅导员长时间跟进帮助、疏导，让学生能够享受大学学习时光，从而具备正确的意志品质，促进学生身心健康发展。

高校辅导员在“全过程育人”中发挥着不可替代的作用。首先，辅导员有着学生没有的人生经历，这些经历让他们能够在学生迷茫时为他们指明发展的方向；其次，随着教育步入大众化阶段，每个学生都有自己独特的成长路径，他们在面临学习、生活、情感、工作等方面的问题时，或多或少有着不同的心理压力和精神困扰，培养学生树立正确的价值观，使学生以健康积极的心态走入社会，需要每一名辅导员切实行动，关心学生的成长，真心实意地帮助学生，成为学生的良师益友；最后，美育和体育作为高等职业教育中必不可少的环节，影响着大学生的审美以及体魄，辅导员要用自身健康、

积极的审美和劳动精神潜移默化地影响学生，塑造学生健康的生活态度，使学生走下网络、走进操场，让追求真善美和健康成为大学生生活的主旋律。

4. 高校辅导员育人工作助力“全方位育人”体系构建

育人主体的确定只是做好学生培养工作的第一步，习近平总书记强调，要在增强学生综合素质上下功夫，要全面加强和改进学校美育，要在学生中弘扬劳动精神。当代大学生成长于改革开放新时期，是互联网时代的网络“原住民”，他们思想状况的主流是积极、健康、向上的，但也不同程度地存在政治信仰迷茫、理想信念模糊、价值取向扭曲、诚信意识淡薄、社会责任感缺乏、艰苦奋斗精神淡化、团结协作观念较差、心理素质欠佳等问题。因此，帮助大学生全面发展，是高校思想政治工作的重要任务。要培养既“红”又“专”的时代新人，就必须在“红”和“专”上同时下功夫，要将解决好思想问题与实际问题相结合，“红”是方向，要在坚定学生理想信念上下功夫，要在厚植爱国主义情怀上下功夫，要在加强品德修养上下功夫；“专”是本领，要在增长知识、见识上下功夫，要在培养奋斗精神上下功夫。

高校辅导员是学生学业上的前辈，对学生的专业发展非常了解，能够为学生提供专业的、有针对性的指导，让学生在发展“专”的过程中树立理想信念，拥护中国特色社会主义制度和中国共产党的领导，做好“红”的培养。同时，高校辅导员要以科学精神和专业素质不断影响学生，使大学生在知识和能力上全面增长，促进大学生全面、健康地发展。

（二）高校辅导员育人工作职责

1. 明确高校辅导员育人方向

高校辅导员对于本专业学生的培养计划、培养方案较为了解，作为班级学风建设的主要负责人，辅导员承载着培养学生的重要使命。因此，辅导员需要借助自身经验，帮助学生完善培养方案，制订合理的学分修读方案，做到对学生的全过程培养。

坚定学生心有大我、至诚报国的理想信念，培养学生勇立潮头的科学精神，养成学生创新的思维模式。

2. 明确高校辅导员全过程育人职责

由于角色模糊等问题，辅导员的地位往往被忽视，从而影响其开展相关工作。高校辅导员不仅影响学校的育人效果，甚至会影响学生的一生，因此要充分肯定高校辅导员的价值，增强其话语权。高校辅导员自身也要积极履行职责，在班级管理等多项工作中寻求平衡点，建立与学生之间的充分信任，确保班级的平稳、健康发展。

第一，加强辅导员与学生之间的沟通，提升辅导员与学生的有效沟通频率。例如在新生入学、专业分流、毕业等重要节点，发挥辅导员的优势，帮助学生明确自我认知。第二，辅导员要积极参加班级活动。在学生大一入学期间，有很多的集体活动需要教师的指导，辅导员参加班级活动对于提升学生的满意度极为重要。现阶段辅导员和学生的沟通主要还是集中于班会、课堂与谈心谈话，《高校思想政治工作质量提升工程实施纲要》中提出了十大育人体系，即课程、科研、实践、文化、网络、心理、管理、服务、资助、组织，这将是高等教育育人的重要发展方向，因此，对于辅导员来说，不仅可以通过课堂、班会和谈心谈话与学生进行沟通，更要充分发挥实践、网络、科研、文化等育人体系对于学生成长的重要作用，提升学生的感知质量与满意度。学校应当搭建育人桥梁，帮助辅导员完成育人目标，如编纂辅导员工作手册，让辅导员明确育人内涵以及工作内容，同时为辅导员考核提供依据。

高校要在管理办法中对专业辅导员所负责的岗位职责进行规定，包括掌握学生思想状况，深入学生班级了解学生动态，解决学生在学习和生活中遇到的各种问题，教育学生树立正确的学习目的、学习态度等；做好学生专业指导，依据学生培养方案制订情况，有计划地组织学生开展专业知识了解、专业兴趣培养等活动，在学术、社会实践等方面对学生进行有针对性的指导；进行学风建设，在优良学风班级建设过程中培养班级学风；加强个体指导，深入了解每一名学生的实际情况，有针对性地开展谈心谈话；做好班级的思想政治教育以及日常管理工作等。通过确定辅导员岗位职责，明确辅导员工作的方向和目标，增强辅导员的协同育人作用。

（三）高校辅导员育人能力提升

辅导员对于学生的人生目标、价值观、世界观的树立，有着重要的影响，辅导员对于工作和生活的态度会在潜移默化中影响学生不断改进自我。因此，辅导员的素质提升尤为重要，最重要的是有责任心、工作热情高、学业水平高。

高校应当建立辅导员培训体系，针对知识、育人特质、实践技能、典型学习等方面，不断提升辅导员育人水平以及改进辅导员育人态度，帮助辅导员完成从被动育人到主动育人的转变，从而建立起一支高素质的辅导员人才队伍。具体来说有以下几点：

1. 加强高校辅导员育人知识培训

辅导员作为与学生接触最紧密的教师群体之一，在和学生沟通相处的过程中，首先要明确一定的教育规律，如果不能及时掌握教育规律，越来越多的工作只会让辅导员产生“学生越来越不好管”的感叹。因此，围绕辅导员需要掌握的育人知识，不断加强对辅导员育人知识的培训，对于辅导员育人效果的增强，有着事半功倍的效果。教育与人的发展、社会的发展是相统一的，教育要适应学生身心发展规律、适应并且促进社会发展。具体包括以下几点：第一，辅导员需了解青年生理和心理连续不断的变化过程、人类的进化与发展过程。第二，教育与其他的社会系统相辅相成，既互相促进，也互相制约。具体举措方面，应当建立完善的辅导员知识培训体系。首先，重视辅导员入职培训，明晰辅导员将要面对的工作以及需要面对的学生群体特点，搭建辅导员交流平台，完善辅导员学习沟通渠道，从而方便辅导员对学生的全面了解；其次，组织沙龙活动，引导学生就发展中常见的问题与辅导员进行沟通，以帮助辅导员及时适应学生发展需求，为学生提供指导。第三，加强心理知识培训，对辅导员进行部分心理疏导技能培训，对学生进行心理状态预警机制培训，保证学生在遇到心理问题的第一时间有所反应并与辅导员沟通，共同解决问题。

2. 完善高校辅导员实践技能培训

随着人才培养内涵的不断丰富，创新型人才培养对于辅导员的要求也越来越高，在提升当代大学生思想水平、政治觉悟、道德品质和文化修养方面，辅导员需要具备越来越多的心理学和谈心谈话技巧，因此，高校应邀请富有经验的辅导员，与新入职的辅导员进行包括引导学生、与学生沟通、自我调节等方面内容的经验交流。辅导员只有知识是不够的，还要在实践中有所应用，在高等教育内涵式发展的现状下，要让辅导员了解指导学生的实践技巧，包括引导学生、专业教育、自我调整、提高交往能力等技巧。思想政治工作从根本上说是做人的工作，高校辅导员开展工作必须围绕学生、关照学生、服务学生，遵循思想政治工作规律、教书育人规律、学生成长规律，不断提高自身工作能力和水平。加强课程思政建设，用好课堂教学这个主渠道，使各类课程与思想政治理论课同向而行，形成协同效应，提升思想政治教育的亲和力和针对性，满足学生成长发展的需求和期待，让学生成为德才兼备、全面发展的人才。

新时代下，随着科技的发展和观念的更新，学生行为特点鲜明、个性突出，教育模式随之发生改变。以新技术为支撑的教学改革、以质量为核心的育人模式、以立德为根本的思想政治教育，深入人心。育人工作过程中，高校辅导员可通过识别学生行为特点并与传统教育理念相结合，寻求良好平衡点，在育人工作中占据主动地位。随着互联网时代的到来，技术带来的全球互通不仅改变了信息的传播方式，更让“人人都是自媒体”成为一种客观存在，在这种影响下，学生不由自主地能够接收到网络所传递给他们的各种信息，尤其是在中国现阶段社会转型的关键时期，思想政治教育面临着更加严峻的挑战，针对以上问题，高校辅导员需要做到以下几点：

第一，引导大学生进行自我教育。要引导他们善于发现虚拟网络与线下环境的不同，发现其中的利弊，实现自我觉醒、自我超越。第二，与学生积极互动。网络环境下教师和学生不再是一对一的教育关系，更多的是一对多甚至多对多的教育关系，辅导员要善于把握学生的需求，把握网络的前沿信息，有针对性地做好学生教育工作。第三，打造育人环境。要立足于网络打造属于我们自身的网上网下育人品牌，营造健康、开放、共享的网络空间。第四，加强协调配合。网络思想政治教育不是一蹴而就的，也不是一个队伍就能够完成的，它需要高校思想政治工作队伍的协调配合，需要政府、企业、学校、家庭的通力配合，共筑高校网上网下育人体系。新时代的新青年个性普遍较为突出，这就要求高校辅导员采取更加具有针对性以及更加灵活的教育方式，做到因材施教，选择合适的教育方法。高校要合理安排班级导师工作，全面把握学生的阶段性特征，将学生的专业教育与思想教育相结合，帮助其树立正确人生理想，练就过硬本领。

3. 发挥高校辅导员榜样典型作用

自高校辅导员队伍建设以来，涌现出一批又一批优秀的辅导员，在他们身上有着很多令人敬佩和学习的可贵品质。通过优秀辅导员讲座、沙龙等，优秀辅导员将学生教育与学生管理等方面的经验传授给新任辅导员，使其尽快“入门”。通过向优秀辅导员学习，新任辅导员能够形成正确的育人态度，从而为育人质量的提升奠定良好的基础。

高校要注重增强辅导员的职业认同感。习近平总书记强调，要加强师德师风建设，坚持教书和育人相统一，坚持言传和身教相统一，坚持潜心问道和关注社会相统一，坚持学术自由和学术规范相统一，引导广大辅导员以德立身、以德立学、以德施教。各高校要加强对辅导员队伍的理想信念教育，引导辅导员践行社会主义核心价值观，让每一位辅导员都意识到自己的工作

的伟大性、光荣性，引导他们热爱祖国，投入工作，传承中华优秀文化和精神。

（四）建立高校辅导员协同育人体系

1. 建立高校辅导员与高校行政人员协同育人体系

高校服务育人是十大育人体系中的重要环节，让更多的优秀高校行政人员参与到学生培养工作中，一方面，能够加强学生与学校职能部门之间的联系，有利于学生了解学校相关政策；另一方面，有助于学校行政人员针对学生的所思、所想、所需提供精准化服务，改善高校服务质量，提升服务育人水平。

现阶段我国高校普遍存在着服务育人意识不强、机关管理人员缺乏与部分人员素质不强的情况，要从以下几方面进行改善。第一，完善管理体制。高校现阶段的管理体制多为高校建校以来延续至今的，当前要建立一套以学生为中心、互相理解、互相尊重的管理体制，不断革新管理理念与管理体制，以此作为管理、服务育人的基石。第二，革新管理观念。新时代的学生培养需要在德智体美劳五方面同时发力，需要培养更多的创新型人才和高素质人才，因此挖掘并发展学生个性显得尤为重要，能够使学生在一个新的环境中很好地适应环境变化。第三，建立完善的管理、服务人员奖惩机制。学校应建立一套各部门协调的德、能、勤、绩、廉考核机制，以适应改革发展的不断变化。

高校创新性地将“思政辅导员”建设作为学生思想政治教育中的重要环节，搭建了机关工作人员和辅导员的交流平台，不仅完成了管理育人与课程与人、科研育人的联通，更充分发挥了十大育人体系中各个角色的育人作用。

2. 建立高校辅导员与高校党团队伍协同育人体系

高校党团队伍同样是育人的重要力量。文化育人与组织育人是学校育人过程的重要环节，尤其是在各大高校，校园文化能够直接影响学生的成长成才，因此，校园文化的建设不仅是摆在学校面前的重要课题，更是每位教育者面临的重要考验。以“立德树人”为核心的校园文化建设理念，将“人”作为中心点，以人文关怀作为文化建设的出发点。高校党团组织需要承担更多的校园文化建设工作，用自身渊博的知识补充建设校园文化育人体系，用高雅的艺术陶冶学生情操，用优秀的传统勉励学生成长，用厚重的历史引导学生探索，用时代的发展照亮学生前程。

同时，实践活动作为高校学子不可缺少的了解社会、奉献社会的重要途径，也是育人体系的重要组成部分。学生参与到社会活动中以后，不可避免地会遇到不适应、沟通不畅等问题，辅导员要适时参与其中，帮助学生完成从学校到社会的转变，传授给学生社会经验与沟通技巧。同时，要引导学生适当参与丰富多彩的社团活动，帮助学生进行自我锻炼与自我完善。

高校基层党组织育人功能的发挥，同样需要辅导员积极配合，教育部发布的《中共教育部党组关于高校教师党支部书记“双带头人”培育工程的实施意见》，就高校党支部书记党建带头人、学术带头人培育工程提出了实施意见，辅导员作为学生团支部的指导者，同样肩负着学生党员发展的指导与培养工作，高校各级党团组织要紧密围绕大学生的思想建设、作风建设等课题，切实发挥思想引领、价值引导等作用。辅导员要协调党组织对学生作业严格要求，强化“四个意识”，坚定“四个自信”，培养社会主义建设者和接班人。

参考文献

［1］中共中央文献研究室．习近平关于青少年和共青团工作论述摘编［M］．北京：中央文献出版社，2017.

［2］中共中央马克思恩格斯列宁斯大林著作编译局．马克思恩格斯选集（第一卷）［M］．北京：人民出版社，2012.

［3］习近平．在中共中央政治局第十三次集体学习时的讲话［N］．人民日报，2014－02－26（1）．

［4］习近平．习近平在全国高校思想政治工作会议上的讲话［N］．人民日报，2016－12－09（1）．

［5］习近平．习近平在北京大学师生座谈会上的讲话［N］．人民日报，2018－05－03（2）．

［6］习近平．习近平在庆祝改革开放40周年大会上的讲话［N］．人民日报，2018－12－19（2）．

［7］习近平．习近平出席全国教育大会并发表重要讲话［EB/OL］．（2018－09－10）．http：//www.gov.cn/xinwen/2018－09/10/content_ 5320835.htm.

［8］倪邦文．让青春年华在为国家为人民的奉献中焕发出绚丽光彩——学习习近平总书记关于青年工作的重要论述［N］．光明日报，2016－05－04（1）．

［9］中共教育部党组．深入学习贯彻习近平总书记关于青年学生成长成才重要思想 大力培养中国特色社会主义建设者和接班人［N］．光明日报，2017－09－08（1）．

［10］陈宝生．用习近平新时代中国特色社会主义思想铸魂育人［N］．陕西教育，2019（5）．

［11］全国学生资助管理中心．从基本保障型资助到发展型资助［EB/OL］．（2015－12－18）．http：//www.xszz.cee.edu.cn/index.php/shows/22/

2422. html.

［12］杜玉波．教育扶贫，“十三五”期间实现“精准资助”——杜玉波副部长就学生资助工作答记者问［EB/OL］．（2016－03－11）．http：//www. moe. gov. cn/jyb _ xwfb/gzdt _ gzdt/moe _ 1485/201603/t20160311 _ 233083. html.

［13］共青团中央书记处．坚持党管青年的重要原则［J］．求是，2017（16）．

［14］乔冬梅，李正风．中外基础研究资助规模、结构与方式比较研究［J］．中国科技论坛，2006（5）．

［15］李东阳．当前高校贫困生资助体系构建研究［D］．郑州：郑州大学，2007.

［16］张小荣．高校资助育人工作的长效机制建设［J］．南京财经大学学报，2015（6）．

［17］何文华，王海云，仇桂且．中外高校贫困学生资助体系评析与借鉴［J］．武汉冶金管理干部学院学报，2015（4）．

［18］马翠英，史长军．依据国外及本国国情对高校贫困生资助体系的思考［J］．学理论，2013（2）．

［19］潘美英．高职院校贫困生就业资助路径研究［J］．继续教育研究，2014（4）．

［20］万洪莲．高职院校贫困生精神资助研究［J］．长春教育学院学报，2015（10）．

［21］王英权．增权：高校贫困生的能力建设探析［J］．现代交际，2014（12）．

［22］张杰．优势视角下贫困大学毕业生资助工作的实现路径［J］．当代教育理论与实践，2016（8）．

［23］岑道权．提高高校贫困生就业能力的对策研究［J］．陕西理工大学学报：社会科学版，2011（2）．

［24］张闪闪，高媛．“精准扶贫”背景下高校贫困生思想政治教育研究［J］．边疆经济与文化，2019（4）．

［25］贾明超，范正祥，陆斌．“育人为本”资助理念视角下的高校资助工作探析［J］．中国地质大学学报：社会科学版，2013（1）．

［26］肖亚楠，王成，王天．大数据时代下高校资助工作精准化的困境与

对策［J］．高教学刊，2019（15）．

［27］刘素平，金淑红．高校思想政治教育全方位育人模式探究——基于习近平高校思想政治教育论述的视角［J］．科教文汇（中旬刊），2019（5）．

［28］张苗苗．习近平关于教书育人的重要命题［J］．思想教育研究，2019（4）．

［29］张桂华．习近平新时代青年教育观与高校育人体系的创新发展研究［J］．盐城师范学院学报：人文社会科学版，2019（1）．

［30］王莺洁．高等职业院校多元主体协同育人机制研究［D］．南昌：南昌大学，2018.

［31］刘根旺．高校思想政治教育合力研究［D］．大连：大连海事大学，2017.

［32］文艺．高职院校教育管理问题研究——以S市职业技术学院为例［D］．成都：西南财经大学，2013.

［33］马朝晖．基于“三全育人”理念的高校班主任育人工作研究——基于大连理工大学的调研［D］．大连：大连理工大学，2019.

［34］崔江婉．协同学理论视域下大学生思想政治教育研究［D］．西安：西安建筑科技大学，2017.

［35］张鹏仙．新时代高校大学生思想政治教育工作创新与实践研究［D］．太原：中北大学，2018.

［36］李力．新时代高校立德树人协同策略研究［D］．长春：东北师范大学，2019.

［37］段玉青．大学生资助的思想政治教育功能研究［D］．武汉：湖北大学，2017.

［38］顾鑫．高校“三全育人”资助育人模式及其运行机制研究［D］．长春：东北师范大学，2016.

［39］王晋苗．高校家庭经济困难学生资助体系研究——以山西财经大学为例［D］．太原：山西财经大学，2017.

［40］杨波．高校家庭经济困难学生资助与育人结合研究［D］．南昌：江西师范大学，2011.

［41］廖超．高校奖助学金育人功能的困境及提升路径探究—— 以江西××大学为例［D］．南昌：江西农业大学，2018.

［42］单惠．高校家庭经济困难学生资助工作问题研究［D］．天津：天津工业大学，2015.

［43］刘风萍．高校精准资助的制度育人研究［D］．西安：长安大学，2016.

［44］黄素君．高校贫困生资助育人功能研究［D］．杭州：中国计量大学，2013.

［45］王欣．高校学生资助工作的思想政治教育研究［D］．沈阳：沈阳航空航天大学，2018.

［46］徐子欣．高校学生资助育人功能研究［D］．成都：四川师范大学，2016.

［47］李娟．高校学生资助政策研究——以陕西三所高校为例［D］．西安：西北大学，2016.

［48］谭亚男．高校资助育人精准化研究［D］．南宁：广西师范学院，2017.

［49］王娜．高职院校贫困生思想政治教育问题研究［D］．西安：长安大学，2013.

［50］朱春梅．公平视角下加强高校资助育人工作的研究——基于对天津市 20 所高校的调查［D］．天津：天津医科大学，2015.

［51］徐二荣．教育公平理念下高校贫困生资助体系的构建设想［D］．苏州：苏州大学，2009.

［52］纪维维．教育公平视域下高校资助育人研究［D］．无锡：江南大学，2018.

［53］高汝男．经济贫困大学生资助体系优化研究［D］．哈尔滨：黑龙江科技大学，2013.

［54］陈玥．论大学生资助工作的育人功能［D］．重庆：西南大学，2012.

［55］张岩．强化高校精准资助育人功能研究［D］．郑州：河南农业大学，2018.

［56］康岳．我国高校资助育人实效性研究［D］．西安：陕西师范大学，2018.

［57］韦鸣．我国高校资助育人研究——以南京高校为例［D］．无锡：江南大学，2017.

[58] 文国霞. 新时代高校扶贫育人方式研究——以长江大学为例 [D]. 荆州：长江大学，2018.

[59] 齐艳. 新时期高等学校贫困生资助工作研究 [D]. 太原：太原科技大学，2010.

[60] 王冀生. 现代大学的教育理念 [J]. 中国高教研究，1999 (2).

[61] 李萍，钟明华. 教育的迷茫在哪里——教育理念的反省 [J]. 上海高教研究，1998 (5).

[62] 陈举. 论我国大学内部治理结构的建构 [J]. 高校教育管理，2017，11 (3).

[63] 查尔斯·赫梅尔. 今日的教育为了明日的世界 [M]. 北京：中国对外翻译出版公司，1983.

[64] 胡银环. 试论学生资助制度在实现教育公平中的作用 [J]. 教育与经济，2000 (S1).

[65] 陈宝生. 进一步加强学生资助工作 [N]，人民日报，2018-03-01 (13).

[66] 桂富强. 高校贫困生发展性资助理念及管理体系研究 [M]. 成都：西南交通大学出版社，2009.

[67] 季枫. 高校贫困生发展性资助策略的探讨 [J]. 教育探索，2014 (4).

[68] 王中对. 家庭经济困难大学生发展性资助体系研究 [J]. 高教探索，2012 (4).

[69] 沃克. 牛津法律大辞典 [M]. 李双元，等，译. 北京：法律出版社，2003.

[70] 安栋. 我国高校贫困大学生救助制度研究 [D]. 上海：华东理工大学，2010.

[71] 陈秉公. 学生资助：大学生思想政治教育的重要途径——评赵贵臣的《中国大学生资助体系德育功能研究》[J]. 思想教育研究，2016 (6).

[72] 张耀灿，陈万柏. 思想政治教育学原理 [M]. 2 版，北京：高等教育出版社，2007.

[73] 韩延明. 大学理念及其相近概念辨析 [J]. 教育发展研究，2004 (Z1).

附录

北京政法职业学院资助育人工作成效

一、资助育人理念及实施

（一）资助育人理念与设计

物质资助模式较单一，受助学生自助的主体意识薄弱，自卑心理难以消除，缺乏能力提升的平台，缺乏感恩意识，因此应构建物质资助与能力发展性资助并重的资助模式，做到三个转变：观念的转变、机制的转变、工作要素的转变。在现实探索中，坚持“以学生为本”的资助工作原则，建立以“能力发展，素质提高”为核心的资助育人体系，搭建以“能力发展性资助”为重点的品牌塑造平台。

（二）资助育人实施办法与过程

知识与能力并重是社会需求型人才的集中表现，是高校人才培养的最终目标。经济困难大学生有了学习和生活上的费用保障后，如何调整心理，培养意志，增强能力，提升就业水平，实现知识与能力的共同增长，就成了他们进一步发展的重要目标。因此，帮助经济困难大学生发展自主学习能力、生存能力、创新能力、交际能力，将目前高校中“输血式”的被动资助模式转化为“造血式”的主动资助模式，对经济困难大学生进行能力发展性资助，提高他们的社会适应力和竞争力，是一个具有重要实践意义的问题。物质资助与能力发展性资助育人并重的资助模式构建，要做到以下三个转变。

其一是观念的转变，即从重视结果向重视过程的转变，从“授人以鱼”向“授人以渔”的转变。在物质资助的基础上，要把重点放在提供一个能够让受助学生更好发挥和发展其能力的平台上，解决在资助学生过程中如何提升其能力、如何挖掘其潜力、如何激发其竞争意识，进而使其建立充分自信

的这些深层次问题。其二是机制的转变，从单向静态机制向双向动态机制转变。以往我们的资助管理部门只是充当各类资助信息的传递者和实施者，主要的工作内容就是帮助学生办理各种相关手续，工作内容单一，整个资助工作缺乏与学生的互动，因而不能及时掌握学生的思想、行为动向。在新的双向动态工作机制下，资助管理部门不仅要通过各种渠道、采用各种手段向学生传递各类资助信息、资助政策，还要密切关注贫困大学生遇到的各种问题，通过咨询、讨论、模拟活动等，帮助大学生调整心理，树立正确的价值观，同时从学生身上获取各种意见、建议，形成双向互动的良性格局。其三是工作要素的转变，包括两个方面内容。一方面是资助形式的变化。学生资助工作的形式不再只是给予型，而是励志型、强能型，要通过资助形式的转变，让受助学生充分认识自己的境况，并激发他们通过努力培养自己的实践能力、创新能力、就业能力以及创业能力的意识，通过提升自己的综合能力，实现自我解困，改善自我，改造自我，最终成就自我。另一方面是资助职能的拓展。学生资助工作不仅仅是帮助家庭经济困难学生缓解生活带来的压力，更重要的是积极构建平台，给他们提供锻炼的机会，不断提高他们的专业技能、沟通能力和服务社会的能力。

二、资助育人机制对大学生职业发展的积极作用

近年来，高校毕业生人数不断创出新高，就业形势依然严峻。贫困生作为大学生中的特殊群体，从某种意义上讲也是就业的弱势群体。他们在就业过程中总体呈现出就业质量不高、就业渠道比较狭窄、现实与期望值偏差较大、升学比例偏低等特点。对此，各级教育部门都采取了必要的有针对性的帮扶措施。

（一）加大贫困大学生就业援助力度，精准帮扶促进就业

学校针对经济困难、学习困难、心理困难和身体困难毕业生实行分类管理，分别建立台账，制定具体帮扶措施，实行“一生一策”动态管理。通过了解每一名困难毕业生的实际情况及就业意向，开展个性化指导、精准岗位信息推送、岗位职业能力提升训练等，努力做到精准发力、精准帮扶。一是对于求职能力欠缺的毕业生和就业困难的学生，实行“一对一”“点对点”帮扶；二是针对申请继续升学的毕业生组织辅导班，对家庭经济困难生减免辅导费用或通过专项资金给予支持，提高升学成功率；三是对于同时存在就

业困难和经济困难的“双困生”，不仅财政发放求职补贴，各高校还要根据实际情况设立交通补贴、通信补贴、服装补贴等项目性补贴。

（二）对学校提供的就业指导和服务的满意度评价较高

对接受学校提供的就业教育和服务的毕业生进行问卷或电话调查，可以知道毕业生参与比例较高的项目依次为校园招聘会/宣讲会、就业性实习/实践、就业指导课程。毕业生对服务满意度评价最高的前三项依次为个体职业辅导、困难帮扶、就业政策咨询。

（三）创新就业指导形式，丰富就业指导内容

坚持以职业生涯教育促进就业质量的提升，不断完善“全程化生涯教育体系”，实施“全员覆盖、重点指导、深入帮扶”的三层次指导帮扶体系，针对全体学生实施覆盖式教育。抓住大学一年级学生职业生涯发展关键期，设置重点指导，针对各类困难学生实施针对性帮扶，通过社会实践、志愿者服务、团体心理训练、个性化咨询、案例分析等，不断整合资源，以帮助每个有需要的学生找到适合的帮扶指导方式。

三、资助育人机制与就业帮扶的有机结合

以北京政法职业学院应用技能型人才培养为例：

北京政法职业学院是政法类院校，其专业建设和人才培养紧紧围绕首都功能定位，学院以全面发展学生职业素养为核心、以经济资助为基础、以制度建设为保障、以文体活动为载体、以就业服务为支撑建立了多维资助育人机制。

（一）以就业为导向的校企合作双育人模式

以就业为导向的育人理念，就是从岗位对从业者素质要求的角度出发，探索构建政法高职人才培养路径，体现校企协同育人的鲜明的教育特色，提升高职人才培养质量，促进高质量就业和稳定就业。

具体来说，就是在专业人才培养上更加注重产教融合、校企合作，积极与优势行业、知名企业紧密合作，探索形成具有高职特色的人才培养模式。学院与企业共同制订培养方案，合作开发课程，共建实训基地，坚持工学结合、知行合一，共同推进项目化课程改造，加强虚拟仿真实训教学，融“教、

学、做”为一体，使课堂教学效果和人才培养质量稳步提升。

（二）加强学生职业素养培育养成工作

以育人为根本，以就业为导向，以活动为载体，以行为为基点，以社会主义核心价值观、职业道德、职业精神为主要内容，加强学生职业素养培育养成工作。学院秉承“从职业需求出发，以学习者为中心，在行动中学习”的高职教育理念，营造校内课堂与职场实践相结合的育人环境，大力加强实践教学，并积极推行学历证书和职业资格证书的“双证书”制度，实现课程内容与职业标准对接、教学过程与生产过程对接、学历证书与职业资格证书对接。

在资助育人方面主要开展了“双百服务平台”建设活动，使每名党员与每一名高职困难学生“结对子”，开展“手拉手，一带一”活动；以“助学励志促成才，自尊自强携感恩”为主题，对家庭经济困难学生走访慰问或组织座谈会，主动掌握困难学生动态，有针对性地开展帮扶；通过勤工助学、社会实践表彰会、优秀毕业生回访、国家奖学金和励志奖学金表彰大会等多种形式，使资助育人与立德树人有效结合，引导学生积极进取，成长成才；开展主题教育、励志征文、校园环境清理、社会公益等活动，提高困难学生的参与度，培养困难学生自强自立、感恩社会的意识；对困难毕业生进行就业专项培训，引入校外指导专家进行有针对性的指导，有效地提高困难学生的就业竞争力；开展行业专家进校园活动，搭建校企互动交流平台，提升人才培养与行业人才需求的匹配度。

不断改进思想品德、体能训练、心理健康、就业创业指导等课程内容和教学方法，突出实战性教学与仿真体验，推进学生思想引领平台、职业技能培养平台、校园文化活动平台、社团活动平台、社会实践与创业平台建设，使公益项目对接平台建设。通过组织开展丰富多彩的系列性学生教育实践活动，全面提高学生的职业素养和职场适应能力。

（三）毕业生就业以订单就业为主渠道

坚持以培养学生“自强、自立、自信”的精神为工作理念，在就业指导、创业帮扶、就业创业教育等方面创新思路、整合资源，有效引导学生树立正确的职业目标，促进学生“学业、就业、创业”能力增长。对家庭经济困难学生建立台账，落实专题辅导、个性化咨询、技能强化、求职补贴、创业扶持等具体措施。尤其是通过与行业企业单位开展订单培养，掌握一批较为固定的与专业相关度高、社会信誉良好、薪酬福利有保障的高质量就业岗位，并保障家庭经济困难学生的优先选择权，从根本上提升毕业生的就业质量。

2013—2016 年学院毕业生平均就业率为 97.33%，其中，2016 届困难群体毕业生就业率为 97.39%。2016 届毕业生平均年薪为 4.3 万元，比 2015 年增加 12.58%，就业薪酬主要区间为 2700～4700 元/月。

毕业生就业去向以北京地区为主，行业企业订单就业超过三分之一，以公安局、法院、检察院、大型安保安防公司、网络通信及信息安全公司的基层法律辅助人员、安防消防专业技术人员、网络安全技术人员为主，体现了学院服务区域经济发展的办学定位和为首都经济社会发展培养高素质技术技能型法律职业人才的良好效果。

学院对资助、育人、就业链条的梳理，是对当前高校资助体系的补充和完善，是对资助工作深入性和有效性的重要补充，是从关注贫困生内在需求出发，在经济资助的基础上进行的“精神塑造、素质拓展、能力培养、价值实现”，是资助育人功能的集中展现。

四、贫困大学生职业生涯发展路径实证分析

本书根据学院 2015—2017 年的毕业生就业数据及北京市“北京地区高校毕业生就业创业状况调查问卷”数据，自行设计了针对 2015—2017 年贫困大学毕业生的“北京政法职业学院高校资助育人与就业跟踪职业发展调查问卷”，结合访谈、对话等形式，收集问卷资料。问卷的主要内容包括毕业时就业情况、目前工作基本状态、学校培养与就业指导、职业发展与今后意向、创业与待业等内容，共回收调查问卷 104 份。通过跟踪调研学院 2015—2017 年毕业的贫困大学生，从获得奖助情况、就业单位类型、专业与工作匹配度、毕业后个人素质提升、职业发展、职业预期、发展空间、满意度、就业状况等方面进行问卷调查，并对数据进行比较分析。

（一）学院贫困大学生毕业时就业概况

1. 贫困大学生在校期间获得资助奖励情况

从附图 1 可以看出，贫困大学生在校期间有 0.8% 获得过国家奖学金，有 38.7% 获得过国家励志奖学金，有 42.0% 获得过国家助学金，有 18.5% 获得过其他资助项目奖励。这说明贫困大学生在校期间普遍积极努力，奋发向上，综合表现较好。国家给予的奖励性资助和助学性资助覆盖率达到 100%。

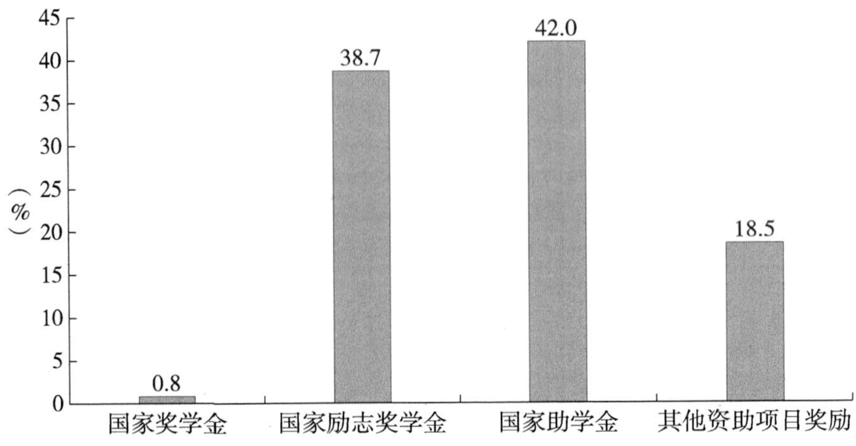

附图 1　贫困大学生在校期间获得资助奖励情况

2. 贫困大学生毕业时就业单位类型

从附图 2 可以看出，贫困大学生毕业就业时，有 9.0% 选择机关单位，有 23.0% 选择国有企业，有 26.0% 选择事业单位，有 38.0% 选择私营企业。这表明大部分贫困毕业生选择了工作相对稳定的机关单位、国有企业和事业单位，岗位稳定性较高。

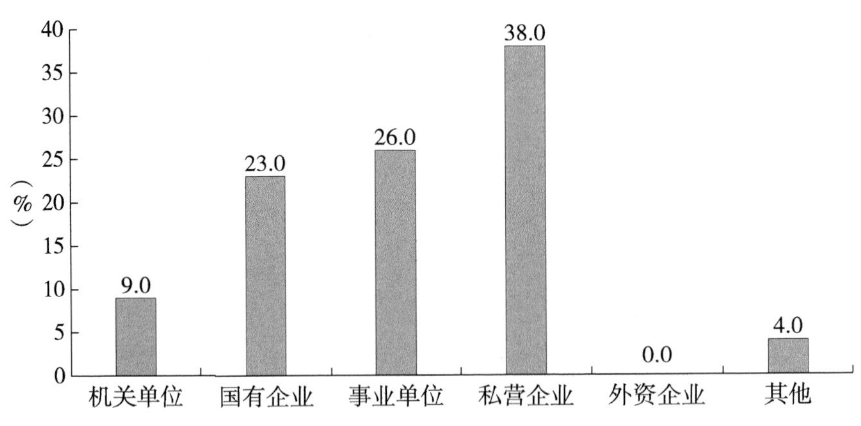

附图 2　贫困大学生毕业时就业单位类型

3. 贫困大学生毕业时对工作的满意度

从附图 3 可以看出，贫困大学生毕业时，有 32.7% 对工作非常满意，有 46.1% 对工作比较满意，有 13.5% 对工作基本满意，仅有 7.7% 对工作不满意，工作满意度较高。

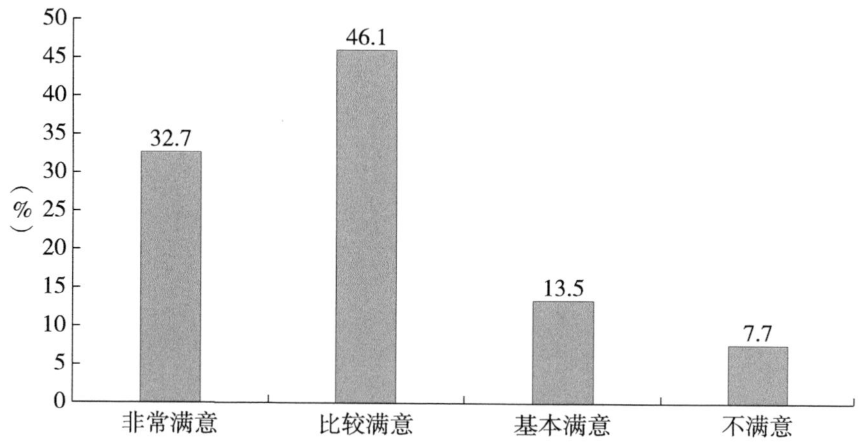

附图 3　贫困大学生毕业时对工作的满意度

4. 贫困大学生毕业时年薪情况

从附图 4 可以看出，毕业时年薪 5 万元以上的贫困大学生占 63.5%。按照北京市 2015—2017 年人均工资性收入，大多数贫困大学生毕业时的年薪可以满足生活的基本需要。

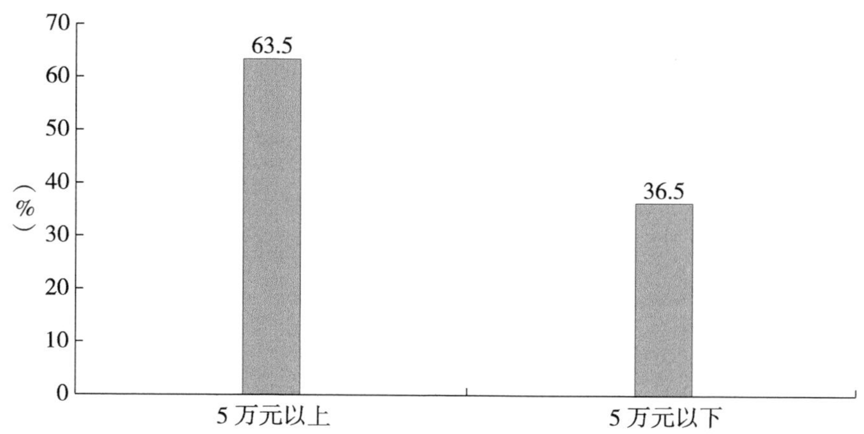

附图 4　贫困大学生毕业时年薪情况

5. 贫困大学生毕业三年内调换工作情况

从附图 5 可以看出，贫困大学生毕业三年内，有 46.2% 从未调换过工作，有 35.6% 调换过 1 次工作，有 16.3% 调换过 2 ~ 3 次工作，有 1.9% 调换过 4 次（含）以上工作。这表明贫困大学生毕业三年内工作稳定性比较高。

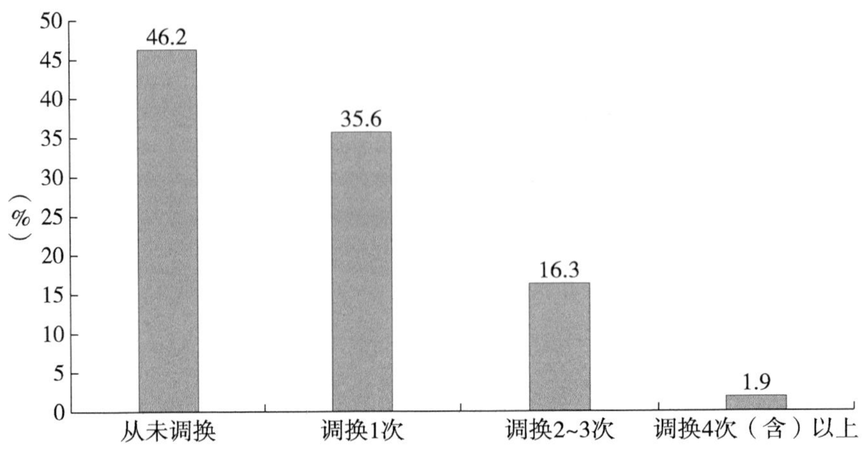

附图5　贫困大学生毕业三年内调换工作情况

（二）学院贫困大学生毕业三年后工作概况

1. 就业单位类型

从附图6可以看出，贫困大学生毕业三年后8.7%在机关单位、12.5%在国有企业、19.2%在事业单位、44.2%在私营企业、5.8%在外资企业就业。数据表明，在机关单位、国有企业、事业单位工作的比例从毕业时的58%下降到40.4%，在私营企业就业的比例从38.0%上升到44.2%，在外资企业就业的比例从0%上升到5.8%，在其他单位就业的比例从4.0%上升到9.6%。这表明贫困毕业生随着职业的发展，职业选择更具广泛性和灵活性。

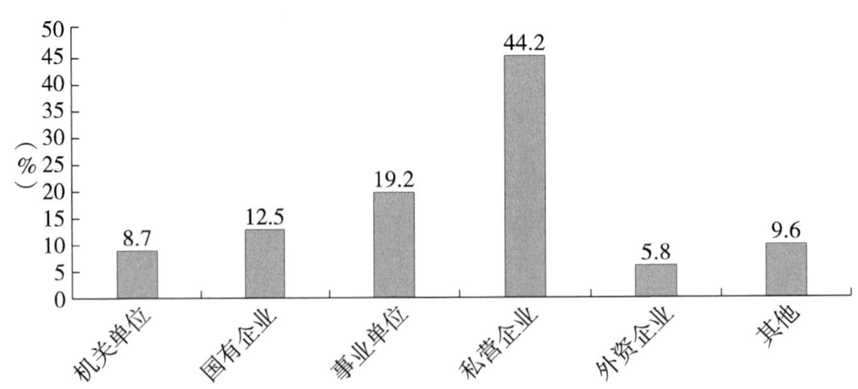

附图6　贫困大学生毕业三年后就业单位类型

2. 工作岗位的层级晋升情况

从附图 7 可以看出，贫困大学生毕业三年后，有 4.8% 处于高层管理岗位，有 26.9% 处于中层管理岗位，有 58.7% 是一般员工，有 1.9% 是临时员工，有 7.7% 是其他情况。数据表明，在毕业三年以后，有近 1/3 的贫困大学生岗位层级得到了晋升。结合附图 6 的就业单位性质情况进行分析，说明他们的职业转换是向着管理机制更加灵活、绩效考核更强、更有利于自身职业发展需求的方向进行的。

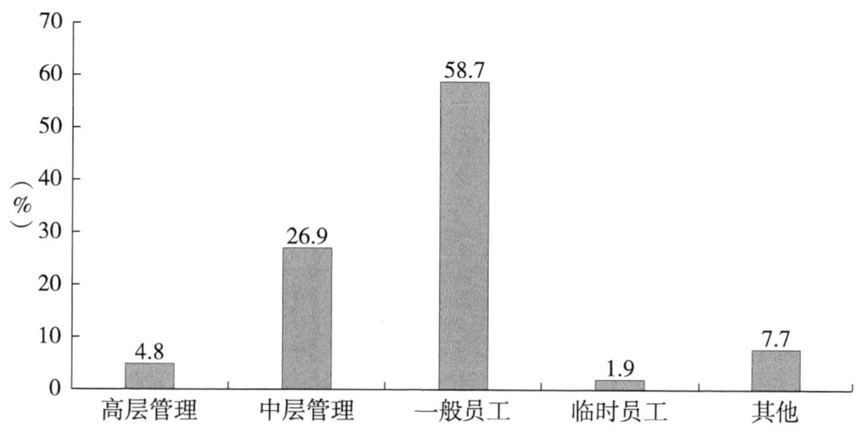

附图 7　贫困大学生毕业三年后工作岗位

3. 工作与所学专业匹配度

从附图 8 可以看出，贫困大学生毕业三年后的工作与所学专业匹配度，

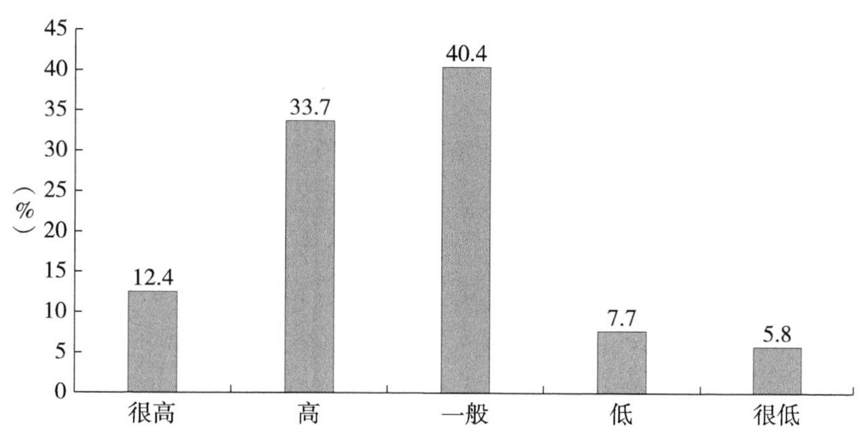

附图 8　贫困大学生毕业三年后的工作与所学专业匹配度

有 12. 4% 处于很高匹配状态，有 33. 7% 处于高匹配状态，有 40. 4% 处于一般匹配状态，有 7. 7% 处于低匹配状态，还有 5. 8% 处于很低匹配状态。数据表明，一般匹配及以上的占 86. 5%，工作与所学专业匹配度相对较高，有利于职业发展。

4. 对工作的满意度

从附图 9 可以看出，贫困大学生毕业三年后对工作的满意度，有 22. 1% 非常满意，有 57. 7% 比较满意，有 15. 4% 基本满意，仅有 4. 8% 不满意，对比毕业时的情况，工作满意度有所上升。

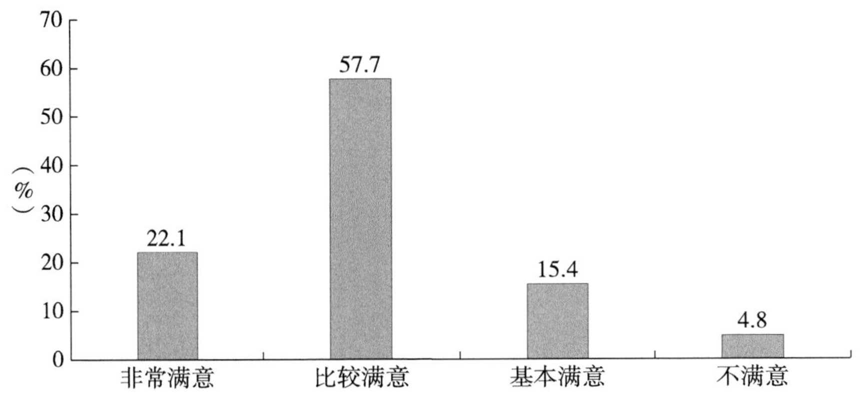

附图 9　贫困大学生毕业三年后对工作的满意度

5. 对工作满意的几个维度

从附图 10 可以看出，贫困大学生毕业三年后对工作满意的维度中，单位性质和规模占 14. 6%，地理位置和周边经济环境占 14. 2%，单位文化及激励机制占 10. 1%，薪酬与福利占 9. 0%，培训及晋升机会占 13. 2%，单位效益与发展潜力占 11. 1%，专业对口占 4. 9%，领导重视占 7. 6%，人际关系融洽占 15. 3%。数据表明，随着职业的发展，他们更关注单位环境、人文素养、职业发展空间等方面，对就业质量有更高的期望。

6. 年薪情况

从附图 11 可以看出，贫困大学生毕业三年后，年薪 5 万元以上的占 91. 3%，超过毕业时 27. 8 个百分点。数据说明，大多数贫困大学生通过职业发展与个人努力，年薪都有不同程度的提高。

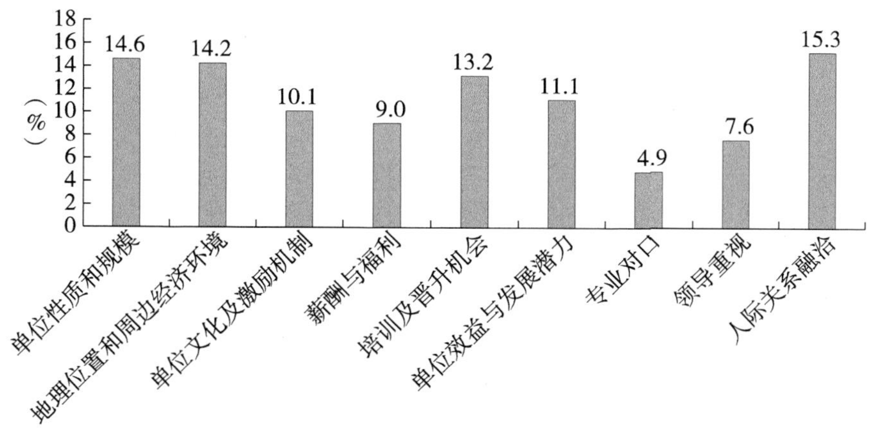

附图 10　贫困大学生毕业三年后对工作满意的维度

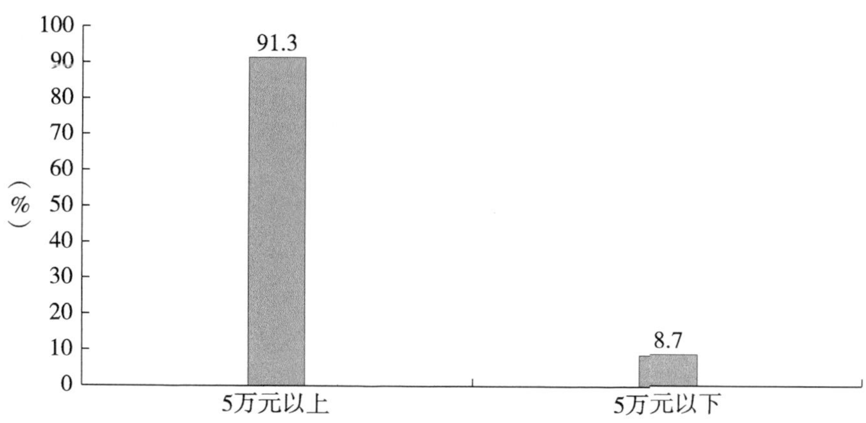

附图 11　贫困大学生毕业三年后年薪情况

7. 毕业三年后实际收入与刚入职时对比情况

从附图 12 可以看出，贫困大学生毕业三年后实际收入与刚入职时的对比情况，有 42.3% 基本无变化，有 37.5% 增长 20% 以下，有 16.3% 增长 20% ~50%，有 2.9% 增长 50% 及以上，有 1.0% 减少。数据表明，贫困大学生随着毕业后的职业发展，薪酬收入普遍保持平稳态势，并逐步提高。

（三）贫困大学生对学校培养与就业指导情况评价

1. 贫困大学生对学校整体评价情况

从附图 13 可以看出，贫困大学生对学校整体评价情况中，有 77.9% 表示

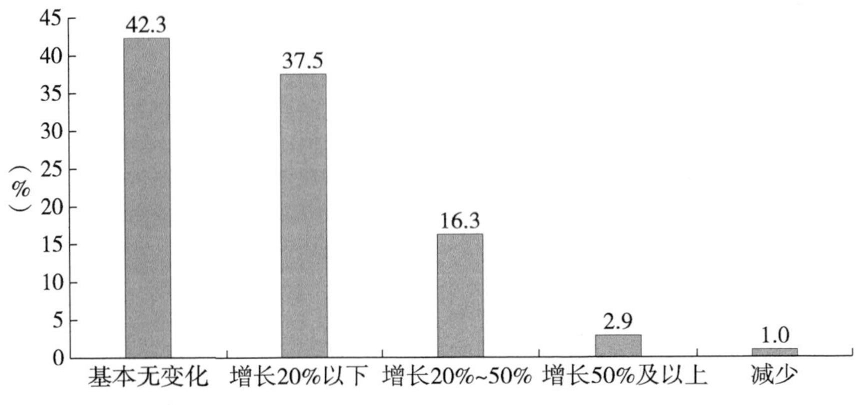

附图 12　贫困大学生毕业三年后实际收入与刚入职时对比情况

非常满意，有 18.3% 表示比较满意，有 2.9% 表示基本满意，仅有 0.9% 表示不满意。数据表明，大部分贫困大学生对学校评价较好，认为学校环境益于自身学习和成长。

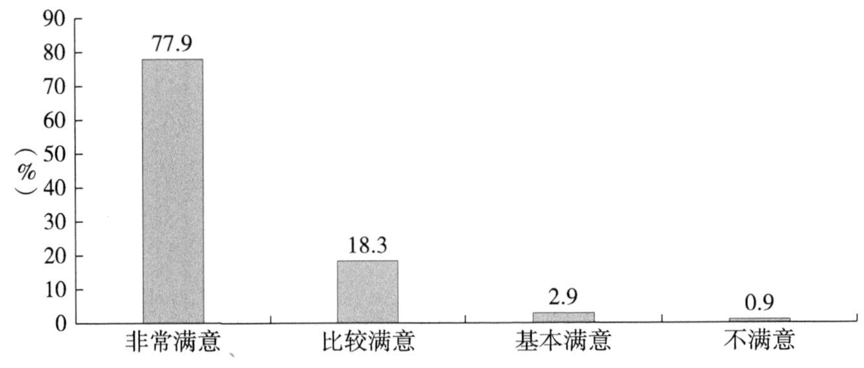

附图 13　贫困大学生对学校整体评价情况

2. **贫困大学生对学校资助工作满意度**

从附图 14 可以看出，在贫困大学生对学校资助工作满意度中，有 66.3% 表示非常满意，有 31.8% 表示比较满意，有 1.9% 表示基本满意，无人表示不满意。数据表明，有 98.1% 的贫困毕业生对学校资助工作表示非常满意或比较满意，证明学校资助工作为帮助贫困学生缓解经济压力起到了重要作用。

3. **大学教育中最重要的素质和能力**

从附图 15 可以看出，贫困大学生认为大学教育中最重要的素质和能力中，思想道德占 6.4%，专业能力占 6.9%，敬业奉献精神占 7.4%，人文素

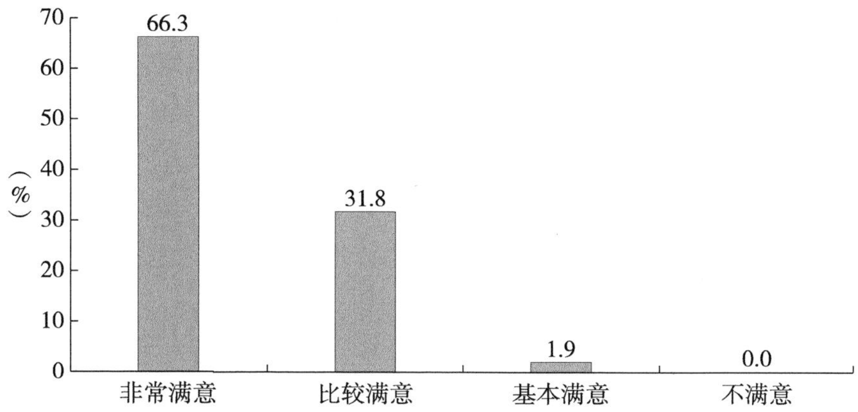

附图 14　贫困大学生对学校资助工作满意度

养占 6.6%，获取知识的能力占 11.2%，发现问题、解决问题的能力占 12.7%，创新能力占 11.5%，实践动手能力占 5.1%，人际交往能力占 8.1%，组织管理能力占 5.1%，身体素质占 2.8%，心理素质占 5.3%，团队合作精神占 4.1%，个人职业生涯规划能力占 4.3%，其他占 2.5%。数据表明，贫困大学生在校期间可以清晰地认识到自身需求，能有意识地提高自身各项能力。

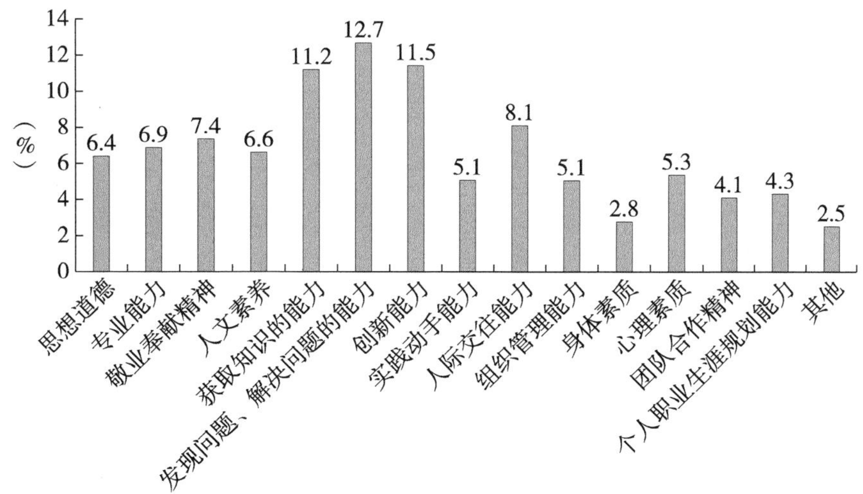

附图 15　大学教育中最重要的素质和能力

4. 就业指导中需要加强的方面

从附图 16 可以看出，针对就业指导中需要加强的方面，有 6.0% 的

贫困大学生认为需要广泛宣传让更多学生了解相关服务；有 10.0% 认为需要搜集和整理用人单位信息；有 14.4% 认为需要提供更多实习实践机会；有 16.7% 认为需要开展就业指导课，进行职业生涯辅导；有 17.1% 认为需要了解学生职业生涯困惑，进行个体指导；有 11.0% 认为需要介绍专业对口或相关行业情况；有 15.1% 认为需要介绍不同职位对人的个性、知识、技能、能力的要求；有 6.0% 认为需要介绍校友在相关行业的情况；有 3.7% 认为需要加强其他方面指导。数据表明，贫困大学生可以通过自我认知，寻求自我提升的方式。

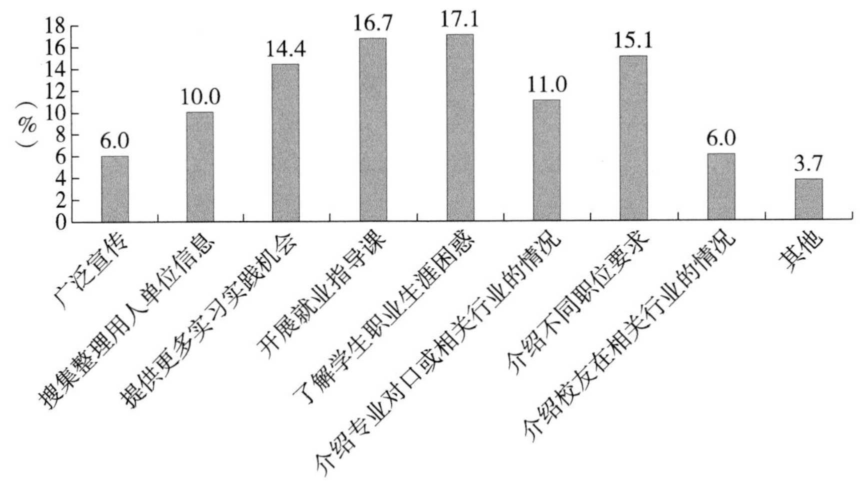

附图 16　就业指导中需要加强的方面

（四）贫困大学生职业发展与今后意向

1. 职业发展与职位晋升可能性

从附图 17 可以看出，贫困大学生对自身职业发展与职位晋升的可能性分析中，非常可能占 49.0%，比较可能占 43.3%，一般占 6.7%，不可能占 1.0%。数据表明，大部分贫困大学生对职业发展空间的期望值较高。

2. 对职业前景的信心

从附图 18 可以看出，贫困大学生对职业前景的信心中，有 35.6% 非常有信心，有 49.0% 比较有信心，有 9.6% 表示一般，有 5.8% 表示没有信心。数据表明，大部分贫困大学生对职业前景持乐观与积极态度，具有信心。

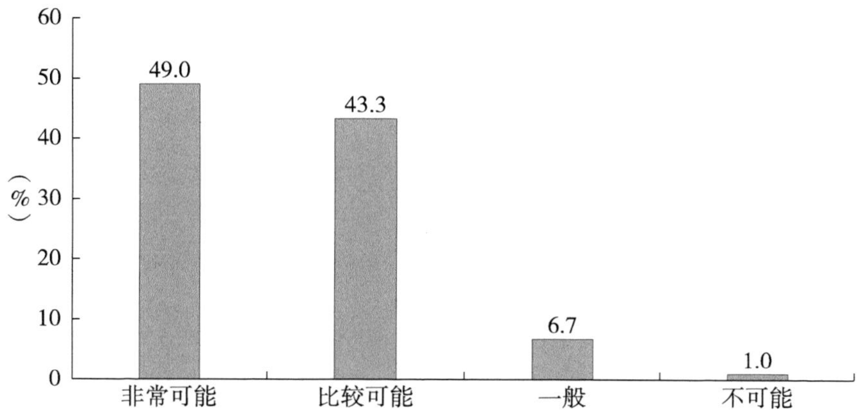

附图 17　贫困大学生对自身职业发展与职位晋升的可能性分析

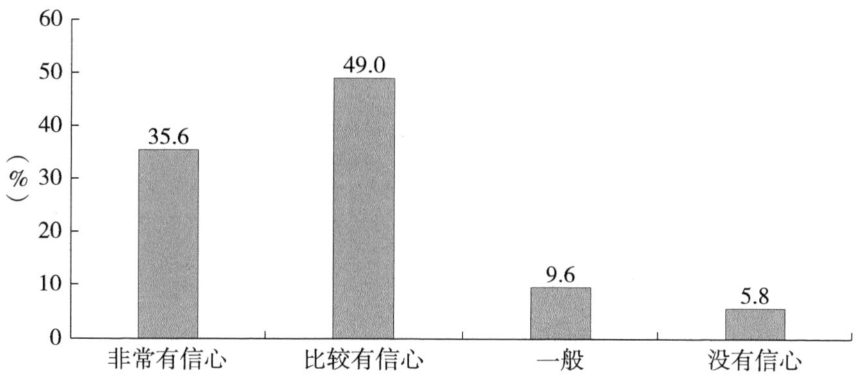

附图 18　贫困大学生对职业前景的信心

3. 贫困大学生签订劳动合同期限

从附图 19 可以看出，贫困大学生签订劳动合同期限，1 年以内占 25.9%，1～3 年（含 1 年）占 55.8%，3～5 年（含 3 年）占 14.4%，5 年及以上占 1.0%，未签合同占 2.9%。数据表明，97.1% 的贫困大学生都签订了劳动合同，说明贫困大学生的就业稳定性较高。

4. 有待提升的能力

从附图 20 可以看出，贫困大学生认为自身有待提升的能力中，有 2.6% 认为是通识性知识与技能，有 13.2% 认为是专业性知识与技能，有 6.1% 认为是学习能力，有 15.5% 认为是创新能力，有 12.9% 认为是沟通与表达能力，有 12.0% 认为是组织与管理能力，有 10.6% 认为是执行能力，有 8.4% 认为是自我管理能力，有 8.7% 认为是职业适应能力，有 10.0% 认为是职业

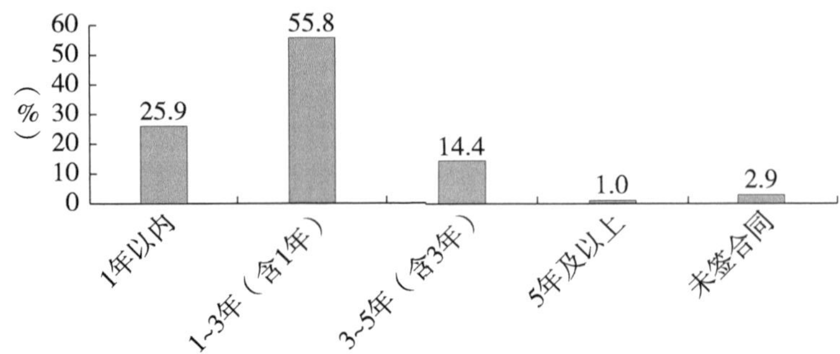

附图 19　贫困大学生签订劳动合同期限

规划能力。数据表明，贫困大学生对于自身认知较清楚，对于自身的创新能力、专业性知识与技能、沟通与表达能力等的提高有迫切愿望。

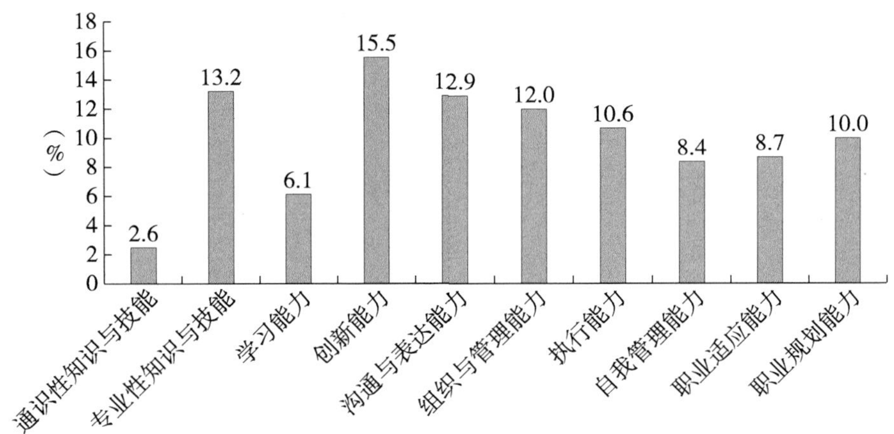

附图 20　贫困大学生认为自身有待提升的能力

（五）学院贫困毕业生就业状况与学院毕业生、北京市毕业生数据比较

根据 2015—2017 年北京地区高校毕业生就业创业状况调查问卷、北京地区高校毕业生就业质量年度报告及学院毕业生就业质量报告，分析总结 2015—2017 年北京市毕业生就业情况、学院毕业生就业状况及学院贫困毕业生就业状况。

1. 就业率情况

2015—2017 年北京市毕业生就业率：2015 年北京市毕业生就业率为 96.8%，2016 年北京市毕业生就业率为 97.39%，2017 年北京市毕业生就业率为 97.46%。

2015—2017 年学院毕业生就业率：2015 年学院毕业生就业率为 99.5%，2016 年学院毕业生就业率为 98.12%，2017 年学院毕业生就业率为 96.06%。

2015—2017 年学院贫困毕业生就业率：2015 年学院贫困毕业生就业率为 100%，2016 年学院贫困毕业生就业率为 96.52%，2017 年学院贫困毕业生就业率为 96.7%。

从附表 1 可以看出，2015—2017 年学院贫困毕业生就业率高于北京市毕业生就业率。

附表 1　　2015—2017 年毕业生就业率情况

	北京市毕业生	学院毕业生	学院贫困毕业生
平均率	97.22%	97.89%	97.74%

2. **就业单位情况**

2015—2017 年北京市毕业生就业单位：2015 年机关单位 6%，国有企业 21.6%，事业单位 16.6%，私营企业 37.8%，外资企业 3.7%；2016 年机关单位 6.6%，国有企业 20.5%，事业单位 14.9%，私营企业 39.8%，外资企业 3.5%；2017 年机关单位 6.67%，国有企业 19.96%，事业单位 15.52%，私营企业 37.88%，外资企业 3.32%。

2015—2017 年学院毕业生就业单位：2015 年机关单位 32.2%，国有企业 11.4%，事业单位 17.2%，私营企业 29%，外资企业 2.5%；2016 年机关单位 31.4%，国有企业 9.9%，事业单位 10.8%，私营企业 33.8%，外资企业 2.4%；2017 年机关单位 32.9%，国有企业 13.26%，事业单位 10.3%，私营企业 31.91%，外资企业 2.78%。

学院贫困毕业生就业单位情况如附表 2 所示，可以看出，在机关单位、国有企业、事业单位的就业比例较北京市毕业生高，说明贫困毕业生的职业选择更具有稳定性。

附表 2　　2015—2017 年毕业生就业单位情况

就业单位（2015—2017 年平均率）	北京市毕业生	学院毕业生	学院贫困毕业生
机关单位	6.42%	32.17%	9.0%
国有企业	20.69%	11.52%	23.0%

续表

就业单位 （2015—2017 年平均率）	北京市毕业生	学院毕业生	学院贫困 毕业生
事业单位	15.67%	12.77%	26.0%
私营企业	38.49%	31.57%	38.0%
外资企业	3.51%	2.56%	0

3. 就业满意度情况

2015—2017 年北京市毕业生就业满意度：2015 年 74.3%，2016 年 68.1%，2017 年 77.7%。

2015—2017 年学院毕业生就业满意度：2015 年很满意 15.1%，满意 32.6%，一般 43.6%；2016 年很满意 43.3%，满意 44.3%，一般 12.4%；2017 年很满意 21.11%，满意 49.59%，一般 22.59%。

学院贫困毕业生就业满意度如附表 3 所示，可以看出，学院贫困毕业生对目前工作较满意。

附表 3　　2015—2017 年毕业生就业满意度情况

	北京市毕业生 就业满意度	学院毕业生 就业满意度	学院贫困毕业生 就业满意度
平均率	73.37%	94.86%	72.3%

4. 专业与岗位匹配度情况

2015—2017 年北京市毕业生专业与岗位匹配度：2015 年 74.03%，2016 年 75.5%，2017 年 76.2%。

2015—2017 年学院毕业生专业与岗位匹配度：2015 年很相关 23.4%，相关 25.1%，一般 21.9%；2016 年很相关 22.1%，相关 32.5%，一般 15.8%；2017 年很相关 28.81%，相关 31.91%，一般 13.58%。

2015—2017 年学院贫困毕业生专业与岗位匹配度：2015 年很相关 20.6%，相关 29%，一般 22.1%；2016 年很相关 28.3%，相关 33.6%，一般 10.6%；2017 年很相关 30.1%，相关 31.5%，一般 8.2%。

如附表 4 所示，学院贫困毕业生专业与岗位匹配度为 71.3%，所学专业可以很好地应用于工作岗位，满足工作需求。

附表 4　　2015—2017 年毕业生专业与岗位匹配度情况

	北京市毕业生专业与岗位匹配度	学院毕业生专业与岗位匹配度	学院贫困毕业生专业与岗位匹配度
平均率	75.24%	71.7%	71.3%

5. **预期发展空间情况**

2015—2017 年北京市毕业生预期发展空间一般及以上：2015 年 89.7%，2016 年 73%，2017 年 73.8%。

2015—2017 年学院毕业生预期发展空间情况：2015 年发展空间很大 9.3%，发展空间较大 28.9%，发展空间一般 33.2%，发展空间很小 20.7%，没有发展空间 7.9%；2016 年发展空间很大 18.5%，发展空间较大 19.6%，发展空间一般 45.4%，发展空间较小 9.4%，发展空间很小 7.1%；2017 年发展空间很大 20.95%，发展空间较大 21.6%，发展空间一般 40.92%，发展空间较小 9.98%，发展空间很小 6.55%。

从附表 5 可以看出，学院贫困毕业生预期发展空间良好，明显高于北京市毕业生及学院毕业生对发展空间的期望，对发展空间很有信心。

附表 5　　2015—2017 年毕业生预期发展空间情况

	北京市毕业生预期发展空间一般及以上	学院毕业生预期发展空间一般及以上	学院贫困毕业生预期发展空间一般及以上
平均率	78.83%	79.46%	92.30%

6. **年薪情况**

2015—2017 年学院毕业生年薪情况：2015 年平均 3.56 万元，2016 年平均 4 万元，2017 年平均 4.7 万元。从附表 6 可以看出，学院贫困毕业生年薪高于学院毕业生平均水平。

附表 6　　2015—2017 年毕业生年薪情况

	学院毕业生	学院贫困毕业生
平均年薪	4.09 万元	5.4 万元

五、贫困大学生职业发展路径及上升动力来源实例

赵金良，2006 届司法文秘专业毕业生。毕业后成为北京首批大学生村干

部，在顺义区李桥镇任村主任助理。曾连续两年获得市级优秀村干部称号，2008 年入选北京奥运会火炬手。村干部三年期满后，考入燕山石化公安分局任警长，后因工作表现优秀获得多项奖励。

徐兴华，2008 届涉外秘书专业毕业生。四川汶川地震重灾区贫困生，中学时期入党。在校期间任班团支部书记、系学生会主席、院学生会执行主席，曾获国家励志奖学金，获优秀学生干部、市级优秀毕业生等称号。学院推荐进入中关村科技园区管理委员会企业信用促进会工作。在职取得北京师范大学法律专业本科学历和法学学士学位。2017 年经公开竞聘成为中关村科技园区管理委员会企业信用促进会秘书长，2018 年入选中关村高聚工程领军人才，获得北京市人才引进进京资格。

张青旭，2007 届律师事务专业毕业生。在校期间曾任系学生会主席，成为中共预备党员。曾获国家励志奖学金，被评为优秀学生干部、市级优秀毕业生等。毕业后成为北京市昌平区小汤山镇大学生村干部。村干部工作一年后被昌平区小汤山镇党委正式任命为村党支部副书记。村干部期满后考入公务员，2014 年开始任昌平区城北街道南关社区宣传科长、办公室主任等职。

肖忠富，2008 届司法文秘专业毕业生。在校期间担任班长，曾获国家励志奖学金，被评为优秀学生干部、市级优秀毕业生等。2008 年通过凉山州公安机关招警考试，成为公务员。现在四川省凉山州会东县公安局工作，任警长。

陈旺，2011 届法律文秘专业毕业生。在校期间成为中共预备党员，曾获国家励志奖学金，市级优秀毕业生。毕业后进入中国证券监督管理委员会（简称“中国证监会”）工作，担任文秘。在职取得中国政法大学成人本科学历，具有亚伟速录高级资格证书，多次参加中国证监会重要会议速记工作，工作表现优秀。2014 年应聘进入北京东方园林环境股份有限公司证券发展部任职。

杨刚，2011 届刑事执行专业毕业生。在校期间担任班体育委员，曾获得国家励志奖学金、优秀团员、三分球大赛第三名等奖项。毕业后在市公安局公共交通安全保卫总队、宋家庄站派出所工作。2017 年通过公务员招考成为北京市怀柔公安分局民警。

赵睿，2011 届司法信息安全专业毕业生，曾获国家励志奖学金、校内一等奖学金，市级优秀毕业生。先后两次代表学院参加省市专业技能大赛，并获得优异成绩。2011 年专升本考取北京联合大学电子信息系计算机科学与技术专业，担任班级宣传委员。毕业后进入阿里巴巴集团，现任阿里巴巴网络技术有限公司高级营销经理。

石海燕，2012 届电子商务专业毕业生，曾获国家励志奖学金、校内一等奖学金，市级优秀毕业生。毕业后到北京迪美策方市场咨询有限公司工作，从与小客户的电话沟通到大客户的面对面服务，每一个岗位都努力学习，不断进取，后被公司重用，担任微软客户执行项目经理。

从上述典型案例可以看出，贫困大学生依靠在校期间获得的国家各项奖助学金大多能顺利完成学业，在人格发展上积极正向。他们毕业后选择直接就业的比例较高，且大多数都在职完成了专升本的学习。他们在工作岗位上努力进取，在职业发展上有目标、有追求、有提高。他们珍惜机会，懂得感恩，集中展现了精准帮扶的精神塑造、个体价值实现的育人效果。特别是他们中的佼佼者，在职业发展上取得了一定成就。

六、探索有效的贫困大学生职业发展路径机制

（一）国家资助政策体现了党的教育方针，有力地促进了教育公平和社会公正

以就业帮扶来补充和完善原有资助体系，可以强化资助育人功能，更好地做到“济困、扶志、强能”立体式资助，更好地促进贫困大学生成长成才。学生在大学时期形成的自信、乐观的生活态度，将直接影响他们的就业和未来生活态度乃至人生的选择。自信是一种积极正向的心理倾向，是事业成就的保证，有了自信才能产生坚忍不拔的毅力和永不退缩的勇气。国家应设立贫困生专项奖励制度，并逐步提高奖励在资助中的比例，以奖代补，以奖助困，满足贫困生的获得感和自我价值实现的心理需要。

（二）加大就业帮扶，减轻求职经济压力

各级政府从 2013 年起对城乡低保家庭的高校毕业生发放一次性求职补贴，2014 年起将残疾毕业生纳入求职补贴发放范围，但覆盖范围和资助力度有限。有条件的高校应结合自身实际情况设立配套经费，对未纳入求职补贴申领范围的家庭经济条件在困难边缘范围的学生给予适当资助。同时，高校应采取有效措施，提高求职效率，降低学生的求职成本，如在学校设立网上视频面试场所；引岗进校，组织校园招聘会；组织开展专业匹配度高的专场

面试；校企联动，由学校推荐的学生可不经过初试直接进入复试等。

（三）科学设置勤工助学岗位，提升学生专业能力和综合素质

勤工助学是一种内生“造血式”自助模式，高品质的勤工助学岗位，不仅能缓解贫困大学生的经济困难情况，树立其自强自立的品格，还可以帮助他们提升人际交往和团队合作能力。主要思路包括以下几点：一是增加有效性勤工助学岗位。积极开拓和挖掘校内外岗位，增加适合学生的项目性岗位，同时做好协调和管理工作。二是实现岗位转型升级。增加岗位的技术含量，融专业学习、技能强化、素质提升、经济资助和个人成长于一体，增强学生的认同感。三是以就业为导向。岗位既与专业、个人志趣相关，更与社会真实就业环境相对接，提升学生的岗位胜任能力。四是要合理谋划，实施必要的限制性措施，使学生明确勤工助学活动不能对正常的在校学习产生冲击，不能只有单纯的打工思想，而应将勤工助学与所学专业和个人特长相结合，通过实践增长才干。

（四）项目资助的开发与拓展

与无偿的经济资助不同，项目资助是以项目申报的形式对贫困大学生进行资助，重在提高学生的参与度，培养学生的各项能力。在这一方面，国内有些高校已做出了有益探索。在实施项目资助时，要处理好以下几个方面：一是项目设置要以促进学生全面、可持续发展为目的，从学生的内在需求出发，坚持理论学习与动手实践相结合，以团体项目为主，个人项目为辅；二是项目类型应包含人格塑造项目、能力培训项目、素质拓展项目，学校层面与学院、部门层面共同设置，考虑学科门类、年级差异；三是科学做好项目管理，如申报对象资格确定、项目申报、项目评审、项目指导、项目考核、奖惩机制等；四是积极筹措项目设置所需经费，可通过资助经费提取、社会资金捐赠以及其他经费提取等形式筹集。

（五）尽早开展职业生涯规划教育与就业指导

按照模块化教学形式，将职业生涯与就业指导贯穿于学生在校学习的始终，帮助家庭经济困难学生逐步改变思想观念，尽早明确职业发展目标，合理规划管理时间。培养学生积极健康的心态，使学生主动参与社会实践、岗位锻炼。开拓高质量就业岗位，对贫困大学生给予优先推荐，提高他们的就

业满意度。开展家庭经济困难学生毕业后的定向追踪寻访工作，了解他们的职业发展路径和职业发展状况，为在校生树立学习的榜样，用典型事例鼓舞和激励广大学生努力学习，增强自身的核心竞争力。

（六）积极打造学生社会实践、岗位实习平台，帮助他们增长阅历，提升才干

现行的学生资助体系，虽然保障了每一位家庭经济困难学生能够顺利完成学业，但还缺少为他们量身打造的职业实习经历。他们中的大多数家庭缺乏社会资源，在个人成长过程中缺乏社会阅历。他们普遍缺乏认识社会、适应社会发展的能力，从而导致毕业后职业竞争力不高，甚至会出现先就业后失业的现象，从而产生排斥社会、抵触他人、焦虑厌世等情绪。知识的积累、实践的平台、融入并适应社会发展的机会，都是他们保持职业稳定并可持续发展的关键要素。

（七）引导和支持贫困大学生树立勇于创新创业的意识

贫困大学生中大部分肯于吃苦耐劳，改变生活现状、提高生活品质的意愿比较强烈。因此，只要能够恰当、适度给予引导，增强他们的勇气和信心，并针对创业所需的市场调查、项目选择、场地选址、人员管理、财务管理等方面的内容对其进行具体指导和模拟训练，再给予他们必要的政策支持，他们的潜能就能够释放出来，他们自强自立的创新精神就能够得以展现。

党的教育方针是坚持教育为社会主义现代化建设服务、为人民服务，把立德树人作为教育的根本任务，全面实施素质教育，培养德智体美劳全面发展的社会主义建设者和可靠接班人，努力办好人民满意的教育。我们要坚持以学生为中心的发展理念，不断使资助育人同学生和家长的更高期待相契合，将他们“扶上马再送一程”，在他们的职业发展路径上给予进一步指导。从组织管理机制、资源聚合机制、过程实施机制、评估反馈机制等方面，不断探索指导并提升贫困大学生就业竞争力和职业发展可持续性的方法途径。在确保经济资助的基础上，全面推进就业实践。让贫困大学生有为、有位，减少他们因职后挫折造成的失业、啃老、家庭返贫等不确定性因素，让精准帮扶最大限度地发挥育人的长效功能，更好地体现教育工作者的使命和担当。